清水 亮
橋本 勝
松本美奈
編著

What is Faculty Development?

学生と変える
大学教育

●FDを楽しむという発想

ナカニシヤ出版

はじめに

　大学の教育力が今ほど問われている時代があっただろうか。世界の大学との競争を迫られる中，大学全入時代を迎え，教育力の向上が日本の大学に求められている。文部科学省や中央教育審議会もこの動きを加速させるべく，2008年4月には，大学院に続き大学でもFD（ファカルティ・デベロップメント）を義務化し，さらに「学士力」と表現される一定レベルの教育の質保証を各大学に求めようとしている。文科省や中教審の動きは，各大学の教育力向上に追い風となるのだろうか。

　この動きの背景には，大学全入時代を迎え，日本の中堅以上の大学に対しては，国際化を見据えた競争を意識させ，各種の「優れた取組」(GP：Good Practice) を核とした切磋琢磨のインセンティブを与える一方，少子化にともなう大学全入化（＝大学のユニバーサル化）と定員確保の波間に揺れる下位大学には自然淘汰を意識させ，喝を入れる国の姿勢が見え隠れし，大学の種別化あるいは役割分担という声も公然と聞こえてくる。

　そうした中で実践されている，現在のFDは，さまざまなフォーラムや学会でその成果が発表されているが，実際上，上位大学のリードによって推進され，中堅以上の大学の学生の資質とレベルを前提にしている印象が強く，ユニバーサル化に突入している多数の大学では，現在のFDの主流となっている手法は，残念なことにほとんど通用しないことが少なくない。また，中堅以上の大学においても，余りに精緻な教育ツールや教育理念はそれほど参考にならず，これまで熱心に教育に取り組んできた教員の意欲をかえってそぐことも珍しくない。その一方で，FDの専門化，高尚化あるいは形式化，みかけ上何かしていればそれでよいといったアリバイ化も進み，いわゆる〈深海魚〉(☞17章) のみならず，いったんは教育に関心を向け始めた教員のいくらかは，FDから再び距離をおくようになってきているという指摘もある。

　日本の大学教育はこれでよいのだろうか。そもそも，これで教育の受容者としての学生のプラスになっているのだろうか。学生の顔が見えない授業改善は

何を生むのだろうか。アメリカとは異なり，多くの学生が親からの仕送りで大学に通う日本では，学生の中に自分たちは大学教育の消費者であり，質の高い教育を廉価で受けたいという意識は乏しい。そのため日本の大学では，大学教育の生産者として，消費者である学生に4年間の在学中にどれだけ付加価値をつけて卒業させるかについて正面から議論されることは最近までなかった。しかし，今日，大学のグローバル化，そして少子化にともなう大学全入時代の到来の中，日本の大学は，在学中の学生にいかに付加価値をつけることができるか，つまり大学としていかに教育の場としての責任を果たせるのかという課題に真摯に対応せざるを得ない状況に直面している。実際，この課題への対応が，大学の将来を左右すると言っても過言ではない。

　この課題に対応するためには，大学の教育力の向上が不可欠である。教育力向上のために，本書では，新たに2つのコンセプトを提案して，その実践のヒントを提示することをめざしたい。すなわち「学生と変える大学教育」と「FDを楽しむという発想」である。

　「学生と変える大学教育」とは，今まで往々にして教員が自らの教授法を変えることをさすと考えられてきた授業改善のイメージを，「学びの主権者」としての学生とともに授業改善を推進していくという発想へ転換しようという考え方である。

　「FDを楽しむという発想」とは，大学設置基準で「授業の内容や方法の改善を図るための組織的な研修や研究」と定義づけられているFDを，広く「学生の力を引き出し，伸ばすための大学としてのすべての取り組み」と解釈し，楽しもうという発想のことをいう。

　さらに本書ではFDの真の推進は個々の教員のFDへの活力を向上させることによってはじめて可能になるという考えにしたがって，組織に頼らず，明日から一人でも始めることのできるFDの実践例を集めている。

　本書は4部構成となっていて，おおまかに起承転結のかたちを取っている。

　出発点として，第1部（起）では，現在の大学の教育の現状について考察する。全国を駆け回り大学を取材している読売新聞社生活情報部の松本美奈と大学教育の現場で大学教育そしてFDのあり方を長年にわたって見つめてこられた千葉大学の山内正平氏に，それぞれ記者の立場と教員の立場から現状を分析して

いただく。大学教育は社会のニーズに応えているのか。また教員と学生の間の院生から見た大学教育のあり方について，京都大学大学院生の小林祐也氏に述べていただいている。

　第2部（承）では，教員主導・中心の授業改善・FDから「学生と変える大学教育」への発想の展開を行われ大学教育のプログラム・視点を再構築されている方々に，「学生と変える大学教育」の構築法をご提示いただいている。今後，発想の転換を行おうと考える大学関係者や教員の参考になればと思う。また，グローバル化と全入時代を迎えた日本の大学のカリキュラムの対応の仕方について，立教大学の松本茂氏と金沢大学の青野透氏に，授業改善を考える際参考になる観点について名古屋大学の中井俊樹氏に詳述いただいている。さらに岡山大学で「学生と変える大学教育」に大学生としてかつて参加したことのある山内源氏，福田詔子氏に，発想の転換のインパクトの大きさと感想を述べてもらっている。

　第3部（転）は，理想ではなく現実と向き合わなければならない大学教員に，実質的なFDの視座と手法を提供し，彼ら・彼女らを精神的にバックアップする応援歌となることをめざしている。そのため全国からさまざまな「使えるFD」の実践をしている先生方にノウハウをご教示いただいている。学生に中学生に英語を教えることができるようにという目標を与え，全入時代の英語教育に活路を開いた東京純心女子大学の間中和歌江氏，学生参加型授業で150人の受講生を相手にゼミ型授業を展開する岡山大学の橋本勝（橋本メソッドの汎用性については清水亮），大阪市立大学，立命館大学での経験から学生との双方向型授業を確立した立命館大学の木野茂氏，アメリカの多人数の一般教養科目で効果を上げているクリッカーを日本の授業に導入したパイオニアの北海道大学の鈴木久男氏，FDは個人の活力とネットワークで推進できると，個人・組織を結ぶFDネットワーク樹立の先駆けとなった山形大学の小田隆治氏にそれぞれ，明日からでも役に立つであろうノウハウについてご紹介いただいている。

　第4部（結）は，第1部から第3部における考察・活用法・実践例を踏まえて，今後の日本の大学のFDの将来について思いをはせることにより，現場の大学教員一人ひとりがFDに真剣に向き合い，着実な一歩を踏み出すための応援歌となることをめざしている。

まず，ICTの活用とFDの関係について岡山大学の天野憲樹氏に考察していただき，FDの南北問題について清水が，最後の2章は，「生まれ変わっても，きっとあなたはFDの現場にいる」と感じさせてくれる重鎮，同志社大学の圓月勝博氏に思いのままを忌憚なく述べていただき，編者を代表して橋本も論陣に加わっている。

　読者が，大学教育の現在と大学FDの現状について考え，日本の大学教育の明日，FDの今後に思いをはせ，何かしなくてはいけないと考え，そして何かできるのではと感じていただければ，編者としてうれしいかぎりである。

2008年12月

清水　亮
橋本　勝
松本美奈

目　次

はじめに　*i*

第1部　FDの現状

1　『大学の実力』から垣間見たFD ―― 2

1　FDとの出会い　*2*
2　FDは誰の"義務"か　*5*
3　大学の実力　*6*
4　FDは楽しめるか　*9*

2　日本のFD――意義と限界 ―― 13

1　FDの基本的考え方　*13*
2　FDは有効に機能しているのか　*15*
3　キーワードとしての学生　*16*
4　地域との協働　*18*
5　求められる創造的アイデア　*20*
6　おわりに　*21*

3　フィールドワークを通した教育改善と院生TAの活用 ―― 24

1　はじめに　*24*
2　なぜフィールドワークに注目するのか　*25*
3　フィールドワークを通した大学授業の実践　*26*
4　フィールドワークの可能性　*30*
5　フィールドワークと院生ＴＡの活用　*33*

第2部　FDの再構築

4　FDを視野に入れた英語教育プログラムの構築・運用 — 38

1　はじめに　38
2　立教大学経営学部国際経営学科の英語教育プログラム　39
3　英語教育プログラムの構築と運用　41
4　今後の展望について　47

5　ティーチングティップスの進化 — 49

1　はじめに　49
2　『ティップス先生からの7つの提案』の開発　50
3　『ティップス先生からの7つの提案』の内容と特徴　53
4　『ティップス先生からの7つの提案』の活用と反響　57
5　開発と実践から得られた示唆と課題　59

6　学習動機づけのための全学必修教養科目
　　──学生相談から生まれた授業 — 62

1　はじめに　62
2　「大学・社会生活論」と『きいつけまっし』　63
3　なんでも相談室　66
4　ランチョンセミナーと共同学習会　69
5　おわりに　72

7　インタビュー　学生と変える大学教育 — 76

1　学生参加型教育改善に関わる　76
2　うまくいく二つの特徴？：公的な性格，サークル的な性格　83
3　継続的な活動のために　86
4　教育改善委員会の今後　89
5　ヒントとアドバイス　92

第3部　使えるFD

8　全入時代の学生に基礎英語力をつける —— 98

1　授業の様子　*98*
2　授業実践の背景　*103*
3　学生と学校英語教育のこれまで　*104*
4　大学の問題は初等，中等教育と密接に関連している　*106*

9　橋本メソッド——150人ゼミ —— *109*

1　「橋本」とは何か　*109*
2　橋本メソッドの概要　*111*
3　橋本メソッドの誕生の背景　*115*
4　橋本メソッドのミソ？　*116*
5　結びに代えて　*117*

10　橋本メソッドの汎用性
——カリスマでなくても他大学でも使えるか —— *119*

1　はじめに　*119*
2　出会いは突然に　*121*
3　アナログ方式としての橋本メソッド　*123*
4　橋本メソッドの初めての導入　*128*
5　橋本メソッド導入　第2フェーズ　*131*
6　橋本メソッド導入　第3フェーズ　*133*
7　橋本メソッドの汎用性　*134*

11　学生とともに作る授業
——多人数双方向型授業への誘い —— *136*

1　はじめに　*136*
2　なぜ双方向型授業か？　*136*
3　多人数の双方向型授業を開発する——大阪市立大学での実践例
　　138

4　多人数双方向型授業の進化をめざして ──立命館大学での実践例
　　　　141
　　5　双方向型授業への第一歩はコミュニケーションから　*148*
　　6　おわりに　*150*

12 「全員先生」方式 ———————————————— *152*

　　1　はじめに　*152*
　　2　「全員先生」方式までの道のり　*152*
　　3　「全員先生」方式の概要　*155*
　　4　考えられる懸念　*157*
　　5　実践の際の工夫　*157*
　　6　「全員先生」方式のこれから　*161*

13 クイズで授業を楽しもう ———————————————— *166*

　　1　講義との決別まで　*166*
　　2　クイズ形式の授業を始める　*173*
　　3　クイズ授業のこつ　*177*
　　4　クイズ形式の授業に欠点はないのか？　*180*
　　5　これからのクイズ形式授業　*181*
　　6　まとめ　*183*

14 FDネットワークで授業改善・教育力向上 ———————— *185*

　　1　FDネットワークブームの背景　*185*
　　2　FDネットワークのパイオニアとしての「地域ネットワークFD"樹氷"」の設立経緯　*187*
　　3　「地域ネットワークFD"樹氷"」の設計　*190*
　　4　「地域ネットワークFD"樹氷"」の活動　*193*
　　5　"樹氷"から"つばさ"へ　*194*
　　6　FDネットワークのこれから　*194*

第4部　FDの今後

15　ICTによる教育改善の可能性と展望 ── 198

1　はじめに　*198*
2　授業を活性化するツール　*199*
3　学生の授業時間外学習を支援するシステム　*202*
4　技術的な問題以上のこと　*205*
5　ICTと教育の行き着く先　*206*
6　おわりに　*207*

16　FDの南北問題
──FD vs. 組織・個人 ── 210

1　はじめに　*210*
2　FDは進んでいるか？　*211*
3　組織的FDの光と影　*213*
4　組織という魔物──推進力？　障害物？　*216*
5　他大学のセンターを起動力に　*221*

17　教員が学問の醍醐味を熱く語らないためのFD ── 226

1　教員は学問の醍醐味を熱く語るな　*226*
2　大学大衆化に万歳二唱　*228*
3　職能を開発しない金八先生さようなら　*230*
4　〈深海魚〉と〈気球〉というFDの内なる二つの敵　*232*
5　大学教育を新しくせよ　*235*

18　FDを楽しむという発想 ── 239

1　ノルマとしての授業観──大学教員の苦悩　*239*
2　FDの矮小化と教員意識──FDを誤解していないか　*240*
3　権利としての授業観──楽しまなきゃ損　*241*
4　FDを楽しむために──3つの発想　*243*
5　付論──二つの追加的提言　*245*
6　まとめ　*247*

むすびにかえて　249
FDのために役に立つリンク集　252
執筆者一覧

第1部
FDの現状

1 『大学の実力』から垣間見たFD
2 日本のFD——意義と限界
3 フィールドワークを通した教育改善と院生TAの活用

1 『大学の実力』から垣間見たFD

松本美奈

1 FDとの出会い

　2007年春，大学教育に関するある学会で，隣り合った大学教授にこう聞かれた。
　「君はFDについてどう思う？」
　読売新聞朝刊の長期連載「教育ルネサンス」を担当して間もないころで，「高等教育」と「高校教育」の違いすら知らなかった。正直に言えば，小中学校時代に不登校経験がある身にとっては，大学どころか，教育問題全体に関わりたくないという思いをかかえながらの教育担当でもあった。
　どう思うも何も，知らないのだから……。「FDって何ですか？」。教授にそう問い返しながら，頭の中では「フロッピーディスク」「フード＆ドリンク」などの単語が疑問符と一緒にぐるぐると回っていた。
　教授がその逆質問をどう受け止め，何と説明してくれたのか，全く記憶にない。だが，プロの新聞記者としては，きわめて恥ずかしい場面だった。
　社に戻ってすぐ，「FD」をキーワードに過去20年分の新聞記事を検索してみた。おなじみのフロッピーディスクのほか，布団乾燥機やゴルフクラブの商品番号にも「FD」が出てくる。サッカーは──「DF」だった。
　やっとめざすべき「FD」に出会えたのは，1999年10月の読売新聞社会面。〈信州大学が予備校の"お知恵"拝借　改革組織に校長が参加〉という見出しの記事だった。学内の改革組織「FDワーキンググループ」が，学生にとって魅力ある大学づくりや，社会にとって有用な人材育成のあり方を探るため，予備

校の校長や企業の幹部をメンバーに迎え，提言してもらおうと試みていることを報じていた。同じ年に文部省（現文部科学省）の大学・短大設置基準でFDが努力義務化されているが，この記事の筆者は，FDそのものよりも最高学府が予備校の校長を招き入れたことにむしろ興味をもったのだろう。それは「文部省大学課は「『教える』という面では実績がある予備校に参考意見を聞くという試みは結構なのでは」と話している」という末尾の一文からもうかがえる。

　これ以降，読売新聞にFDの言葉が散見されるようになる。記事を通し，FDが「授業の内容や方法の改善を図るための組織的な研修や研究」（大学・短大設置基準）であることもわかった。つまり，大学の先生たちが授業を変えようとする活動だと，大まかにはつかめた。だが，具体的なイメージはわかなかった。実態が見えなかったからだ。

　そこでさっそく，FDの現場を訪ね始めた。教員同士の授業参観にいち早く取り組んだ京都大，学生と一緒に授業を作り出す岡山大（☞7, 9章），同僚の授業を"診る"山形大の授業クリニック，FDer（ファカルティ・デベロッパー）と呼ばれる専門家が授業改善にあたる愛媛大……。さまざまな手法で，学生の力を伸ばそう，そのために授業を変えようという意欲を実感した。信じられない思いがした。大学教員と呼ばれる人たちは研究さえしていればよい。教育は二の次で，学生が居眠りをしようが，おしゃべりをしようが，大講義室で何十年も同じ内容でしゃべっていようがOK。かつて私が通っていた大学はそうだったからだ。心底，驚いた。

　大学に何が起きているのか。取材に応じてくれた人たちが，その謎を丁寧に説明してくれた。たくさんの本も薦められた。中でも絹川正吉・元国際基督教大学長が「必読の書」にあげた『アメリカの大学・カレッジ』（ボイヤー，1996）は強く印象に残った。カーネギー教育振興財団が100万ドルをかけ，3年がかりで約13000人の大学生，大学の教職員，高校生，高校生の保護者へのアンケートと29大学への訪問調査を実施。それをもとに，大学の現状とあるべき姿を提示した著作で，日本に最初に紹介されたのは1987年だ。20年以上前にもかかわらず，その内容は斬新だった。「高校までの学校教育と高等教育との間の不連続の問題」「大学の教授側の期待と入学してくる学生が備えている学力の食い違い」「学生を奪い合う競争にやっきとなり，市場の需要にせき立てら

れて，多くの大学は使命感というものをすっかり喪失してしまっている」——。これは今の日本のことではないかと，何度も序文や奥付を確認したものだ。

さて，そうした難問に対して大学はどう立ち向かえるのか，未来はあるのか。私のつたない質問に，ボイヤー先生は同書の中でこう語ってくれた。

> それでもなお，われわれは，学部課程の経験は，分断された部分をつなぎ合わせて，その総和よりも偉大なものをつくり上げ，われわれの共通の生活のチャンネルを深め，新しくするような，将来への展望を提供できるのではないかと信じている。

今，日本の大学は大きな変革期にある。大学全入時代の受験生の争奪戦や学校のランキングをおもしろおかしく報じている場合ではない。日本の大学教育が変われば，日本の教育全体が変わらざるを得ない。初等・中等教育は大学入試を大きな"ゴール"と考えているからだ。しかも，大学の変革は日本だけの問題ではなく世界的な潮流にもなっているようだ。その変革の柱がFDなのかもしれない。そう考えて，さらに全国のあちこちの現場を歩くようになった。

取材の結果は2007年7月，「教育ルネサンス」で15回にわたり「教師力　大学編」のタイトルで掲載した。当初は10回の予定だったが，連載が始まると同時に読者から多くの投書やメールがよせられ，急きょ，回数を増やしたのだ。読者の声は「FDを初めて知った」「今の大学はこんなことまでしているのか」の2点に集約された。

しかし，FDを知らないのは一般の読者だけではない。大学内部ですら市民権を得ていないことがわかった。ある大学では，かなり前から学生による授業評価アンケートをもとに授業内容の改善に熱心に取り組む教員がいた。大学全体としてその取り組みをどういかしているのかを知りたくなり，広報窓口に取材を申し入れた。すると担当者は一言，「FDって何ですか？」。この職員が特殊だったわけではない。別の大学教員からも同様の質問を受けたこともある。「FDの先行きは苦しいな」と直感した。

大学設置基準で求めるような組織的な取り組みには，まだまだ時間がかかる。

では，どうしたら組織的な取り組みとして根づくのか。連載から1年以上経った今になっても，FDに関する定見を示すことはできないが，取材の過程で考えたことが，もしかしたらFDに真剣に取り組む人たちのささやかな手助けになると考えた。

2 FDは誰の"義務"か

　FDの推進は，結論から言えば，学生に関わるすべての人がその責務を負っているのではないか，と私は考えている。大学・短大設置基準にある「授業の内容や方法の改善を図るための組織的な研修や研究」というFDの定義を素直に読めば，授業を持つ教員だけが何とかすればよいように受けとれる。だが，大学で学生の力を伸ばす場は，授業しかないのだろうか。

　取材で行った静岡産業大の構内を歩いていたときのことだ。「おはようございます」「こんにちは」。すれ違う学生が例外なく笑顔であいさつをする。今どき，小学校でもあいさつ励行の徹底は難しい。よほどしつけの行き届いた家庭で育ったか，しかるべき学校で教育を受けた学生たちが集まっているのか。快い気分のかたわらで，疑問がわいた。

　それに答えを与えてくれたのは，大坪檀・学長だった。「警備員のGさんが発信源なんです。いいでしょ」と胸を張る。Gさんは派遣会社から来ている年配の男性だった。大きな声であいさつを始めたのは，この大学に来るようになった2003年からだ。

　「当初，学生さんは「なんだ，このオッサン」みたいな顔でした。それでも声をかけ続けていたんです。あいさつ一つで雰囲気が変わりますからね」とGさんは言う。この大学では，学生たちが使う食堂や売店周辺にゴミが落ちていないことにも目がとまる。みんなが気軽にあいさつをし合う環境が親近感を高め，自分の家とも言えるような大切な居場所にゴミは捨てにくいのかもしれない，と考えた。少なくとも，あいさつというささやかな習慣が，大学の好感度を格段に高めていることは間違いない。警備員のGさんの始めた小さな実践を学長が把握していたことも，好感度をさらに高めていた。

　山形大医学部では，救急医療を柱に据えた教育で学生のやる気を育てている。

1年生と5年生のカリキュラムに現場研修を組み込み，救急隊員と一緒に現場に赴いて，患者の搬送や大学付属病院での医師の当直につきそうのだ。

この改革の発案者は嘉山孝正・医学部長だ。十数年前に着任した当時，知識はあるが，応用力が乏しい，何となく医学部に来た——そんな印象を抱かせる学生が多いことに驚いたという。実際，医師国家試験の合格率は全国で下位レベル。「要はやる気。それをかき立てるのが教員の役目」と奮い立ち，学部全体を巻き込んだ改革に着手した。救急医療はその一環だった。今や同大医学部の国家試験合格率は，全国6位（2006年度）まで上昇。大学付属病院に搬送される救急患者は年間約2000人と，市の救急搬送の4分の1を占めるようになった。10年前のなんと10倍だ。教育改革の実を結んだだけでなく，地域にも大きく貢献している。

その山形大で2007年11月に開かれた「職員サミット」。学生寮の教育的効果を活用するために教職員が腐心する大学や，居心地のよい学生課づくりに取り組む職員，教職員の密なコミュニケーションを図る大学の実践例などが次々と紹介されていた。学生の力を引き出そうと，教職員一人ひとりが小さな工夫をしているうちに大きな輪ができ始めていると感じた。

学生の力を引き出すのは，大学の大切な使命だ。その遂行が容易ではないために，どの大学も先導役の養成に力をそそぐ。視線は教員の実力向上に向けられがちだ。だが実は，先導役は警備員でも医学部長でも職員でも，誰でもできるし，誰もがやらなくてはいけないのではないか。養成はもちろん必要だが，学生の学びには，それに関わる全員が責任を担っているのだということを，大学人は頭の片隅においてほしい。

大学にとって「冬の時代」とされる今こそ，真の担い手が登場し，力を発揮できる好機かもしれない。凍てついた土から植物の芽が顔をのぞかせるように。

3 大学の実力

担い手が多様ならば，その実践も実に多様だ。FDというと，学生による授業評価アンケートや講演会，研修会などが頭に浮かぶが，そうした活動にとどまらず広がりを見せていることが，読売新聞が2008年春，国内の全大学を対象

に初めて行った調査「大学の実力　教育力向上への取り組み」でわかった。

　調査の狙いは，偏差値やブランドによらない大学選びのための情報提供だ。2007年秋，大学の教育力ランキングのようなものができないかと編集局内で話が持ち上がったのが発端だった。2008年4月，文部科学省がFDを義務化した。その進捗状況を確認する好機とも考え，清成忠男・元法政大総長を座長に，大学教育や経営の現状に高い問題意識をもつ13人の有識者による「大学の実力検討委員会」[1)]を発足。設問作りから回答分析まで広範なアドバイスをお願いして，調査に入った。

　対象は全725の国公私立大学長で，学生による授業評価や教員評価をはじめとしたFDの取り組み状況とその成果，学生の意欲喚起の手法，出席の把握状況や退学率，標準修業年限卒業率など約50項目を尋ねた。質問用紙は4月に発送，6月末までに499大学から回答がよせられ，その一部を2008年7月20，21の両日，計8ページにわたって朝刊に掲載した[2)]。

　FDについては「学生の力を引き出し，伸ばすための大学としてのすべての取り組み」と広く定義づけて，取り組みを聞いた。内容は多彩だった。

　"定番"の学生による授業評価はかなり工夫されており，全学で実施が96％，全く実施していないのはたったの4校と予想を超えて普及している実態がわかった。学生の理解度や意欲，教員の板書や声の大きさ，話すスピードなどの授業技術を尋ねるのが一般的だが，教育力向上のために別の角度からの質問を重ねている大学も目立った。

　たとえば関西外国語大は，「教員は授業開始・終了時刻を正しく守っていたか」を問い，高知工科大は「この科目が将来役に立つか」と人生設計の中での位置づけを尋ねていた。福島学院大は「感銘・感動を受けたか」，首都大学東京や昭和女子大は「授業時間以外の学習時間」も聞いていた。

　学生による授業評価の確度を高めるためには，学生の真摯な姿勢も必要だ。「授業に参加していない学生に何がわかる」とは，よく聞く話。そこで大阪人間科学大は，出席が全体の3分の2未満の学生からの評価は集計対象にしないことにした。大阪体育大は，昨年度から記名式（学籍番号）での授業評価に踏み切った。無記名での無責任評価は許さないという厳しい姿勢に，教員と学生が互いに学び合っていこうという熱い期待が感じられる。

評価の結果を改善につなげる努力も始まっている。最も多かったのは，授業評価で学生が要望する改善点について教員がどのように対応したかを示す授業改善報告書（リフレクションペーパー）の作成等を取り入れている大学で，全体の35％，173校もあった。評価結果の思わしくない教員に対して学部長や学科長らによる相談や指導を設けている大学も155校，31％を占めた。一方で「特に（改善策を）行っていない」大学が170校，34％もあったのは気になるが。

　教員同士の授業参観も，一部実施を含めると289校，6割で取り組んでいた。大同工業大は2001年から非常勤も含む全教員の授業を公開している。自分の授業で参観できない教員のために，学内Webで授業映像も流している。「悩みを共有し，みんなで授業をよくする」のが目的だ。公開後は意見交換の場を設け，2008年春には授業ヒント集の冊子も作った。授業を参観するのは，教員に限らない。岩手大は保護者が授業モニターだ。活水女子大も今年から一部学科で授業参観週間を設け，保護者に公開している。「学費を出すのは保護者。その保護者に納得してもらえる授業をすることは，教員にとってよい刺激になる」と活水女子大の奥野政元学長はその意義を説明する。

　教員同士の参観はしても，授業評価になると実施状況は3割弱にとどまる。互いの授業に踏み込みにくい，踏み込まないという大学教員の風潮は厳然として存在するようだ。

　授業の妨げになる私語を撲滅するため，神戸山手大は全授業について座席指定を義務づけた。科目ごとに異なる座席にする徹底ぶりだ。同じ座席指定でも，名古屋商科大は目的が違う。教員が学生の顔と名前を一致させるためだ。教員からの個別の叱咤激励は学生を伸ばす大きな力になる。放っておいたら育たない。そんな現代っ子気質を熟知した上での取り組みだ。

　学ぶ意欲，やる気を起こさせるための工夫もふるっている。金沢工業大は，学内のイントラネット上に毎日の学習や活動を記録させ，学ぶ意欲の維持・向上につなげている。流通科学大は表彰でやる気を喚起。作文やスピーチ，大学改革提案など40ものコンテストを実施する。

　そうしてかき立てた意欲と学ぶ姿勢を維持させるためには，学生一人ひとりへの支援が欠かせない。長岡大は目標管理のため，「自己発展チェック表」を作成させ，教員が個別面談を通し，指導する。面談は最低でも毎月1回が義務づ

けられている。学習や進路だけでなく，友人，家族関係の話まで出てくることがある。「学生の悩みをきちんと把握し，学び続けることができるように支援するのは大学教員の当然のつとめ」と担当教員は言い切る。担当する学生が40人を超え，毎週のように面談している教員もいる。取り組みの成果は，授業への出席状況・成績の向上，退学率の低下という数字に確実に表れているという。

大学は，研究者としての業績を偏重する傾向が強い。しかし，最近は，教育者としての力量を引き上げるため，昇給や昇任，表彰で励ます努力もしているようだ。「昇任に反映している」が20％，「給与に反映」が13％で，「今年度中に実施」「検討中」も目立った。「ベストティーチャー賞」などの規定を設け，毎年（定期的に）表彰している大学も84校あった。うち16校は優秀な教師の模範授業を公開している。

多くの大学が独自のきらめきを追い求めている。

4 FDは楽しめるか

着実に進みつつあるFDの取り組み。とはいえ，順風満帆とはいかないようだ。

「大学の実力調査」からは，多くの大学が頭を痛めている現実も浮かび上がる。旧態依然とした体質や手法の未成熟さの悩みなど，阻害要因は少なくない。

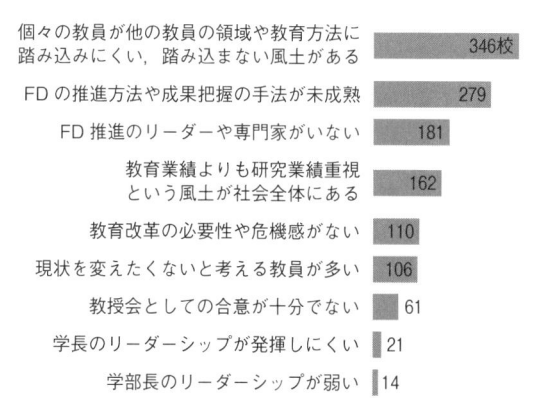

図1-1　FD推進の阻害要因（複数回答）読売新聞（2008）のデータによる。

9つの項目中3項目を選ぶ形式の回答で最も多かったのは、「個々の教員が他の教員の領域や教育方法に踏み込みにくい、踏み込まない風土がある」が7割。「FDの推進方法や成果把握の手法が未成熟」が6割で続く。「FD推進のリーダーや専門家がいない」も4割。これは、FD推進で他大学から高い評価を受けている大学や、高等教育研究のセンターをおいている大学でも例外ではなかった。

　学長あての調査依頼だったが、「学長のリーダーシップが発揮しにくい」という率直な回答も21校あった。学長コメントで、「学部の壁を越えられない」「全教員のベクトルを合わせられず、反省している」と嘆く記述も見られた。FDの大前提となる、大学の組織としての総合力に疑問が残る。

　それを裏づけるかのように、紙面掲載後、理解に苦しむ電話やメールが届いた。何度も回答を求めたのに応じなかった大学から、「これから回答するから一覧表に載せてほしい」という依頼があった。紙面の反響の大きさを聞いたのだろう。同様に調査を無視していながら、「読売新聞は何の権限があってうちの大学を載せないのか」と抗議してくる大学さえあった。担当窓口と大学幹部の意思の疎通がない典型例と言える。回答が掲載された大学からも、「学内のだれが回答したか教えてほしい」「コピーをとっていないので、回答をファクスして」などの依頼が来た。学内の重要な情報を出すのに、こんなお粗末さでよいのだろうか。いずれも、学内の情報を大学の教職員が共有していないようだ。かつてFDについて問い合わせた教職員が「知らない」と答えたことと、根本は変わっていないのかもしれない。

　学内の情報を教職員が共有していないのだから、肝心の学生はむろん蚊帳(かや)の外なのだろう。総合自己評価で一番上の「A」と答えた大学に通う学生からは、「評価に驚いている」という意見が届いた。「教職員間の連携が悪く、テストの日程や補講の連絡が不足し、学生が迷惑をこうむっている。学生の遅刻・私語は当たり前、出席確認をすませば即脱出。そのために集中できない授業がほとんど」と訴える。

　別の学生は、浪人時代に通った予備校と比べ「授業の質が低い」とこぼす。「授業料は予備校と変わらないが、授業には失望している。大教室で90分間、教科書を棒読みし続ける教授もいる」。教育よりも研究偏重にある大学の現状

を指摘した上で、「難関大学と呼ばれる大学が、ブランドに頼らず中身で勝負する日が来ることを望む」とむすんでいた。「大学選びをたいへん後悔している」と手紙を書いてきた保護者もいた。

「大学の実力」調査への回答にいつわりありとは思えない。自由記述も含めて、大学側の熱のこもった書きっぷりは胸に迫るものがある。FDは草創期であり、成果はまだ一定の場所にしか現れていないのかもしれない。前述したように、授業評価アンケートを改善にいかせていない大学は34％もあった。とりあえずやろう、やらなくてはいけない。だが、放置しているというより、どうしたらよいのかわからない大学や教職員も少なくないのだろう。

紙面掲載後には、こんな電話もあった。「正直言って、うちの大学がこんなに遅れていたとは思わなかった。どうしたらいいのか」。教育問題の素人であるため大きなことは言えないが、FDを実のあるものにするには、それぞれが学内外に問題を発信し、率直に意見交換をして取り組みを進めることが必要ではないかと思う。

実はすでにその萌芽は見えている。2008年夏、山形大のFD合宿に参加した。北海道から沖縄まで40を超える大学の教職員が集まり、素直に悩みを打ち明けながら、どうしたら魅力的な授業ができるかを語り合っていた。この合宿で得たことを授業やカリキュラム編成にいかしてみる、と力強く話す人もいた。大学の枠を越えた連携が広がるかもしれない。

「授業力」や「教師力」の向上を求められているのは、大学だけではない。小中高校も同様だ。教員免許更新制度が2009年度から始まる。その中でも注目されているのが、「心の教育」の中核を担うことになる道徳だ。現在の教員免許法では、小学校や中学校のどの教科の免許を取るにも道徳の指導法は必修だが、2単位、15時間だけ学べばすむ。そのため専任の教員をおかず、非常勤講師や道徳教育を専門としない教員に講義を担当させる大学も少なくない。10代、20代による残忍な事件が続発、社会の要請もあり、教師たちは次々に出てくる方法論の習得に追われている。だが、方法論だけを追いかけていてよいのだろうか。「方法論に終始してしまうと、教師は技術者になってしまう」と日本道徳基礎教育学会の新宮弘識会長は懸念する。

初等・中等教育のかかえる課題は、大学教育でも変わらない。FDの新たな

展開と効果を期待する場合，大学同士のいわば横の連携だけでなく，高校や中学，小学校といった縦の軸にも情報発信することが必要ではないだろうか。この調査を読んだ東京都立晴海総合高校の千葉吉裕教諭は，「私たち高校教員も学びたい。教育力をもっと上げなければ」と語っていた。コミュニケーション能力や発表能力，問題解決能力など，現代の大学生たちの問題とされることにもっと前から向きあっていれば，解消の道も開きやすいはずだ。

　FDをさらに実のあるものにするには，夢をもつことも大切だ。どんな学生に育てたいか，どんな大学をつくるか。具体的な夢であればあるほど意味はある。そして，夢がもてるかどうかは，学生への思いの強弱にかかってくると思う。取材を通して，目の前の学生をどうしたいかを熱く語れる人のもとでは，それに応じた学生が育っていることを実感している。

　学生へのミッション（使命）を左のポケットに，右のポケットにはパッション（情熱）を入れて，大いにFDを楽しんでほしい。

注
1) 大学の実力検討委員会（50音順）　井下理・慶応大教授，岡村甫・前高知工科大学長，小田隆治・山形大教授，清成忠男・元法政大総長，佐藤浩章・愛媛大准教授，澤田進・前大学基準協会参与，田村幸男・関西外国語大事務局長，福島一政・日本福祉大常務理事，船橋正美・日本能率協会学校経営支援センター長，本間政雄・立命館大副総長，宗像恵・近畿大副学長，安岡高志・立命館大教授，横田利久・大学行政管理学会長
2) 2008年10月に読売新聞社から小冊子として発行（読売新聞, 2008）。

文　献
ボイヤー, E. L.　喜多村和之・館　昭・伊藤彰浩〔訳〕(1996) アメリカの大学・カレッジ〔改訂版〕―大学教育改革への提言　玉川大学出版部（Boyer, E. L. (1987) *College : the undergraduate experience in America.* New York : Harper & Row.）
読売新聞（2008）読売新聞全国調査08 大学の実力　教育力向上への取り組み（小冊子）読売新聞社

2 日本のFD
──意義と限界

山内正平

1　FDの基本的考え方

　大学設置基準の改正でFDが義務化され，その是非がしばしば俎上にのぼるが，その議論とは関係なく各大学は否応なくFDに取り組まざるを得ない。とは言っても，さて何をするのか，とまどう大学も少なくないと聞く。

　八王子の大学セミナー・ハウスが大学教員懇談会でFDの実践プログラムに取り組んだのが1990年である。その頃はFDと言えばフロッピーディスクであった。それ以後，年2回のFDプログラムは，授業論とカリキュラム論の2本柱で構成された。ここでシラバスとは何であるのかを知った。何のために成績評価指標としてGPA（Grade Point Average: 評定平均値）を活用するのかということを議論した。話題提供者を招き，具体事例に基づいて議論の場が形成されたが，毎回のように，そのような事例は一部の大学でしか有効でないという意見が出た。授業実践にしても，カリキュラムの編成にしても，一般化できる部分と個別の部分がある。他大学の事例は参考になるが，解決にはならない。最終的にはファカルティ（教授団）という単位で解決すべき課題が残る。しかしそれゆえにまた総体として日本の大学がかかえる深刻な課題が垣間見えた気がした。

　一貫して意識の共有化ができた核心は，大学教育の質の問題であった。時代は移って，今や混同しようにもすでにフロッピーディスクの方が消えつつある。しかし大学教育がその質を問われている状況は全く変わらない。

　今回の大学設置基準の改正の主要な点は，①教育研究上の目的を学則に定め，

公表すること，②成績評価の厳格化を確保するために，一年間の授業計画を作成し，成績評価基準を明示すること，③教育内容と方法の改善を図るために組織的な研修および研究を実施すること，この三点である。

　大学が育てようとする人間像を社会に示し，その具体的な手順を授業科目の編成と各授業のシラバスで示し，学習成果の質を保証するために成績評価，卒業認定の基準を明示する。そしてその質の保証を担保するために，組織的に教育内容と方法の改善について研究を推進しながら，質の保証の実現に向けて個々の教員が教育力の向上をめざして研修に取り組む。この一連の流れがFD義務化として受け入れられなければ，FDはただ単に授業技術の開発にすぎなくなる。

　日本でのFD推進の第一人者である原一雄は，1987年の論文（原, 1987）の中でFDについて，

> 理念を云々する時代は既に過ぎ，現在は，果たして今のわれわれに何がどのように出来るのか，具体的なプログラムを試してみなければならない段階，正に実践の時代に来ている。

と述べ，研修プログラムとして，①教育理念と実践目標，②カリキュラム作成法，③教授法，④学生指導法，⑤評価法の5テーマを設定している。そしてその内容および実施方法として，①自己診断表，②授業の公開，③学生側からの評価，④ワーク・ショップ，⑤教授ハンドブック，⑥教員研修部門，⑦教育開発センター，⑧優秀教授の顕彰を例示した。原はこれに続けて

> 斯様な提案に対し，直ちに否定的な意見が予測される。先ず，これらの研修は既に初等・中等教育界で試みられ，何も目新しいものではない。それをレベルの異なる大学の教員が行った場合，良い成果が挙がるという保証は何処にもないし，それが果たして学問の進歩に貢献するかどうか。また，一般教育の神髄である『教養』とは，円熟した学者のひた向きな研究態度から自然と滲みでるもので，小手先の研修などでもって容易に養われるものでない。

等々と述べ，70年代から大学進学率が急速に上昇し，大学教育の大衆化の進行が問題になっているにもかかわらず，大学教員の意識改革が進んでいないことを暗に指摘している。

原が提案しているFDの枠組みは現在でも有効性を失っていない。FDの義務化を迎えて何をすべきかとまどっている大学には大いに参考になるFDモデルである。東海大学で安岡高志らがいわば実験的に学生による授業評価を始めたのも同じころである。こうして，20年先にFDが義務化されるとは想像もできない時代の中で，FDの実践が一部の大学教員の教育者としての良識を拠りどころとしてスタートすることになる。

2　FDは有効に機能しているのか

学生による授業評価について言えば，今や実施していない大学を探す方が難しくなっている。先の論文で原は，「学生側からの評価」について，教授法の改善を強調した上で，

> 教員側の純粋に自発的な教育活動として初めて意義が認められるものであり，学生たちへの人気取りとか，勤務評定のような行政者側から強制される管理運営上の手段の如く誤解されてはなるまい。

と述べ，あくまでもボトムアップの自己研鑽(けんさん)の一つの方法として学生による授業評価を捉えている。その目的はあくまでも授業改善である。学生による授業評価に求められる基本的な性格は現在もほとんど変わっていない。

しばしば学生による授業評価に対して，学生に評価する資格があるかどうかなど，とりわけ結果の信頼性が云々される。授業改善が目的であれば，それほど信頼性にこだわる必要はない。むしろ教員側の改善への意志の有無が問題である。教員側に改善する気があるのかないのか判然としない中で，学生による授業評価という制度だけが浸透してしまっている。したがってほとんどの大学で授業評価は授業改善につながっていないという声がある。学生による授業評価を導入した以上は，結果を公表しなければならない。評価結果は公表しない

という約束で導入しても，公表しないわけにはいかない。学生に説明がつかないからであるが，公表しても，改善にはつながりにくいのが現状である。

　授業改善という目的をもちながら，結果として改善につながっていないなら即刻やめればいい。授業改善ではなく，教員評価だと明確に打ち出すなら，信頼性の確保に努めればよいだけの話である。授業改善と言うなら，学生による授業評価を使わなくても，日常的に学生の声を授業に反映する手立ては他にもある。たとえば出席カードに自由記述欄を加えたミニッツ・ペーパーと呼ばれるような媒体を利用すれば，学生との双方向性を確保することは可能である。学生による授業評価は授業を客観視できるという意見もあるが，単に平均値がわかるだけであり，その背後に存在する学生個人に目を向けているわけではない。くりかえして言えば，時間と経費と労力を使って何のために学生による授業評価を実施しているのであろうか。学生による授業評価だけがFDではないが，現在のFDのありようを端的に物語っているように思えてならない。教員に対しても，学生に対しても，教育への関心を呼び起こそうとする呼び水としての効果は無視できないし，何よりもFDを実施しているというアリバイとして大いに利用価値がある。それが現状ではないだろうか。

　FD義務化を迎えた今，何が大事なのか，原点に立ち返って新たに歩み出す必要があるだろう。大学教員のほとんどは大学教員になるための訓練を受けないまま，大学の教壇に立っている。FDという課題の出発点をそこに求めたい。ここでは三つの観点から日本におけるFDの可能性を探ってみたい。

3　キーワードとしての学生

　多くの大学教員は，研究者として育てられ教員として育てられていないため，大学教員として自分を位置づける場合に拠りどころに欠ける。そのため，よきにしろ，あしきにしろ，自分が学生であったときの記憶にすがらざるを得ない。逆に言えば，困ったときには学生に身をおきかえればよい。教える自分ではなく，学ぶ自分を想定すればよい。したがって，第一のキーワードは学生である。2000年のいわゆる廣中レポート（文部省高等教育局, 2000）で，教員中心の大学（教えること）から学生中心の大学（学ぶこと）への意識の転換が提唱され，学生支援

の在り方に新たな方向性を示唆しているが，大学教育の営み全般に学生というキーワードは重要である。

東海大学では2002年度より，授業評価アンケートにおいて総合評価の高かった教員を表彰している。東海大学で安岡高志の指導を受けた久保延恵は修士論文のためにTeaching Awardで表彰された教員へのインタビューを実施し，実際に授業を聴講した。その報告（久保・安岡, 2008）は授業改善への示唆に富む。別段難しいことを行っているわけではない。受賞教員が「行いたくない授業」と考えている事項をいくつか例示すれば，「板書を行うだけ，学生のことを考えない，学生を見ない授業」「個人を認識しない授業」「気分で学生をしかる，自慢話」「学生のせいにする，工夫しない，準備不足」などであり，今さらながら，つねに学生に目が向けられていることに気づかされる。もちろん教授技法の上手下手も無視できないのかもしれないが，むしろ課題は教員の教育への姿勢にあるように思える。

別の例であるが，筑波技術大学が中心になって運営している日本聴覚障害学生高等教育支援ネットワーク（PEPNet-JAPAN）のホームページでは，基本知識をトピックごとにまとめたリーフレット（TipSheet）が公開されている。聴覚障害学生の学習支援のための資料であるが，筑波技術大学の石原保志が作成した「授業における教育的配慮」では，全般的な留意事項に続いて，授業がゼミ，講義，実験・実習，体育などの教室外の授業に分類され，それぞれについて配慮すべき事項が箇条書きでまとめられている（石原, 2007）。聴覚障害をもつ学生に対する情報保障という観点が本来の趣旨であるが，その指摘の一つひとつに学生の立場に立った授業の原点を改めて確認することができる。たとえば講義の場合，「従属節が伴うと内容が曖昧になる。短い文で話す」，板書では「授業展開における時系列や文脈がわかるように工夫する」といった具合であるが，教える自分から学ぶ自分へ我が身をおきかえるのにたいへん有効な資料である。

廣中レポートには，大学運営の一部に学生を参画させる可能性についても示唆がある。岡山大学の橋本勝が推進エンジンをつとめる「学生・教職員教育改善委員会」はその嚆矢である（☞7章）。現在では全国的な規模で年に1回の交流会を開催しているが，参加大学数も増加し，多くの大学に刺激を与えている。学生が提案する授業，学生の手による「ラーニング・ティップス」など，活動

実績も着実に積み上げてきている。学生による授業提案は，金沢大学や和歌山大学でも行われている。千葉大学では，学生による企画・運営の授業に積極的に取り組んでいる。学生が教える側に立つことで彼ら自身が多くのことを学ぶ。その一つ「再転車と公共デザイン」は，地域で放置自転車の再利用の活動をしている学生たちが企画運営する授業である。自転車の修理技術も授業に組み込まれるが，自治体職員や駅職員も講師に迎えながら，何よりも具体例に即して公共性というものを考える重要な機会になる。課外活動から正課授業への発展が，学生の人間的成長をさらに促すことに役立ち，教育的な意味は大きい。

山形大学の杉原真晃は，「現在のFDの概念に代表される大学教育・授業改善の動きは，その多くがいわゆる教授法改善，つまり外的原因の改善のみを取り扱ったものである」（杉原, 2004）と指摘し，

> 外的原因を改善・除去することで学習者の学びが改善されるといった単純化がはびこると，教育が学生の存在を無視した教授法だけで成り立つかのような万能論に陥る危険性もはらんでいる。

と述べているが，FDに対する警告として受け止めなければならない。学生の学びを支援するという観点に立てば，学生の学び方に目を向けた授業デザインが求められるのは当然であり，ここに「教えること」から「学ぶこと」への視点転換の意義がある。

4 地域との協働

第二のキーワードは地域である。2008年3月に中央教育審議会大学分科会制度・教育部会から示された「学士課程教育の構築に向けて（審議のまとめ）」では，21世紀型市民にふさわしい学習成果に関する参考指針として「学士力」という言葉が使われている。「知識・理解」「汎用的技能」「態度・志向性」「総合的な学習経験と創造的思考力」に分類整理されて，さらに求められる具体的な能力が示されている。

これまで大学における教育の営みの主要部分は上記の「知識・理解」に示さ

れる知の伝授，およびそれに基づく技術の継承と開発であった。それは個々の学問分野に基づいて行われるものであり，大学の教授職にある者は，主として研究活動で評価を受け，大学教員として採用され，個別の学問領域において教育活動を行うことを前提にしていたと言ってよい。しかし，ユニバーサル化が進行し，入学してくる学生たちの学習習慣や学習目標，学習意欲，学力が多様化し，旧来の大学教育では対応しきれない課題が急速に目につくようになってきている。そのような現実を前にして，「汎用的技能」や「態度・志向性」といった能力の育成がこれまで以上に大学教育に求められるようになった。このような学習内容を教育の達成目標とした場合に，多くの教員にその教授能力が備わっているとはとうてい思えない。FDによってその技能を身につけさせるというアイデアもあるが，にわかにそのような教授能力が身につくわけでもなく，大学教育の質の保証を考えたときには，実にいいかげんなやり方だと言わざるを得ない。

　「学士力」によって例示された学習成果を実現するためには，これまでの大学教育の枠を越えた新たな発想をする必要がある。大学教員にその教授能力が備わっていないからといって，大学が現代的な課題を放置することはできない。大学に適当な人的資源がなければ大学外に人材を求めざるを得ない。

　大学基準協会が戦後まもなく一般教育の研究に取り組む[1]が，その際の一般教育の目的は「良き市民の養成」であった。今回の「学士課程教育の構築に向けて」に示される大学教育が達成すべき目標は，「21世紀型市民」として自立した行動ができる資質・能力を育成することである。むろん一般教育と学士課程教育を同一視することはできないが，この半世紀間，大学教育の課題が善良な市民を育成することだったことがわかる。大学教育の達成目標の主要部分が市民力の育成であるなら，豊かな経験をもつ市民の協力を得ることが目標達成に近づく方法の一つとなるだろう。大学という限定された空間内だけで学生の学習が完結するわけでないことは明らかである。実際に学生たちの一部は地域のコミュニティにおいて活動している。お祭りなどのイベントを通した街おこしに参画したり，地域の中でフリーペーパーを発行したり，あるいは里山保全の活動に参加したり，彼らは地域の中で学んでいるのである。特に「汎用的技能」や「態度・志向性」といった能力（コミュニケーション・スキル，問題解決力，リーダ

ーシップ，市民としての社会的責任など）の育成には，地域の中で学ぶことの意味がたいへん大きい。

　そうした学生たちの地域での学びの経験を授業に組み込み，実習に重きをおいた創成型 PBL（Problem/Project Based Learning）の実践として授業デザインすることで，大学の教育力の向上が期待できる（☞3章）。たとえば地域で活動するNPOと信頼関係が構築できれば，その人材育成力を大学教育に応用することはそれほど困難なことではない。大学と連携することで，若者が地域で活動する場と機会が広がり，地域の活性化につながるし，大学という知的基盤を活用することによって，地域のもつ教育力がさらに強化される。

　大学が正規の教育活動として位置づけるには，大学教育としての質保証のしくみをきちんと整備し，地域への丸投げではないことを保証する必要がある。最低保証としては設置基準に基づく単位の質保証ができているかどうかであるが，学生や地域の市民から見て大学教育にふさわしい内容を備えているかどうかという観点も必要になる。関係する者がみんなで学習内容を点検し，改善するしくみを実現し，さらに地域の行政も巻き込むことができれば，地域全体で若者を育てるしくみを作ることができ，大学の社会的役割を一部ではあるがより鮮明に示すことが可能になる。

5　求められる創造的アイデア

　第三のキーワードは創造的なアイデアである。とりわけ特色 GP 以来，各大学が知恵を絞って次から次へと新たな取り組みに邁進している。教育においても競争的外部資金の確保は大学にとって重要課題である。そのためには実績とアイデアがなければならない。もちろんアイデアだけで大学教育が成り立つわけではない。大学教育としての質の保証を確保しなければならないのは言うまでもないが，実績がともなわないでアイデアが先行すると，取り組み期間が終了するととたんに事業が継続できなくなるとも限らない。したがって助成金に振り回されることのない実直な日常的営みが重要だということになる。

　かつての一般教育科目を振り返りつつ現在の大学における教養教育に目を向けると，授業科目名が大きく変化していることに気づく。多くの大学から人

文・社会・自然といった3分野区分が消え，それに代わって現代的課題に基づく主題による科目群が並んでいる。各大学は一律に横並びではない。すでに大学のアイデアが試されているのである。これには大学固有のさまざまな背景があるだろう。教養部が存続していたならこのような大きな変化はなかったかもしれない。たとえば千葉大学の場合，教養部時代に総合科目や教養セミナーに力をそそいでいた。しかし今や総合科目は存在しない。なぜなら旧一般教育科目の授業科目名がほとんど消え去っているからである。総合科目という名称は，旧一般教育科目が存在することによって，はじめてそれと対抗するインターディシプリナリーな科目としての意味をもちえていた。古いアイデアにいつまでも固執することはできない。時代とともに，求められる創造的なアイデアは変わっていく。

先の「学士力」において「創造的思考力」が学士課程教育の学習成果として示されているが，大学教員がもつその能力は主に研究活動という創造的な場において実践しているものである。その能力が今教育の場面で求められている。大学教育に携わる者に対して，研究活動において創造するアイデアが求められるように，教育活動においても創造するアイデアが求められているのである。これまでの教員評価は研究業績が中心であり，教育に力をそそいでも教員評価の際には，教育に熱心という程度の評価であった。しかし今やほとんどの大学で教育活動は研究活動に並ぶ評価の柱になりつつあり，教育活動が正当に評価されつつある。これまで教員が研究活動にそそいできたアイデアを教育活動に振り向ける大きな機会が到来しているとも言える。それはFDを実践するための環境が整ってきたということである。評価のためにFDに取り組むのではないにしても，正当な評価がともなわなければFDに取り組むインセンティブにはならない。

6 おわりに

FDの進んでいる欧米の方式をそのまま日本にもち込んでも，日本の大学でうまく機能するとは限らない。すでに日本でも多くの大学にFDのためのセンターが設置されている。FDそのものの開発が進みつつある。したがって日本

全体ではFD研究もFD実践もここ数年で飛躍的に成長していると言えるだろう。しかし個別の大学に目を向けたときに，FDセンター（教育センター）での取り組みは大学内で浸透しているだろうか。そこに今の日本の大学におけるFDの課題があるように見える。

　今や日本中で大学間連携が進行し，FDコンソーシアムとして新たな展開をみせはじめている。地域の大学が知恵を出しあい，協力しあうことで，地域の教育力が向上するのは何よりも大事なことである。地域には大なり，小なり共有できる課題がある。また，規模や成り立ちで課題が共有できる場合もある。一大学では解決しづらい課題でも組織的に取り組むことによって何かが見えてくることもある。また一方では，コンソーシアムを立ち上げることによって個々の大学や学部でのFDが活性化することを期待する向きもある。成果があるかないかは，課題を明示的に共有できているか否かであり，課題意識のないところにFDは成り立たない（☞14章）。

　FDは当然ながら大学教員という職業に身をおく者の職務である。義務化されていようが，されていまいが，職業的良識にしたがうなら，自らの力量を開発し，改善する努力は当然求められる。しかし職務としてのFDが強調されると，拒否反応を示したくなるのが大学教員という職業人の性（さが）である。FDセンターそのものが職務としてのFDを強調すれば，大学内でFDが浸透するのを阻害する要因を自らが生み出すことにつながりかねない。

　これまでもトップダウンではなく，ボトムアップのFD実践が試みられ，いくつかの先進的な大学では着実に実績が積み上げられてきている。そこには職務と割り切るだけではない，別種の価値がともなっているように外からは見える。何よりも仕方なく行うとか，いやいやながら関わるといった負の動機が見あたらない。むしろ職務を越えてFD実践を楽しもうとする充足感がともなっているような印象を受ける。ここにFD実践への大きな期待感がある。

　それにしても，今の日本の大学のおかれている状況は何だろうか。次から次へと外部資金，競争的資金獲得のために申請書を作成しなければならず，採択されればされたで，事業遂行にプレッシャーがかかる。時間をかけてゆっくりと学生を育てる余裕がない。次から次へと学生を入れては出し，入れては出しの繰り返しである。私たちはどこに向かっているのであろうか。それを見極め

ることもまた FD なのだろう。

注
1) 大学基準協会編（1951）に「要するに新制大学に於ける一般教育の根本目的は，正しき思考をなす良き市民の養成ということに帰着する」とあり，教室内の授業だけでなく，課外活動の重要性が指摘されている。

文　献

大学基準協会編（1951）大学に於ける一般教育——一般教育研究委員会報告　p.15.
原　一雄（1987）大学教員研修プログラムの実践的課題　一般教育学会誌 **8**(2), 61-65.
石原保志（2007）ipSheet「授業における教育的配慮⑲」日本聴覚障害学生高等教育支援ネットワーク PEPNet-Japan〈http://www.tsukuba-tech.ac.jp/ce/xoops/file/TipSheet/2007/19-ishihara.pdf〉（参照日：2008/12/19）
久保延恵・安岡高志（2008）　優秀教員（Teaching Award 受賞者）の共通点について　第 30 回大学教育学会大会発表要旨集録　116-7.
文部省高等教育局（2000）大学における学生生活の充実方策について——学生の立場に立った大学づくりを目指して　文部省高等教育局「大学における学生生活の充実に関する調査研究会」報告
杉原真晃（2004）学生参加型授業における教授‒学習過程の分析——学生のつまずき・葛藤に視点をあてて　溝上慎一（編）学生の学びを支援する大学教育　東信堂, p.138.

3 フィールドワークを通した教育改善と院生TAの活用

小林祐也

1 はじめに

　最近の大学教育を語る上で，FD という言葉はごく当たり前に使われるようになってきた。しかしこの状況に対して，筆者は大きな違和感を覚えている。
　それは，大学授業の現場において FD を特に意識せず実践に取り組んでいる教員がいる一方で，FD フォーラムなどでは，FD という言葉を用い，高い壇上から大学教育を議論している教員がいるというギャップについて，つい身構えてしまうためかもしれない。また FD という言葉から大学教育を見ることによって（しばしば筆者から見れば，現実離れしたようにみえる）「FD の理論」の検証，または，そういった理論をふまえた大学教育の理念の構築に関する議論に話題が限定されがちになり，ともすれば個々の授業現場でおこる学びにまで議論が広がらないおそれも感じている。授業を行っている教員は FD という言葉や理論から出発するのではなく，各教員がかかえる授業から生まれてくる学生の学習活動の中から FD の方向性を模索していくことが本当は重要なのではないだろうかと思ってしまうのである。
　院生として FD 関連のフォーラムなどに参加して感じるのは，授業改善に真剣に取り組む教員の疲れた姿や，FD の取り組みによる教員の負担の増加にともなう大変さを必死に訴える教員の姿の存在である。確かにこれらは院生としても十分に理解できるし，否定することはできない。
　しかし，少し立ち止まって発想を変えてみよう。今こそ院生の大学授業におけるTA（ティーチング・アシスタント）としての役割や位置づけについて明確に議

論すべきときにきているのではないだろうか。実際，この閉塞した状況を打破するためには，これからの大学教育の中で，教員と学生というそれぞれの立場を共有できる院生を大学の授業においての活用していくことは不可欠なはずである。先に述べた教員負担の軽減の視点から，そしてTAに採用される多くの大学院生の経済的自立の視点からも意義があるように思われる。そして筆者もTAとして教員の疲労感や大変さを取り除くように授業に参加していくことはできないだろうかと常々考えている。FDフォーラムなどで，授業現場に携わる院生が教員と対等な立場で参加できるようになれば，院生が感じる授業実践の印象や業務を行っていくにあたっての問題点などについても率直に議論することができるだろう。また学生の主体的学びをどうしたら引き出せるかということも，より活発に議論できその中から新たな授業改善の視点が浮かび上がってくるかもしれない。

　本章は，教員でも学生でもない，元学生であり今は教員に近い大学院生の立場から，フィールドワークを活用した授業を通して，大学授業をどのように進化させることができるかについて言及したいものである。

2　なぜフィールドワークに注目するのか

　なぜフィールドワークに注目しなければならないのだろうか。かつて筆者が受講した1996年～1998年当時の授業は，不満の一言につきる。講義形式の授業は教員が一方的にノートの内容をしゃべる。また30分以上も遅刻してきて，悪びれることもなく平然と授業を始める教員もいた。振り返ってみれば，こういった状況はいずれも個々の学生の学習のことを考えず，教員の研究活動を優先させる教員の論理で授業が実践されていたことの表れのように思えてくる。少なくとも教員側に義務的に授業をしている，または「仕方なく授業をやっている」という空気が感じられたのは事実である。

　それではどのような学びを自分は大学の授業に求めていたのだろう。その答えを探しながら，院生としてTAを経験していく中で，これまでの大学授業実践方法（講義形式の授業やゼミなど）による学びが困難だった学生でも，教室の外という実生活と結びついた現場で，自らの興味・関心に基づいて主体的に学び

を展開できるのではないか、と考えるようになっていた。このような授業、つまりフィールドワークを活用すれば、教科書の上の理論や知識を実生活と結びつけて考えることが可能であるし、逆に理論や知識を自らの経験にひきつけて獲得することができるかもしれない。

そもそも大学授業でフィールドワークが活用されるようになった背景には、大学教育において現場主義が重視され始めたという流れがあるのだろう。それは、従来の座学を中心とした大学授業方法が疑問視されはじめたという現実の裏返しといってもよい。さらに、大学全入時代を迎え、学生の学力低下に歯止めがかからず、従来型の授業を見直す必要が生まれたことも見過ごせない。つまるところ、社会のニーズに大学教育は応えているのだろうかという人々の長年の問いへの答えの一つとしてフィールドワークが注目されることになったのではないだろうか。

筆者はフィールドワークを推奨する。しかし、学生がただ漠然とした問題意識をもって「現場に出てフィールドワークをする」ということが重要なわけではない。フィールドワークを通して「自身を取り巻く社会のかかえる現実に個々の学生がどう立ち向かえばよいのか」という明確で研ぎすまされたものへと自己の問題意識を発展させていくということこそが重要なのである。

3 フィールドワークを通した大学授業の実践

本節では、三つの大学でのフィールドワーク実践を紹介し、次節でどのようにすればフィールドワークの活用を「進化」させていくことができるのかを考えることにつなげたい。

■ 3.1 「プロジェクト・ウオプル」
（京都文教大学　文化人類学科　エチオピア実習）

①なぜ「プロジェクト・ウオプル」なのか？

「プロジェクト・ウオプル」を企画した京都文教大学の松田凡は、これまでの授業実践を通して「学生たちに文化人類学のおもしろさをわからせるにはフィールドワークをさせるほかない」（松田、2007）と考えるようになった。そし

て,「大学の授業として短時間に集団でフィールドワークを経験させるためには,具体的なプログラムを立ち上げて,その遂行のために文化人類学が有効であることを体得させるのがよい」(松田, 2007) とした。このような実践による授業を,松田は「プロジェクト先行型授業」と定義している。この授業の背景には,「文化人類学を学べばこんなことができる,というのではなく,こんなことをするためには文化人類学が役に立つ」という,発想の転換があった。そこで,松田が担当する「フィールドワーク実習」で,エチオピア (松田の研究フィールド) に小学校を建設することを目標とし,「プロジェクト・ウオプル」を立ち上げるにいたったのである。

②プロジェクトの概要

「プロジェクト・ウオプル」は,「自分たちの手でエチオピアに小学校を建てよう！」という目標のもとに,2003 年 4 月から 5 年間の計画でエチオピアのラリベラという地域をフィールドに実施されたプロジェクト[1]である。ラリベラは,「首都アジスアベバから北へ陸路で約 800 km, 30 人乗りのプロペラ機で 1 時間ほどのところにある,人口 15000 人ほどの小さな町で,観光地として 13 世紀に建てられたユネスコの世界遺産に指定されているキリスト教教会群がある」(松田, 2007) 地域だ。このプロジェクトの理念は,「大学生である自分たちに何ができるか,自分たちはどのように世界とつながっているのか,同じ地球上で同時代を生きるとはどういうことなのかを,学び,考え,そして行動していく」ことである。

③学生の視点から見たフィールドワークの実際

「プロジェクト・ウオプル」のホームページのエチオピア実習 2005 年度レポートによれば,2005 年度のミッションは,「ラリベアの町で小学校の実態を調査せよ」であった。エチオピア実習に参加したゼミ生は,まず自分で,日本とエチオピアの小学生に聞いてみたいテーマを設定した。テーマは,将来の夢,美術教育,ペットなど多彩だった。そのテーマに沿って,フィールドワークは,まず地元の京都府宇治市の平盛小学校で,日本の小学生の実態調査から始まり,ラリベラ小学校で,日本の小学生の実態を紹介するプレゼンテーションを現地の小学生の前で行い,現地の小学生はどうしているかを聞き出し,比較検討することが目標だった。フィールドワークに参加したゼミ生はいやおうなしに異

文化コミュニケーションの渦の中に自分をおくことになる。

　ペットに興味があったゼミ生は，先輩の「日本の小学生は，ハムスターを飼っている」という一言に触発され，ラリベラ小学校の生徒に「ハムスター飼ってる？」と何の疑いもなく聞くことになる。そして彼らは瞬時に，現地の小学生からの「何で日本の小学生はハムスター飼ってるの？」という質問に直面することになる。

　日本の小学校では，生徒に小動物を飼育させることで，情操教育に役立てているところが多い。当然，平盛小学校のフィールドワークをもとにして，世界のどこでも，小学生に小動物を飼育させることで情操教育が行われているのではという考えは，「ここにはウサギはいません。子どもだけです」という現地の小学校の先生の一言で水泡と化す。

　ここから，ゼミ生の，エチオピアではどのように情操教育は行われているのだろうかという疑問が生じ，現地で松田のめざすゼミ生へのフィールドワークの課題が生まれる。

■ 3.2 「炭焼きを通してみた自然」ゼミ
　　　　（京都精華大学　環境社会学科　専門演習）

①なぜ，ゼミにおいて炭焼きなのか？
　そもそも，このゼミを担当する板倉豊が京都精華大学に赴任してきたときに，「長年手入れされず荒れ放題になっていた同大学所有の〔キャンパスに隣接した〕森林をどのように管理していくか」という疑問を抱いたことが，「炭焼きを通してみた自然」ゼミ（以下，「炭焼きゼミ」）が生まれたきっかけであった。そして，板倉は，森林管理の上で間伐は不可欠な作業であり，その間伐により生まれた材木の再利用方法を考えなくてはいけないと考え，ゼミにおける炭焼き活動を企画したのである。

②ゼミの概要
　炭焼きゼミは毎週水曜日，2回生は4限目に，3回生は5限目に行われる（4回生は，卒論作成にむけて教室にて実施）。雨天でない限り，学内の炭焼き窯にて炭焼きが行われる。ゼミで炭焼きを行うにあたり，森林での間伐を行う上でのチェーンソーの取り扱い・点検・メンテナンス方法の研修をうけ，炭焼きの材料

となる材木を入手すべく大学内の森林の間伐を行う。そして，ゼミ生たちは単に材木を切り出したり窯の管理をしたりという作業だけではなく，バケツに詰めた竹の重さを計測したり，1時間ごとの窯内温度の測定を任されたり，また炭焼き完了後，ゼミ生ができあがった炭の重量と炭焼き前の材木の重量とを比較し測定したりするという科学的な実験も行うのである。

このようにしてできあがった炭焼き竹は，友好団体である数ヶ所の授産施設や団体やNPOに無料提供そして活用されたり，東本願寺の枳殻亭の池や洛西ニュータウンの新林池などで活用されたりしている[2]。

③学生の活動

筆者は，2008年6月18日に実施された炭焼きゼミを4限目と5限目の両方を見せていただく機会を得た。そこで目にしたのは，ゼミ生が窯に詰められるよう適切な長さに切る作業や，ひたむきに窯の中に炭にする竹を詰める作業などをしている光景だった。4限目と5限目のゼミのいずれも，誰一人として作業を人任せにするゼミ生はいなかった。何人かのゼミ生に声をかけ，話を聞く中で，特に印象に残ったゼミ生について紹介してみよう。

このゼミ生は二回生の女子学生で，「炭焼きゼミ」に参加した理由を「炭焼き本番がすごく楽しみ」と答えた。ただ，炭焼き本番といっても，作業自体を楽しみにしているというよりはむしろ，「3回生や4回生の先輩と話をするのが楽しみ」ということであった。これには，この学生の「初めて「炭焼きゼミ」に参加して窯の火の管理作業をしていたとき，当時の3回生の学生にいろいろ助けてもらった」経験が大きく影響している。今回のゼミの見学においても，彼女はゼミが終了してもそのまま残り，次の3回生のゼミで先輩たちの作業を手伝う姿が見受けられた。

■ 3.3 フィールドワーク「大阪の光と影」
　　　　（同志社大学　社会学科社会学演習）

①ゼミの概要

はじめに，このフィールドワークが行われる鯵坂学のゼミの概要を述べておきたい。鯵坂ゼミは，毎週木曜日の3限目（2007年度から4限目も補講として2コマ連続で春・秋開講）に『都市社会学』の文献を読み報告・討論するかたちで行われ

ている。人数は3・4回生がそれぞれ10〜15人，男女はほぼ半数ずつである。ゼミの目標の一つが「社会学を「極める」」とされていることから，ゼミに入る学生に要求される水準も高い。鯵坂によると「ゼミに入るにあたっては，1・2回生で履修する社会学概論，エリアスタディ概論，社会調査入門，社会調査法，社会学トピックスといった基礎的な科目と，地域社会学，家族社会学といった専門科目の学習を通じて，社会学の基礎的概念を確実に身につけておいてほしい」ということである。

②フィールドワーク「大阪の光と影」について

フィールドワーク「大阪の光と影」と「京都のまちの巡見」は，鯵坂ゼミで中心となる活動であり，ここ10年ほど続いている。ゼミは都市社会学を焦点にしていることもあり，「京都」は春学期の6月に，「大阪」は秋学期の11月に行われる。そして，この活動への参加は強制ではなく任意であるが，ほとんどのゼミ生は参加する。これは，「フィールドワークは強制されて行うものではない」という鯵坂の考えによる。ここ数年の「大阪」での巡見は，①釜ヶ崎地域→②天王寺の再開発→③再開発ビルで昼食→④フェスティバル・ゲート→⑤新世界→⑥日本橋の電気街→⑦難波パークス・心斎橋→⑧西梅田の再開発の地域の現状を，1日かけて実際に見て歩くというものである。特に，釜ヶ崎地域の訪問は，この活動のメインの一つであり，この地域を研究している大阪市立大学の院生に案内を頼んで，説明を受けながら実施している。参加した学生は，普段の生活では体験することはない釜ヶ崎のなまなましい姿と，天王寺の再開発後の閑散とした商店街や破綻した都市的アミューズメント・センターであるフェスティバル・ゲート，衰退化が見られる日本橋の電気店街という大阪の「陰」と，現代的な高級ホテルやブランド・ショップが集積する難波や西梅田の街の華やかさ＝「光」とのギャップを経験することになるという。

4 フィールドワークの可能性

ここでは，前節で見てきたフィールドワークを活用した大学授業実践を通して，大学授業がどのように進化しているかについて考察するために，取り上げた事例から挙げられる論点を三点示し，フィールドワークの大学授業における

汎用性について強調したい。

■ 4.1　フィールドワークと学問のつながり

今回インタビューした「プロジェクト・ウオプル」に参加したゼミ生は、「文化人類学に関する文献を全然読んでいない」と言っていた。しかし、現地でのフィールドワークにおいて、教育をテーマに「現地のことを調べる」という実践をまずは行ってみる中で、開発という、文化人類学で重要なテーマを深めていくきっかけを得ているように見えた。ここで注目したいのは、文化人類学の学問的知識を知らなくても、すでに紹介したようにこのゼミ生自身の文化人類学の学びを確立していることである。これは、文献からの知識の習得を苦手とする学生にとって、学問への新たなアプローチの方法を提示することにつながるのではないか、と考えられる。

■ 4.2　ゼミにおける「非日常的な」経験

「炭焼きゼミ」の実践例から言えることは、学生にとって炭焼きという、ふだんの生活ではなかなか体験できない実践を行っている点である。このような「非日常的な」体験がゼミにおいて経験できるという点が、あるときには学生たちをゼミでの学びへとひきつけるきっかけになる。

ただ一方で、この学びのスタイルは、従来のゼミ活動の中心であるレジュメ準備やディスカッションなどをやらないという理由で、学生が「炭焼きゼミ」に参加するようになる可能性を含むことは否定できない。実際、板倉によれば「参加した学生の中には、炭焼きに参加せず材木の後ろでタバコを吸っている奴もいた」し、「ゼミ開講当初は、レポートなどの課題を課されることを嫌った学生が、炭焼きという体を使った活動で単位が取れるのは楽だ、ということで「炭焼きゼミ」に参加してきた」こともあったという。

しかしながらここ最近の傾向としては、「年が経つにつれて、炭焼きそのものへの関心をもつ学生がゼミに参加するようになった」そうである。

また、「炭焼きゼミ」の炭焼きに単なる体験の次元ではなく、炭焼きという、ゼミでの共同作業における一人の作業者としての責任がともなっていることも注目すべき点であろう。このことは、三回生のゼミ生が、二回生のゼミ生たち

が窯へ詰めた炭焼きの竹材の状況を見て,「これでは雑すぎる。もっと丁寧に詰めてやらないといけない」と言い,自らもう一度詰めなおしている場面(2008年6月18日の筆者によるゼミの見学より)からも理解できる。

■ 4.3 「社会のかかえる現実の再認識の場」としてのフィールド

「大阪の光と影」のフィールドワークでは,学生が以前に文献などで獲得していた知識が真にリアリティを有していないことを示す結果となった。参加した学生は,釜ヶ崎地域の現状を見て「率直に驚いている」(鯵坂)という。これは学生が「釜ヶ崎の現実をほとんど知らない」ことによる。

確かにフィールドワーク前には,『現代日本の都市下層』(青木, 2000)といった文献を読み,ゼミ形式で事前学習を行っている。たとえば,2003年の事前学習において「ホームレスってなんやろ?」というテーマで発表した学生がいた。

その内容の一部を挙げると,この報告者は,ホームレスに対するイメージとして「不健康」「汚い」「怠け者」を挙げている調査結果から,「実際のホームレスの姿は私たちのイメージ通りなのだろうか」という疑問をたて,「イメージばかりで,私たちはホームレスについて何も知らないことに気づくだろう」という方向性をたてている。そして,「大阪のホームレス全体の約8割が働いている」という厚生労働省の調査結果や,ホームレスだけができる雑誌販売といった取り組みから,「ホームレスは働いている」という事実を紹介し,そして最後に,以下のように報告を結論づけた。

> ホームレスの諸問題を解決するには,ホームレスに対するイメージ,つまり偏見や差別意識を排除することが大切である。イメージという面からではなく,確かな知識を得ることにより総体的にホームレスを捉えることが,偏見を取り払い,問題解決へとつながる。

しかし,これだけの事前学習が,実際のフィールドワークにどれほど反映され,学生の社会問題の認識につながっているかについては,まだ検証の余地があると,鯵坂は考えている。つまり「事前に行った学習と釜ヶ崎地域の巡見で得たイメージが,学生の中で結びつかず,社会問題の本質をつかむことができ

ていないのではないか」と思うことがあるそうである。

> 彼らのフィールドワークの感想文を読むと，このような貧困問題や都市地域の衰退を自分の生きている社会が生成していることとしてなかなか認識しえず，困難を抱えている他者，問題をもっている地域の存在と考えるにとどまっている。

と鯵坂は感じることがあるという。どうすれば，現実科学としての社会学的な想像力をつけられるのかがここでは問題となっているのである。

■ 4.4 フィールドワークの大学授業における汎用性

これまで紹介してきたように，フィールドワークは幅広い汎用性をもった方法である。そのため人類学，社会学の分野にとどまらず，人文，社会科学などあらゆる分野の科目でフィールドワークの活用がなされるべきであろう。

フィールドワークを通して学生たちは，当初はとっつきにくかった学問を，自分の生きる現実世界と結びつけて学ぶきっかけを掴むことができる。

ここで言う「学問を自らの現実世界に結びつけて学ぶ」ということは，哲学，倫理学，論理学，日本文学，外国文学といった，とかく実生活と結びつけた学びの展開が困難な傾向にあるとされる一般教養の科目にも大きな意義をもつように思われる。学生が「学問を学ぶ楽しさ」に目覚めることこそが，大学教育の大きな目的であることは言うまでもない。

5 フィールドワークと院生 TA の活用

最後に TA としての院生の活用の必要性について考えてみたい。

この文章で紹介したフィールドワークの授業形態は，同志社大学をはじめとして多くの大学で，PBL（Project Based Learning）の授業として採用されつつある。学生の主体的な学びを推進できる授業形態としての評価も高い。大学で学んだ知識を，プロジェクトを通じて体得していくなかで，学生たちは刺激とさらなる学びのインセンティブを得ていくのである。

このような実践的な授業の展開には，それぞれのプロジェクトのテーマに精通した教員や専門家が必要である。そこで，ある程度の学問経験を積んだTAの院生が，学生が学問を学ぶ困難さの克服に貢献する可能性をもつことが予想される。
　授業に，教員や講師と学生を結ぶピアーとして，テーマの分野について知識のある院生が配置されていれば，受講生にとってプラスになるだけでなく，院生にとっても大きなメリットとなるだろう。
　たとえば先述の「大阪の光と影」のフィールドワークを例にとってみよう。事前学習と実際の現地の巡検で得たイメージがつながらない，という点を克服する際に，院生をTAとして活用することは有効ではないだろうか。つまり，現地での巡検において，TAの院生が再度，事前学習で読んだ文献の内容を噛み砕いて，必要に応じて個々の学生に伝える実践を行っていくことが考えられる。院生は，授業をファシリテートすることで，学生に教える実体験から教育実践のトレーニングを積むことができるだけでなく，自らの知識のさらなる向上への刺激を体感することができるのである。
　日本におけるFD論議は，教員中心の教授法改善論議，そして学生の主体的学びに関する論議，そしてFDとSDの連携の必要性へとひろがりを見せてきているが，残念なことに，次世代の教育を担うはずの大学院生に大学院時代からいかに教育力を体得させるかということ，及びその必要性についての議論は十分には行われてきていない。
　例えば井下理はFDのありようについて次のように語っている（井下，2008）。

> 　FDの出発点と帰着点は，常に「大学の授業の中」にある。FDは授業が基点である。FD活動が多忙を極め，それが原因で教員が授業に専念できなかったり，授業の質が低下したのでは本末転倒である。「FD関連の調査・研究がイベントが栄えても，授業（教育実践）が衰退する」ような事態を招くことのないように気をつけたい。FD活動全体を現場重視の「地に足をつけた形」で推進することが最重要課題といえるのではないだろうか。

　このためには，教員が授業に専念でき，FDを「地に足をつけた形」で推進

するために，院生をTAとして活用し，教員も学生も院生も授業の中で，それぞれ得るところがあるシステム——つまり教員は授業に専念でき，学生はピアーとしての院生のファシリテートでより理解が深まり，院生は教育実践から学ぶというシステム——を日本の大学教育の中で，アメリカの大学のように確立し，FDに新たな視点を加えながら大学の教育力を向上させていくことが必要なのではないだろうか。

注
1) 詳細は，「プロジェクト・ウオブル」のホームページ〈http://www.cyber.kbu.ac.jp/edu/bonnet/〉（参照日：2008/12/19）を参照のこと。
2) 詳細は，財団法人京都府水産振興事業団（2005）や，財団法人環境科学総合研究所（2006）を参照のこと。

文　献
青木秀男（2000）現代日本の都市下層—寄せ場と野宿者と外国人労働者　明石書店
井下　理（2008）FDの多義性と活動の課題　IDE 現代の高等教育，**503** 10-16.
板倉　豊（2006）環境教育におけるセンス・オブ・ワンダー—自然の面白さ，不思議さに目を見張る感性を育む　（財）環境科学総合研究所　みんなの環境シリーズ6　水と暮らす，pp.76-84.
松田　凡（2006）プロジェクト・ウオブル～エチオピアに小学校を作る　「（人と人を結ぶ）地域まるごとミュージアム」構築のための研究　平成15年～平成18年度科学研究費補助金（基礎研究（B）（2））研究成果中間報告書
松田　凡（2007）朝メシ前の人類学　第1回お金あげちゃっていいんでしょうか？　季刊 民俗学，**120**，75-79.
財団法人京都府水産振興事業団（2005）自然や環境に関する調査・学習事業成果集
財団法人環境科学総合研究所（2006）みんなの環境シリーズ6　水と暮らす　西村信天堂 p.84.

第2部
FDの再構築

4　FDを視野に入れた英語教育プログラムの構築・運用
5　ティーチングティップスの進化
6　学習動機づけのための全学必修教養科目
　　──学生相談から生まれた授業
7　インタビュー　学生と変える大学教育

4 FDを視野に入れた英語教育プログラムの構築・運用

松本　茂

1 はじめに

　FDの必要性が教育関係者の間で声高に叫ばれるようになったのは，国際的な競争という面もあるだろうが，大学教育の質の保証に対する世間の疑念が放置しておけないほど大きくなったことが背景にある，と言っても過言ではないだろう。企業の採用担当者が，採用したい学生像として，「明るくて礼儀正しい学生」「運動部などで活躍していたガッツのある学生」といったことをマスコミなどで公言していた時代が長く続いた。大学の正課教育にはほとんど何も期待していない，という企業の考えの反映であった。しかし，時代は変化した。入社してから一から育てあげる，といった余裕が企業にはなくなってきており，すぐに使いものになる即戦力を求めるようになってきた。

　これまで企業などから何の期待もされていなかった科目群の最たるものが「英語」である。大学の英語の授業に出席して英語ができるようになった，という話はまず聞いたことがなく，大学の英語の授業には卒業に必要な単位を取得するために出席し，英語力は自分の責任において身につけるという時代が続いた。

　英語の授業で採用される教科書の基準も，「私はホークナーを研究しているので，1年次生のテキストにもホークナーの作品を使う」といったケースが20世紀末くらいまでは当たり前だった。今では，さすがにこういったケースは少ないと思われる。たとえば，大学全体の外国語教育を統括する外国語教育センターといった名称の部署がある大学では，その部署の教科書選択委員たち（そ

のようなセンターがない場合には学部や学科の英語教育の担当者ら）が，共通のテキストを選択して，担当教員に指定した教科書を使ってもらうといったケースが珍しくなくなった。

　しかし，英語教育プログラムの学習成果を明文化し，詳細にわたるシラバス（単なる学習項目の羅列ではない）を構築し，共通の追加教材（ワークシートなど）を作成し，評価方法・基準を標準化し，コンスタントに省察しているといったプログラムはまだまだ少ないようだ。

　このように変わりつつある大学の英語教育の状況において，FD をどう捉えたらよいだろうか。授業の改善に直接結びつくような FD とは，英語教育の専門家を呼んで話を聞くといった受動的なタイプのものではなく，日常的に自らが関わるものではないだろうか。日常的に FD を行うような環境を作ることによって，教員に授業に対する責任をもつ姿勢が育ち，良い授業とは何かというコンセプトがよりはっきりし，それに向けて努力し，常に省察することが自然となる。実際に学生の反応が良い方向に変わると，その変化を実感することによって教師としての達成感を感じ，自信もつき，さらに教育力も向上していく。日常的な FD がうまく行けば，こういった好循環を形成することができるはずである。

　さて，本章では，以上のような背景や筆者の考えに基づき，立教大学経営学部国際経営学科[1]における英語教育プログラムについて FD という観点から概説する。

2　立教大学経営学部国際経営学科の英語教育プログラム

　立教大学の経営学部は，社会学部産業関係学科と経済学部経営学科を母体として，2006 年 4 月に池袋キャンパスに新設された。所属することになった教員は，それまでに両学科に所属していた者，他の学部に所属していた者，新規に外部から採用された者，という構成である。学科は，経営学科と国際経営学科の二つで，それぞれの入学定員は，経営学科 190 名，国際経営学科 130 名である。

　学部の教育目的は，「グローバル・バリューを有する新しいビジネス・リー

ダーを育てる」ことである。「グローバル・バリューを有する」とは,「日英両語での優れたコミュニケーション力があり,高い倫理性を兼ね備え,さらに異文化に対する理解力を有したうえで,ビジネス・スキルによって自己実現できる能力を有し,21世紀におけるグローバル社会に貢献できること」を意味する。

他大学の経営学部や商学部との差別化を図り,新たに経営学部を創設する理由を明確にするために,経営学科のコア・カリキュラムをBLP（ビジネス・リーダーシップ・プログラム）とし,このプログラムを中心として,経営と社会,経営情報,組織マネジメント,マーケティングの4分野について専門的に学べるようにした。

一方,国際経営学科では,BBL（バイリンガル・ビジネスリーダー・プログラム）をコア・カリキュラムとし,英語コミュニケーション能力を育成することと英語で専門教育科目を学習することを重視した。「EAP (English for Academic Purposes)」や「ESP (English for Specific Purposes)」といった英語教育科目がコア・カリキュラムを構成し,さらに国際経営学,国際ファイナンス,文化とコミュニケーションという3分野について専門的に学ぶ設計になっている。これらの専門教育科目の2/3は英語で講義され,2年次後期から段階的に展開される。

こういった国際経営学の専門分野を英語で学べるようにするために,全学共通プログラムにおける1年次生対象の「英語 (English for General Purposes)」からスタートし,1年次夏季に「海外EAP」という科目で海外の提携大学でビジネス英語の基礎を学び,1年次後期には「EAP 1」,2年次前期には「EAP 2」と段階的にレベルアップし,2年次の後期には専門教育科目担当教員と英語教育担当教員が連携し,すこしやさしめの英語による専門教育科目（Adjunct Courses）とその科目に対応する「ESP」というサポート科目の授業を受講する。そして,3年次からは,「ESP」はなくなり,講師が平易な英語で講義をする科目（Sheltered Courses）と,英語圏の大学での講義と同じレベルの英語で展開される科目（Mainstream Courses）を受講する,というのが標準的履修パターンである。

国際経営学科では,英語を習得するということは第一義ではなく,国際経営学等の専門分野を主に英語「で」学習し,国際ビジネスシーンでリーダーシップを発揮できる人間になることが目標である。

これらの英語コミュニケーションに関わる教育の方針と特徴は以下のように

まとめられる。
- ①学生主体のプロジェクト学習（PBL：Project Based Learning）を重視
- ②リーダーシップ育成を重視（PBLとの連携）
- ③なるべく少人数のクラスと能力別クラス編成を導入
- ④専門教育科目と英語教育科目の担当者の協働
- ⑤英語の負荷を段階的に増やしていく多層的カリキュラム
- ⑥英語で専門教育科目を学習（専門教育科目の2/3を英語で展開）するカリキュラム
- ⑦海外留学および海外からの留学生の受け入れを積極的に展開

従来のように，一般教育における英語教育科目ではツールとしての英語を学び，専門科目ではそのツールを使いこなすといった隔離された関係や上下の関係ではなく，英語の学習と専門の学習を同じ「面」の上のものとして捉えようとするのが，この試みである。英語力を育成しつつ専門の知識やスキルを英語化し，その過程でさらに英語力を向上させていくという関係性である。

3 英語教育プログラムの構築と運用

経営学部が新設される前年度に，筆者が国際経営学科のコア・カリキュラムであるBBLプログラムの主査になることが内定した。その後，月に1回ほどのペースで開催される設立準備委員会に出席し，すでに文部科学省に提出済みであったカリキュラム（2004～2007年度 現代的教育ニーズ取組支援プログラム[2]に認定）の運用を考え，必要な人材の確保といったタスクを遂行することになった。

その準備段階から今日までの間，筆者が主査として，どのようにプログラムを構築し運用してきたかについて本節で説明する。

■ 3.1 下請けではない

筆者がプログラムの運用上，当初から重視していたのは，「専門教育と英語教育の融合」「専門教育担当教員と英語教育担当教員の連携」ということである。つまり簡単に言えば，教育内容に関しては「英語を学ぶのではなく，英語で学ぶ」ということ，教員やカリキュラムの関係については「英語教育は下請けで

はない」ということである。

FDの一貫としてどのようなすばらしいPDCAサイクル[3]を作ったとしても，そのサイクルが，「専門教育（担当者）が上，一般教育（担当者）が下」といった上下関係でカリキュラム構造や所属教員の関係を捉える意識に基づいて回っている限り，英語教育や通常一般教育と言われる科目群にまつわるPDCAは実効性を持ちえない。

本学部においては，他大学の商学部・経営学部との差別化というはっきりとした方針が受け入れられており，BBLがコア・カリキュラムと最初から設定されていたので，他の教員も英語教育プログラムの構築に協力的であった。そして，準備委員会や学部発足後の会議などでは，学部所属の教員にBBLプログラムの理念や指導法を根気よく説明することを怠らなかった。

■ 3.2 人材は人財なり

どのようなプログラムを運用するにしても，重要なのは「人」である。特にプログラムの初期段階では，シラバスを開発したり，教材を新規に作成したりといった仕事が重要であり，かなり力のある教員でなければ務まらない。

学部からは，立教学院で長年にわたり教鞭を執ってきた英語母語話者である教員（以後，ネイティブ教員）と前年度に着任した日本人教員の計2名をBBLプログラムの教員として採用することが決まっていた。二人の専門は，前者がTESOL[4]および環境教育学，後者がコミュニケーション学である。

また，この2名に加え，新規にもう2名を採用してよいとのことだった。そこで，まずは，学生主体のプロジェクト学習を展開することを考えていたので，ドラマを使った教育のエキスパートであるネイティブ教員を採用することにした。しかし，もう一人は結局こちらの期待に沿うレベルの人材は見つからず，危険を冒してまで採用しないと決断し，学内から兼任講師（ネイティブ教員）を半期だけ臨時に雇い，1年目がスタートした。

後者の一人については，早めに公募を開始し，数多くの候補者の中から応用言語学を専門とするネイティブ教員を2007年4月着任で採用し，専任5名体制となった。これら5名の専任のうち，2名が終身保証付きで，3名が有期契約〔最大5年〕である。

5名という小さな集団だけに，採用にあたっては①少なくとも一つの英語教育科目の統括責任者をまかせられるだけの学術的知識や教育経験を持っていること，②英語教育に関する考え方が学部の理念や方針と大きくかけ離れていないこと，③オープンに議論ができること，④ネイティブ教員として雇用する際は，使う英語に信頼がおけること，⑤日本人教員の場合は，英語で授業，会議での討論，外部との交渉などができること，といった条件を重視した。

　幸いにも，いずれの教員も上記の条件にあてはまり，スタッフの質は当初からかなり高いレベルを保持できていると思う。いずれにしても，質の高い人材確保のためには，個人のネットワーク，公募などをベスト・ミックスする必要がある。また，英語教育担当教員だけでなく，専門教育科目の教員を含めた人事委員会を構成した上で，書類審査と面接をし，最終候補者には，模擬授業と研究テーマに関するプレゼンテーションをしてもらうなど，候補者をさまざまな角度から分析し，専門科目教員にも納得のいく公正なプロセスを踏んだ上で採用することが，優秀な人材の確保はもちろんのこと，専門科目担当教員からプログラムへの信頼を勝ち得るという点で重要であろう。

■ 3.3　PDCAサイクルを実効性あるものにするための方策

　プログラムを効率的に運用し，同時にPDCAサイクルを日常的に機能させたFDを展開させるためには，スタッフ間のコミュニケーションが重要である。密にコミュニケーションをとっていなければ，チームとしてPDCAサイクルを回していくことは難しい。そこで，以下のことを実行した。

①BBLスタッフの研究室を互いにすぐ近くに配置する
②主査の部屋を会議用テーブル付きの広い部屋とする（テーブルの上には常に菓子類をおいて，スタッフが入ってきやすいように配慮する）
③各研究室のドアは常に開けておく
④毎週1回，スタッフ・ミーティング（BBL Weekly Meeting）を開催する
⑤主たる英語教育科目の開講曜日を同じとする（週3日）
⑥スタッフのML（メーリングリスト）を開設し，自分が直接担当していない科目の情報等も共有化する

　①〜⑥はすべて，顔を直接合わせる機会を多くするための方策である。ICT

を活用できる時代になったが，やはり顔を合わせることによってコミュニケーションの量と質は格段の差となって表れる。上記のこと以外にも，スタッフの誕生日には主査がケーキを用意してみんなで祝うとか，季節の節目に食事会を開催するといったことも行っている。

　このように密なコミュニケーションを行いながら運用しているBBLプログラムをPDCAサイクルの各パートに分割して概説する。

Plan

　科目ごとにコース・リーダーを決め，その責任者を中心に共通のシラバス，教材，評価の方法と基準を作成し，スタッフ・ミーティングで検討する。

　現在，「海外EAP」「EAP 1」「EAP 2」「ESP-B」「ESP-C」「ESP-M」「BBP」といった科目があるが，スタッフの特徴や関心などを見極め，主査がコース・リーダー候補を決め，週1回のスタッフ・ミーティングで承認する。コース・リーダーになることにより，担当科目の共通のシラバス，使用する教材，評価の方法と基準を作成し，スタッフ・ミーティングで説明し，同僚の質問に答えなければならない。もちろん，事前に同じ科目を担当する教員とのミーティングを開催し，アイデアを出し合い，能力別編成の方法，教材作成の分担，といったことについてリーダーシップを発揮することもよくある。

　この一連のプロセスにおいて，コース・リーダーは常に自分の考えを批評されることになり，教員の成長を促せると考える。

Do

　Doの部分はシラバスに沿って「授業を行う」ということにつきるが，ポイントは，やりっぱなしにしないということである。1年目は，学生アシスタント（SA：Student Assistant）を使い，基本的にすべての授業をビデオに録画し，いつ誰がどの授業のビデオを見てもよいこととした。

　毎週開催するスタッフ・ミーティングでは，前週の授業の報告を各授業担当者からしてもらい，さらに当該の授業の計画を各コース・リーダーから説明してもらっている。

Check

①スタッフ・ミーティング

　毎週のスタッフ・ミーティングが，日常的なチェック機能を果たしている。シラバスの意図通りに授業が展開できたか，学生の反応はどうだったか，ワークシートや他の教材に問題はなかったか，といったことがレビューされる。

②学生授業評価アンケート

　学期末に大学が行う学生の授業評価アンケートに加え，科目の内容に沿ったBBLチーム独自のアンケート調査を学期の中間時点と最後に行っている。集計したデータは，項目ごとに表とグラフとなって分析され，同一の科目を担当している教員への評価の違い，中間と期末の差異についても検証され，学部長に報告される。

③授業公開

　授業を常に公開するという基本的な方針をとっているものの，外部の方々に定期的に授業を公開しているわけではない。BBL主査がときどき授業参観をする以外には，2006年度に高校教員，マスコミ，学内関係者に授業公開を行った実績しかない（授業公開を行った際には，授業に関してのアンケートを取り，外部評価として扱った）。外部評価の面からも，授業公開日を今後は積極的に設けることとし，次回は2008年度後期を予定している。

④外部試験

　現在では，1年次の4月末，1年次の1月上旬，2年次の7月上旬，2年次の1月上旬にGTEC for Students[5]を実施し，2年次の7月上旬にTOEIC[6]を実施している（2006年度だけは，1年次の4月末にTOEFL-ITP[7]を実施した）。1～2年次に関しては，まだビジネス英語の学習は進んでいないことと，高校生との英語力の比較をしたい，という理由でGTECを使用している。また，3年次については，GTECでは満点が出てしまい上位層の力の伸びを測定できないこと，ビジネス英語の学習がある程度進んだこと，そして就職活動に必要，といった理由でTOEICを活用している。いずれにしても，BBLプログラムではこれらの試験準備を直接行うようなことは一切しておらず，あくまでプログラムの成果を客観的に検証するための道具と捉えている。

表4-1　1期生（2006年度入学生）の英語力の伸長度

1年次	4月	TOEFL-ITP	平均454点（GTECへの換算で約520点） （550点以上4名，最高点620点） （500点以上16.2%）
	7月	GTEC	平均577点／800点 （最高点767点，上位25%平均スコア663点）
	1月	GTEC	平均649点／800点 （上位25%平均スコア746点）
2年次	7月	GTEC	平均678点／800点 （満点〈800点〉取得5名，上位25%平均スコア774点）
	1月	GTEC	平均663点／800点 （最高点794点，上位25%平均スコア761点）
3年次	7月	TOEIC-IP	平均607点（GTECへの換算で約700点） （最高点975点／990点）

⑤ Adjunct Course担当教員へのアンケート

　BBLプログラムの短期的な目標は，「2年次終了時点までに国際経営学を英語で学習できるだけの英語力（英文資料を読み，資料を活用しつつ提案書や論文を英語で書き，英語でプレゼンや議論ができる力）の育成」なので，2年次後期に学生が英語で専門科目（Adjunct Course）を初めて受講した際，授業についていけているのかどうか，ということが重要なポイントとなっている。そこで，英語教育科目担当者は，それらの専門科目の授業を参観する。さらに，Adjunct Course担当者にアンケートに回答してもらい，BBLプログラムにおいて十分な力を身につけたかどうかを検証し，次年度の授業内容の改訂のための参考資料とする。

⑥レビュー委員会

　主に学期末に，Adjunct Course担当者と英語教育科目担当者の合同レビュー委員会を開催し，プログラム全体とそれぞれの科目の授業内容等について評価・検討を行っている。その結果は，教授会に報告される。

Action

①学習成果の修正

　各BBL科目には学習成果（Learning Outcomes）が明記されているが，Checkの結果，期待以上の成果が出ていたり，逆に期待通りの成果が出ていない場合，

学習成果の記述を修正する場合がある。期待される学習成果は、学生や授業の実態に合わせ、適宜微調整する対象にしておかないと、単なる絵空事になってしまう。学習成果の記述は、PDCAの基盤となるものなので、重く扱うようにする。

②シラバスの修正

次年度に向け、授業の内容、指導法、教材等を検証したのち、シラバスの変更が必要と思われた箇所は手直しをする。手直しについては、スタッフ・ミーティングで提案し、討議を経て、承認というプロセスを経る。

③カリキュラムの一部変更

場合によっては、シラバスの修正だけではなく、カリキュラムそのものを一部変更しなければならない場合もある。ただし、本学部は2010年3月をもって「完成（創設後、丸4年が経過する）」となるため、大幅な変更が現時点ではできない。よって、一部運用方法を変更するだけにとどまっており、2010年4月に必要な改訂を行う予定である。

④外部試験の一部変更

試験の内容がBBLプログラムの検証に役に立つかどうかなどを検討した上で、外部試験について、TOEFL-ITPからGTEC for Studentsへ、そしてGTEC for StudentsとTOEIC-IPの併用へと変更している。ただし、留学を奨励する本学部としては、学生に早い段階からTOEFL iBTの準備をさせたいと考えている。しかし、今のところ具体的なアクションは起こしていない。

4 今後の展望について

これまでのBBLプログラム全体の経緯をPDCAサイクルにはめ込むと、2003〜2005年度がPlanのフェーズで、2006〜2007年度がDoとCheckのフェーズで、2008年度がActionのフェーズと捉え、プログラムの改善を試みようとしている。

学生を受け入れてから2年半が経過したが、当初予想された通り、日本の高等学校で英語教育を受けた学生に、入学後1年半で英語で専門科目を学べるだけの力を育成するのはたやすいことではない。入学者の英語能力の質をより高

め，BBL の教育内容に社会的ニーズをさらに反映させることにより，これまで以上に社会の要請に対応した改革が必要であると考えている。

　そこで，カリキュラム改革・指導法改善をさらに図るために，高大産連携によるBBL 改革を計画している。具体的には，指定校，自由選抜入試合格者や受験者が多い高等学校，バイリンガル・ビジネスリーダーを必要とする企業を中心にBBL 教育研究会（仮称）を設置し，高大産連携による英語教育・ビジネス英語教育，キャリア・デベロップメント，ビジネスリーダシップ・トレーニングに関する教育手法の研究・実践を行うというものである。

注）
1) 立教大学経営学部については，〈http://cob.rikkyo.ac.jp/j/top/index.html〉（参照日：2008/12/19）を参照のこと。
2) 通称，現代 GP と呼ばれた。〈http://www.mext.go.jp/a_menu/koutou/kaikaku/gp/004.htm〉（参照日：2008/12/19）を参照のこと。
3) PDCA サイクルについては，電通パブリックリレーションズ（2006）などを参照のこと。
4) Teaching English to Speakers of Other Languages（英語非母語話者を対照とした英語教育）の略。
5) 詳しくは，〈http://www.benesse.co.jp/gtec/〉（参照日：2008/12/19）を参照のこと。
6) 詳しくは，〈http://www.toeic.or.jp/toeic〉（参照日：2008/12/19）を参照のこと。
7) 詳しくは，〈http://www.cieej.or.jp/〉（参照日：2008/12/19）を参照のこと。

文　献
電通パブリックリレーションズ〔編著〕（2006）戦略広報―パブリックリレーションズ実務事典　電通　pp.78-79

5 ティーチングティップスの進化

中井俊樹

1 はじめに

 「授業終了後さりげなく教室に残ってみたら、学生が質問しに来た。それ以降、授業が終わってもすぐ帰らないようにしている」「少人数の授業では写真つきの名簿を作ったら、授業の雰囲気がよくなった。自分が学生の名前を早く覚えるためにも役に立つ」「発音がきちんとできるまで教室から帰らせず、列を作らせて何度でもやらせるようにしている」「大学院の授業を一度見学させたら、学生はずいぶんやる気になったようだ」「朝、新聞で学生に視聴させたいテレビ番組を見つけたら、授業のメーリングリストに投稿する。多くの学生は視聴してくれる」。

 授業でどのような工夫をしていますかと聞くと、上記のように多くの教員はさまざまな豊かな実践を行っていることがわかる。近年、FDが義務化されて多くの大学でFDが実施されるようになったが、それ以前からも、大学教員は自身の授業を改善するために、試行錯誤を重ね、授業スキルを向上させてきた。FDの一つの課題は、そのような個々の教員に蓄積されたノウハウを明示化し、整理し、教員の間で広く共有することだと言えるだろう。

 1998年の設置以来、名古屋大学高等教育研究センターは、授業のノウハウを広く共有するための教材を作成してきた。教員向けハンドブックである『成長するティップス先生』や『英語で教える秘訣』、授業支援ツールであるゴーイングシラバス、学生向けハンドブックである『名古屋大学新入生のためのスタディティップス』など、高等教育研究の成果に基づく開発物の提供を通して、学

内の教育支援を進めてきた。

本章では，名古屋大学高等教育研究センターが開発した『ティップス先生からの7つの提案』（以降，『7提案』）の事例を紹介したい。まず，どのようなコンセプトで『7提案』が開発されたのかを振り返る。次に，『7提案』がどのような内容と構成をもつのか，そして既存の開発物といかなる相違点があるのかを明らかにする。さらに，『7提案』がどのように大学教育の現場で活用されているのか，そしてどのような反響や評価があるのかをまとめる。最後に，開発と実践において得られた示唆と課題をまとめる。

2 『ティップス先生からの7つの提案』の開発

2.1 開発の背景

名古屋大学高等教育研究センターは，『7提案』の開発に着手する前に，すでに『成長するティップス先生—授業デザインのための秘訣集』（池田他, 2001）を開発した経験を有している。『成長するティップス先生』では，授業改善のためにすぐに使えるコツや秘訣が収集され，若い教員がそれらを使って授業を改善し成長してゆく姿が当人の日誌形式で描かれた。2000年のWeb版公開以降，改訂を経て，2001年に書籍化されている。研究を重視する学風と，FDという用語が大学の教員に十分に浸透していなかった時代にあって，自学の教育の質的向上に取り組むために，気軽に読めて，実践のための具体的な方法が述べられている書籍を追求したのである。イラストも豊富な186ページの書籍は，大学教員のための教授法をわかりやすく提供するという内容に，読みやすさ，親しみやすさも加わっていると評された。1万部以上の発行があったが，学内教員からは肯定的な評価とともに，「分量が多すぎる」，または，「マニュアル化につながるのではないか」などの意見もよせられた。さらに，FDの義務化が進められる中で，個々の自己研修の教材としては利用しやすいが，集団の研修には利用しにくいという反響もよせられていた。

そのような背景の中で，『成長するティップス先生』を補完する新たな開発物をめざすことになった。漠然とした開発物のイメージにヒントを与えたのが，1980年代後半に米国高等教育学会の研究グループによって開発された『優れた

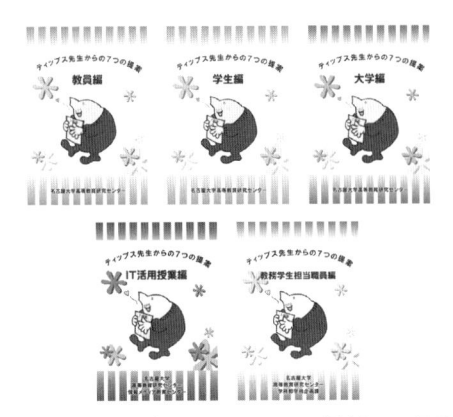

図 5-1 『ティップス先生からの 7 つの提案』の 5 冊子

授業実践のための 7 つの原則』(以降,『7 原則』) である (Chickering & Gamson, 1987; 中島・中井, 2005)。この開発物は，優れた授業実践のための指針を提供している。7 つの指針のもとに実践すべきことを整理するという構成は，高等教育研究センターが収集した授業のノウハウを体系的に提示する際の枠組みとして有効だと思われた。しかも，『7 原則』は，教員に向けた冊子のみで構成されるものではなかった。学生に向けた冊子，大学組織に向けた冊子も編成されており，教員，学生，大学組織の協力なしには大学教育の質の向上が望めないというコンセプトにも，大いに共感するところがあった。このコンセプトは，『成長するティップス先生』の改訂作業を通して，開発グループが見出しつつあった方向とも合致するものであった。

■ 2.2 開発コンセプト

名古屋大学の教育の質を向上させる有効な方法は，優れた教育実践のノウハウを広く共有させることであると開発グループは考えた。これは，それまで行ってきた教授学習支援の経験と調査の結果に基づいた考えである。授業見学や授業実践の報告書などから各教員の授業実践を収集し分析すると，授業改善に向けてさまざまな優れた取り組みを行っている教員が多いことがわかった。そして，各教員がもつ授業のノウハウの中には学問分野や授業形態を越えて利用できるノウハウが多いことも明らかになった。その一方で，新任教員を中心に

授業のノウハウを十分にもっていないことで授業に悩みをもつ教員もいる。このような現状においては、優れた授業のノウハウを効果的に広く共有することが重要であり、その実現のためにノウハウを整理する枠組みをもった開発物が求められているのではと考えた。そこで、『7提案』の目的は、「名古屋大学に埋もれていた優れた教育実践とそのための知恵を明示化し、大学の全構成員が共有するための枠組みを提供すること」と設定された。

　優れた教育実践と知恵を大学の中で広く共有させるために、次の四つのコンセプトに基づいて開発が行われた。第一に、気軽に読めることである。これまでの教員向けハンドブックに対して最も多いフィードバックが、内容をコンパクトにまとめてほしいという声であった。そのため、ページ数の少ない小冊子というかたちを発信方法とした。また、さまざまな考え方やノウハウを提示するが、読者が取り入れてみたいと思う項目だけ取り入れればよいというメッセージを含めた。画一的な教育実践を求めるのではなく、優れた授業は多様なかたちで存在するという前提に立ち、教員自らの意思で納得のいく授業改善を進めることに価値をおいたのである。また、教育学などの専門用語を排し、イラストを取り入れるなど気軽に読むための工夫も行った。

　第二に、授業の具体的ノウハウを整理して提供することである。抽象度の高い教授学習に関する理念や理論よりも、それを具体化する実践的なノウハウが求められていることが、FDの実践の過程で明らかになった。具体的なノウハウを整理するために、『7原則』を参考にして、①学生と教員が接する機会を増やす、②学生間で協力して学習させる、③学生を主体的に学習させる、④学習の進み具合をふりかえらせる、⑤学習に要する時間を大切にする、⑥学生に高い期待を寄せる、⑦学生の多様性を尊重する、というカテゴリーを設けた。名古屋大学の優れた教育実践の事例を整理する過程で、優れた実践事例の多くは、上記の7つのカテゴリーのいずれかに分類された。

　第三に、学生の学習に関わるステイクホルダーの役割、責任、および相互関係を明らかにすることである。教員が教育改善の主要アクターであることは間違いない。しかし、これは教員のみが教育改善のアクターであるということを意味しない。大学組織は、大学の教育目標に沿った整合的なカリキュラムの設計、授業環境の整備、教員の授業支援などのかたちで個々の授業に関わって

いる。また学生も，単に教育サービスの受動的な消費者ではなく，よりよい教育を成立させる重要なアクターとみなすことができる。教員や大学組織が教育改善を進めたとしても，最終的にステイクホルダーとして学生が主体的に大学教育に参加しないことには，教育効果は限定的なものになるだろう。そこで，2005年の時点では，教育改善の主要アクターとして教員・学生・大学組織の三者を取り上げ，それぞれ教育改善にどのような取り組みができるのか，そして相互がどのような補完関係になっているのかを別々の冊子を作ることで明らかにすることを試みた。

　第四に，名古屋大学の教育現場に適した内容にすることである。そのために，学内の授業実践事例報告書，授業見学，さらにインタビュー調査からノウハウを抽出した。また，学外から収集したノウハウに関しては，学内の教職員や学生の協力を得て，「これまで実践していなかったが，これから取り入れてみたい」というノウハウを優先した。さらに，7つの各提案をまとめる際には，名古屋大学にすでにある全学教育科目の担当者へのガイドラインと齟齬のないように調整した。つまり，優れた教育実践の基準として，学内の教育現場における有効性を用いた。

3 『ティップス先生からの7つの提案』の内容と特徴

■ 3.1　構成と内容

　以上のような開発コンセプトのもとで，学内からノウハウが収集され，冊子を完成することができた。現在『7提案』は，「教員編」「学生編」「大学編」「IT活用授業編」「教務学生担当職員編」の5冊子から構成される。それぞれの冊子は12ページにまとめられ，各冊子の冒頭には，「名古屋大学の学生・教員・大学組織がよりよい教育を実現するための提案と具体的なアイデアをまとめたものです」と，『7提案』のねらいが明示されている。学生の学習に関わるステイクホルダーの努力が同じ方向に向かって統合されていく必要があるというコンセプトを強調するために，オフィスアワーの事例を提示し，優れた教育実践は各ステイクホルダーの取り組みがお互いを支え合ったときに実現されることが説明されている。また，自分が該当する冊子以外の冊子を読むことをす

図 5-2　教員編の提案 1 のページの内容

> 提案 1　学生と接する機会を増やす
> 　集団の中の一人として見なされるときよりも，一人の個人として見なされるときの方が，学生は授業に対する帰属意識や責任感を持つものです。授業への参加度を高めるためにも，学生と接する機会を増やしてみましょう。学生にとって自ら積極的に教員に接することは勇気がいる行為なので，教員からきっかけをつくってあげることも大切です。
>
> ・クラスの学生に出会ったら声をかける
> ・学生にオフィスアワーを積極的に利用するようにすすめる
> ・学生に自分のメールアドレスを公開し，ｅメールによる質問を受けつける
> ・授業終了後しばらく教室に残り，学生の質問に答える
> ・自分の研究内容について話す
> ・学生が教員に親しむための親睦会を開く
> ・学生が主催する勉強会やイベントに参加する

すめており，教員が学生編をクラスで配布することによって，自分の授業改善の取り組みがより効果的になるといった利用方法も紹介されている。

前述のように，各冊子は同じ 7 つの目標から構成されている。ただし，教員，学生，大学組織，教務学生担当職員のそれぞれの視点から，提案が書き分けられている。教員編や IT 活用授業編においては「学生と接する機会を増やす」，学生編においては「教員と接する機会を増やす」，大学編においては，「学生と教員が接する機会を増やす」，教務学生担当職員編においては，「学生が教職員と接する機会を増やす」という具合である。どの冊子も一つの提案に対して，図 5-2 のような構成でまとめられている。

アイデアの表記に際しては，以下のことに留意した。まず，具体性を高めるという点である。短い文章であっても，冊子の読者が具体的にどのような行動をとればよいのかを明確にするよう努めた。また，ステイクホルダー間の協力関係をわかりやすくするため，アイデアのレベルでも関係性をもたせるようにした。たとえば，教員編の「クラスの学生に出会ったら声をかける」に対応させて，学生編には，「知っている教員に会ったらあいさつする」というアイデアを配置した。教員編の「自分の研究内容について話す」には，学生編の「教員の書いた本や論文を読んで教員の考え方を知る」，大学編の「教員の書いた本が図書館などでまとめて展示されている」というアイデアを対応させた。

小冊子という形態を優先させたため，開発の過程で収集したアイデアのうち，

冊子に記載できたものは限られている。そこで，収録できなかったアイデアはデータベース化し，ホームページにおいて，それらのアイデアも公開している（http://www.cshe.nagoya-u.ac.jp/tips/index.html）。

■ 3.2 既存の開発物との相違点

『7提案』が開発される前にも，大学における教授法に関する書籍や冊子などは存在していた。『7提案』はそれらの既存の開発物とどのような相違点をもつのだろうか。

大学教員向けの教授法ハンドブックとしては，1980年代にロンドン大学・大学教授法研究部による『大学教授法入門』やマッキーチによる『大学教授法の実際』などの翻訳書が紹介されていたが，日本の大学の現場に即して作られたハンドブックは見られなかった。日本の大学において一般の大学教員向けに開発された最初の本格的な教授法ハンドブックは，『成長するティップス先生』であろう。現在では，いくつかの大学で教授法ハンドブックが開発され出版されている。それらの教授法ハンドブックはそれぞれに特色があるが，具体的なアイデアが場面別に分類されているという点で共通している。一方『7提案』では，7つの方針と呼べるカテゴリーにアイデアが分類されており，これに類似するようなハンドブックは見あたらない。

また，『7提案』は，学習に関わるステイクホルダーのそれぞれの役割と相互関係という視点から開発されたという点で独自性をもつ。日本の大学において，このようなコンセプトで開発されたものはこれまで見あたらず，『7提案』は，教授学習の質的向上に資する新しい開発物であると言える。

次に，米国高等教育学会の研究グループによって開発された『7原則』との比較から，『7提案』の特徴を明らかにしたい。『7原則』は，『7提案』開発の着想のきっかけとなった開発物であり，参考にした点は多い。すでに述べたように，7つのカテゴリーに分類するという点や，教員・学生・大学組織などのステイクホルダー別に冊子をまとめるという点は，『7原則』から学んだことである。しかし，『7提案』は主に次に述べる4点で，『7原則』と異なると言えよう。

第一に，優れた教育実践のアイデアを広く共有することを重視した点である。

アメリカ版の『7原則』では，7つの原則をガイドラインとして，各実践手法に対して5段階で個々の授業実践を評価するフォーマットになっている。このような『7原則』の形式は，読者に対してそれらが評価基準であるという印象を与えてしまう。一方，『7提案』では，評価基準を提供するものではないということを冊子の中で強調し，提案の中にあるアイデアを広く共有することに重点をおいた。そのため，『7原則』で使用している「原則」（principle）という用語を使わずに，「提案」という用語を用いた。

第二に，学生の学習に関わるステイクホルダーの相互関係を明確にした点である。この点は，『7原則』の設計時には十分に意図されていなかったと推察される。『7原則』の大学用チェックリストは7つの原則に分類されておらず，学習環境，授業実践，カリキュラム，教員，学生支援サービス，施設という六つのカテゴリーで実践手法がまとめられており，教員用チェックリストや学生用チェックリストとの関連は弱い。また，同じカテゴリーでまとめられている教員用チェックリストと学生用チェックリストでさえ，同時期に作られていないこともあって，相互の関連性も考慮されているとは言えない。

第三に，名古屋大学という固有の大学を対象にした点である。『7原則』は，米国高等教育学会の研究グループによって開発されたため，アメリカの一般的な大学を対象としている。そのため，特定の大学に適用させるためには一部改訂する必要がある。一方，『7提案』は名古屋大学という固有の大学を対象にしたため，学内の実践を収集し学内の教員からのフィードバックを通して名古屋大学に適した内容にすることが可能となった。

第四に，内容の発展性を確保した構造になっている点である。『7提案』はその開発時から，現場からの反響から改訂することを想定していた。学内のニーズから作成することになった「IT活用授業編」と「教務学生担当職員編」は，『7原則』にはない新しい冊子である。また，既存の冊子の内容に関しても，ホームページにおいてデータベース化を行っている。ホームページでは，冊子版では掲載しきれなかったアイデアを公開しており，さらに新たなアイデアを追加できる。このような内容の発展性に関しては，1987年に公開されてから一度も改訂されていない『7原則』と異なる特徴をもつと言えよう。

4 『ティップス先生からの7つの提案』の活用と反響

4.1 学内外の研修での活用

『7提案』は，優れた教育実践を共有するために，学内の各種研修で教材として利用されている。毎年4月に開催される新任教員研修における教材として採用されている。新任教員研修の場では，単に授業のスキルを伝達するのみでなく，新任教員が大学のコミュニティにスムーズにとけこめるようにすることも重要である。そのため，新任教員研修では，グループごとに授業改善について意見交換できるように，ワークショップ形式の教材として『7提案』が利用されている。

また，毎年9月に開催される大学院生対象の大学教員準備プログラムにおいても教材として利用されている。大学教員準備プログラムでは，大学教授職や研究職をめざす大学院生を支援するために，高等教育政策の動向，現代の大学生，シラバスのつくり方，教授法の基礎，成績評価の方法，授業の実践，研究をめぐる倫理，キャリアを考える，などのセッションが提供される。これらのうち，教授法の基礎のセッションの教材として利用され，参加者が模擬授業をする授業の実践のための参考資料としても活用されている。

これら以外にも，学内の各部局からのニーズに合わせて研修を実施している。たとえば，毎年実施される附属病院看護部主催の臨床実習指導者研修においても，教授法のセッションがある。そこでは，臨床実習指導におけるノウハウを整理し，共有するための枠組みとして，『7提案』が利用されている。

『7提案』は，名古屋大学の現場を念頭において作成した冊子であるが，他大学からの冊子の送付依頼も多数よせられている。学外からの冊子の依頼に対しては，印刷会社から直接購入できるようにしており，これまで発行部数は5冊子でのべ49,000部（2008年5月現在）に達している。

4.2 反響と評価

『7提案』を活用した教授学習支援は現場でどのように受けとめられているだろうか。参加者を対象とするアンケート調査によると，全学教育科目担当教員研修，新任教員研修，大学教員準備研修などにおいて，満足度はおおむね高

い水準にあった（中井, 2007）。教養教育担当教員研修において学内で初めて『7提案』を紹介したときには，大多数の教員が肯定的に評価した。「今まで何気なくやってきたことが大事であると気づいた」「いろいろな授業のやり方がわかってよかった」などの意見がよせられた。『7提案』をワークショップの教材として使用した研修においても，配布資料・教材の適切性に関して大多数が肯定的に評価している。さらに，さまざまな学問分野の教員が集まったFDでは，「学部間の意見の違いがわかり有意義であった」「他の学部の教員と活発な議論ができて楽しかった」などの意見もよせられている。

『7提案』を活用した研修後のアンケート調査によると，研修自体に対する満足度のみならず，参加者の行動の変容にもつながっていると言えよう。「次の授業から取り入れてみたいというノウハウがいくつかあった」「これからeメールによって質問を受けようと思う」「次回からテスト終了後に模範解答を配布したい」などの意見があった。また，ワークショップ形式の研修では，『7提案』で提示されたノウハウを参考に，参加者の授業に使えそうなノウハウをリスト化する作業が含まれており，参加者がリストを持ち帰ってすぐに授業で使えるようにしている。

また，新任教員に最初の学期終了後に改めてコメントを求めたところ，「授業後にコメントペーパーを配り，授業内容について理解した点を書いてもらうことにより，学生の疑問点を把握し，次回の講義で説明することができた」や「生命倫理学の講義で，障害をもつ胎児の中絶に関して話した際，コメントペーパーに障害をもつ学生からショックを受けたとの感想がよせられ，学生のもつ多様性への配慮の重要性を改めて実感し，多様性を尊重した話し方をするよう心がけることができた」など，事前に『7提案』を読んでおいて役に立ったという意見がよせられた。

『7提案』は，すでに述べたように大学を越えて利用が拡大している。名古屋大学という特定の大学で収集したノウハウを再構成して作成した冊子の内容が，他大学において有効性をもつのだろうか。有効性の程度を明らかにするために，全国の国公私立大学のFD企画・実施担当者を対象としたアンケート調査を行った。その結果，『7提案』のコンセプトと内容は，全国のFD企画・実施担当者からおおむね肯定的に評価されていることがわかった（中井・齋藤, 2007）。ま

表5-1 全国のFD企画・実施担当者からの評価

気軽に読める内容になっている	2.80
優れた実績や知恵が掲載されている	2.36
冊子によって,優れた実践や知恵が広く共有できる	2.39
取り入れたいノウハウだけ取り入れればよいという形態がよい	2.31
ノウハウが7つの簡単な提案に整理されている点がよい	2.53
書かれたノウハウが実践的・具体的である	2.25
教育改善への意欲を向上させる内容になっている	2.29
学問分野を越えて共通に利用できる	2.27
授業形態を越えて共通に利用できる	2.11
学生・教員・大学組織の三者の役割を明らかにした点がよい	2.29
学生・教員・大学組織の三者の協力によるアプローチがよい	2.40
4冊子の内容が相互に関連づけられている点がよい	2.35
多様な立場の者が協力して大学教育を考えるきっかけになる	2.47
冊子の内容が,インターネットでも公開されている点がよい	2.68
貴大学の大学教員に紹介してみたい	2.41
貴大学の新任教員に紹介してみたい	2.49
貴大学の学生に紹介してみたい	2.31
貴大学の大学職員に紹介してみたい	2.34
貴大学の各種の研修で紹介してみたい	2.32
貴大学の研修などでワークショップを実施してみたい	1.97
総合的にみて満足のいくものである	2.39

注)「あてはまる」「ややあてはまる」「あまりあてはまらない」「あてはまらない」
にそれぞれ3から0のポイントをつけ,平均ポイントを算出した。
出所)中井・齋藤(2007)

た,設置形態,大学の規模,入試難易度によらず,さまざまな大学において適用可能性が認められた。名古屋大学の教育現場に適した内容にするというコンセプトで作成したにもかかわらず,多くの大学において『7提案』が有効性をもつことが明らかにされた。

5 開発と実践から得られた示唆と課題

以上のように,名古屋大学高等教育研究センターでは『7提案』を開発し,それを活用して学内のFDの実践を行ってきた。さらに,大学を越えて利用され,他大学のFDにも影響を及ぼしてきた。その経験を通して以下のような示唆が得られた。

第一に,優れた教育実践と知恵を共有するという『7提案』のコンセプトは,

現場のニーズに合致していたと言える。これまでも授業のノウハウを共有する方法として，各教員による授業実践報告，同僚間での授業見学，各教員が執筆する授業の事例集などが試みられていた。『7提案』は，形態は異なるがそれらの取り組みをより手軽にした方法とみなすことができよう。他の教員の優れた実践から学び，取り入れたいものを取り入れればよいという方針は，押しつけでない自発的な教育改善を好む傾向をもつ大学教員に受け入れられやすかったと言えよう。

　第二に，学生の学習に関わるすべてのステイクホルダーに教育の質的向上の役割と責任があるという考えは，それぞれの立場の者にとって受け入れられやすかったと思われる。日本の各大学では，これまで教育の質的向上のための取り組みが進められてきたが，教員以外のさまざまなステイクホルダーの役割とそれぞれの相互関係を考慮して具体化した事例はそれほど見られなかった。『7提案』が示す総合的な教育の質的向上という考え方は，教育の質的向上を教員の資質向上のみに求めてしまうといった極端なFD観を是正し，教育改善のための役割と責任をバランスよく分担させることができると考えられよう。

　以上のような示唆が得られた一方で，いくつかの課題も残されている。まず，『7提案』を活用した研修が，誰を対象にどのような形態で実施すれば有効性が高まるのかについては調査をもとに検証する必要があろう。また，研修の評価に関しても，単に研修に対する満足度のみで評価するのではなく，個々の教員が授業改善にどのように活用できたのか，さらに学生の学習活動にどのように影響を及ぼしたのかまで枠組みを広げて考えておく必要があろう。実質的な教員の資質向上と授業改善をともなってこそ，本当の意味で教員はFDを楽しむことができると言えよう。これらは，『7提案』の改訂，新たな冊子の開発，『7提案』を活用したプログラム開発などと並行して，今後の課題としたい。

文　献

Chickering, A. & Gamson, Z. (1987) Seven Principles for Good Practice in Undergraduate Education, *AAHE Bulletin*, **39**(7), 3-7.

Gamson, Z. (1991)　A Brief History of the Sven Principles for Good Practice in Undergraduate Education, *New Directions for Teaching and Learning*, **47**, 5-12.

池田輝政・戸田山和久・近田政博・中井俊樹（2001）成長するティップス先生―授業デザインのための秘訣集　玉川大学出版部

McKeachie, W. J.（1978）*Teaching Tips : a guidebook for the beginning college teacher.* Lexington, MA : Heath and Company.（マッキーチ W. J.　高橋靖直〔訳〕（1984）大学教授法の実際　玉川大学出版部）

中井俊樹（2007）大学教育の質向上のための教員・学生・大学組織の役割と相互関係―『ティップス先生からの7つの提案』を活用した教授学習支援　大学評価・学位研究, **5**, 1-16.

中井俊樹・中島英博（2005）　優れた授業実践のための7つの原則とその実践手法　名古屋高等教育研究, **5**, 283-299.

中井俊樹・中島英博・近田政博（2006）　　名古屋大学の教育の質向上に有効な教員・学生・大学組織の実践手法：『優れた授業実践のための7つの原則』のチェックリストを用いた調査　名古屋高等教育研究, **6**, 77-92.

中島英博・中井俊樹（2005）　優れた授業実践のための7つの原則に基づく学生用・教員用・大学用チェックリスト　大学教育研究ジャーナル, **2**, 71-80.

中井俊樹・齋藤芳子（2007）　大学教育の質を総合的に向上させる研修教材の評価　メディア教育研究, **4**（1），31-40.

名古屋大学高等教育研究センター（2005a）ティップス先生からの7つの提案〈学生編〉

名古屋大学高等教育研究センター（2005b）ティップス先生からの7つの提案〈教員編〉

名古屋大学高等教育研究センター（2005c）ティップス先生からの7つの提案〈大学編〉

名古屋大学高等教育研究センター（2005d）「ティップス先生からの7つの提案」の開発　特色GPシリーズ3号

名古屋大学高等教育研究センター（2006a）ティップス先生からの7つの提案〈IT活用授業編〉

名古屋大学高等教育研究センター（2006b）大学院生のための大学教員準備プログラムの開発―大学教授法研修会の記録　特色GPシリーズ4号

名古屋大学高等教育研究センター（2007）ティップス先生からの7つの提案〈教務学生担当職員編〉

名古屋大学教養教育院（1998-2005）　豊かな教養教育を目指して―共通教育の方針・事例集　各年度版

名古屋大学教養教育院（2006）名古屋大学全学教育FD活動報告書

University of London University Teaching Methods Unit（1976）*Improving Teaching in Higher Education.*（ロンドン大学・大学教授法研究部〔編〕喜多村和之・馬越徹・東曜子〔編訳〕（1982）大学教授法入門―大学教育の原理と方法　玉川大学出版部）

6 学習動機づけのための全学必修教養科目
——学生相談から生まれた授業

青野 透

1 はじめに

　金沢大学では，1年生前期に全学必修科目「大学・社会生活論」を開講している。本学は，共通教育（教養教育）について全学出動方式をとっており，関係委員会におけるカリキュラムの検討の結果，この数年の間に，「大学・社会生活論」と同様の導入科目「初学者ゼミ」などが全学必修科目として誕生した。大学設置基準が求める「教育内容等改善」(FD) は組織としての大学に課せられており，全学的な取り組みであることを条件とする。8学部を擁する総合大学で，全学生に同一の必修科目が新たに誕生すること自体を，FDの成果とみなすことができる。

　さて，「大学・社会生活論」の科目開発は，初年次教育重視の全国的な流れ[1]を背景にしながらも，「なんでも相談室」での相談対応を起点にしており，本学学生固有の状況を直接に反映しているという特色をもつ。さらに，ミニ講義「ランチョンセミナー」における学生の反応確認もふまえ，全学教職員が自由に参加できる意見交換の場「共同学習会」を経ての新科目の開講の実現であった。学部の垣根を越え，「なぜ，他ならぬこの内容を全学の一年生に教えねばならないのか」「どのような授業方法ならば教育効果があるのか」などの議論をくりかえし，授業内容・方法の工夫に知恵を出し合ったのである。

　学習動機づけ・全学必修・学生ニーズ対応というキーワードでくくれば，非常にシンプルなFDである。近年多くの大学等で設置されるようになった「なんでも相談室」に出発点をおくことにより，初年次教育と学生支援の重視とい

う現在の高等教育の課題に正面から応えることをめざす取り組みと位置づけられる。この科目の評価としては，学生がどう変わったか，具体的には学習動機づけがどこまで実現したかが問われることになるだろうが，残念ながら，今の時点では出せない。

　一つの科目の受講だけで学生全体がドラスティックに変わるほど，教育はたやすいものではない。また，それを短期間に実証できるとは考えられない。特に金沢大学では，2008年4月，学部組織をなくすという大改革を行ったところである。筆者は，学長補佐（学生募集担当）として，2007年に，多くの高校教員・予備校関係者に対して，その教育改革について説明する機会をもったが，大学側の思惑通りの教育効果が得られるなどと楽観的に宣伝できるものでないことは明らかである。

　だが，少なくとも，FDの進展のためにもこうした科目が必要であることは確認できよう。なぜならば，FDに学生の立場からの発想が重要であることは誰も否定しないであろうが，学生が主体的に教育改革に加わるようにするためには，大学は学生たちに，自分の大学のことをさらには大学一般のことを理解させなければならないからである。大学とは何であるか少しでもわかった上で自分の大学についての疑問を抱くようになれば，学生たちの意見は教育改善に役立つ具体的な提言となりうる。そうした学生が行うのであれば，授業アンケートも信頼性の高い重要なデータになる。入学後早期に「大学・社会生活論」のような科目を開講することは，直接的には学生のためであるが，FDにつながるものでもある。

　ともあれ，本章で紹介するのは，まだ評価の定まらぬ改革のプロセスでしかない。他大学の参考になるものがあれば，幸いである。

2 「大学・社会生活論」と『きいつけまっし』

　Webで公開している2008年度「大学・社会生活論」シラバスは次のようになっている。

　所属別に1年生（約1800名）が15のクラスに分かれて受講することになり，授業内容は全学共通の部分と所属専門別のそれとの組み合わせとなる。シラバ

表 6-1 本学 2008 年度「大学・社会生活論」シラバス

授業の目標
大学生活は高校までのそれと大きく異なる。とりわけ学習のあり方や社会的責任の違いは重要である。ただ，高校まではそれらについてあまり考える機会をもたなかったことが原因で，入学後のとまどいやトラブルが生じてしまう場合も見受けられる。また，この新生活を有意義に過ごすには，将来を考えながら自己発見・自己開発をしていくことが重要である。しかしながら，その手がかりがつかめないままに日々を過ごしてしまう学生も見受けられる。本授業の目標は，学生諸君が大学における学習方法・目的や社会的責任を果たす上で必要な常識・知識などを学んで早期に大学生活のありようを体得すること，さらに大学のなかに自己発見・自己開発の契機が多々存在することに気づき，それらを利用しながら将来イメージをより明確にできるようになることである。

学生の学習目標
①できるだけ早く大学に慣れ，大学生らしい学習態度・生活態度を身につける②これからの人権・共生の時代に必要とされる知識・教養に触れ，その基本を理解する③留学・就職・進学・ボランティア活動などについての知識を身につけ，大学 4 年間（6 年間）の過ごし方やその後の将来のあり方を自ら設計できるようになる。

授業の概要
対面で行う各授業の概要は『履修案内』を参照。対面授業以外に，入学式前の健康診断（4 月 2 日～4 日。この期間に受診できなかった人は保健管理センターに問い合わせ 4 月中に受診のこと）と e ラーニングによるビデオ授業（視聴後に簡単な確認テストあり），及び期末確認テスト（テキストに準拠。7 月実施）が授業の一環として組み込まれている。ビデオ授業の予定は次のとおり。4 月「大学における学習方法」「ハラスメント」，5 月「環境問題の基礎」「健康論 1」「健康論 2」，6 月「健康論 3」，7 月「上記の再配信」。

テキスト
『知的キャンパスライフのすすめースタディスキルズから自己開発へ』金沢大学「大学・社会生活論」テキスト編集会議編，学術図書出版，2008 年 4 月。価格は，生協にて教材のポートフォリオ作成用ノートファイルとセット販売で 2000 円。

参考書
『きぃつけまっし』金沢大学教育企画会議学生生活部会発行

スを見る限り，授業目標は，学習動機を高めるところにあり，他大学の初年次教育科目とあまり相違がないであろう。だが授業内容・方法の独自性は明らかである。たとえば，健康診断受診が必須となっている。自らの健康管理の重要性を認識させるためである。ここには，保健管理センターを中心とした健康教育重視という考えが反映している。疾病の予防に力を入れ，全学を挙げていち早く取り組んだ感染症対策は，他大学の模範にもなっている。単なる初年次導

入教育に終わることなく，医師等による講義を通して身につけた正確な健康観が生涯にわたる意義をもつであろうことを考慮すれば，教育効果の射程は限りなく広がる。こうした活動が評価され，同センターの一連の取り組みは 2007 年度の学生支援 GP にも選ばれている。

授業では ICT（☞ 15 章）をフルに活用している。学生向けポータルサイトに，AED の学内配置図とともに e-Learning 教材「一次救命処置と AED（自動体外式除細動器）の基礎知識」があり，小テストによる知識確認もできる。本学では入学時点より全学生ノートパソコン必携であり，ポータルサイトを中心とした ICT 活用は，キャンパス内無線 LAN 環境のもと，時間外学習を不可欠のものとしている。他の必修科目「情報処理基礎」によって ICT に必要な技術を学びつつ，1 年生たちは，「大学・社会生活論」を通じて本学ならではの学習環境に親しみ，大学での学習慣を徐々に実践的に身につけていくことになる。

次に，教科書がオリジナルであり「教材のポートフォリオ作成用ノートファイルとセット」となっている点も注目されようが，強調したいのは全学の学生生活に関する委員会が作成した『きぃつけまっし』が参考書となっていることである。金沢大学の学習支援を取材したある記者はこの冊子を次のように紹介している。

> この『きぃつけまっし』，実に懇切丁寧にできている。講義中の携帯電話使用がなぜ慎むべき行為なのか，「一気飲み・酒強要」がどのような命の危険につながるか，もし友達が酒で具合が悪くなったら具体的に何をすればいいか，わかりやすく優しく説いている。心身の悩み相談についても，「悩みを抱えるのは自然なこと」と肯定して，相談室，アドバイス教員，学外の機関などさまざまな相談先を紹介。積雪時の心がけなど日常生活の送り方を，毎年バージョンアップしながら掲載しており，今年度版はゴミ出しルールも加えた[2]。

生活心得的な冊子などを作成し，学生に配布している大学は多いが，それが実際にどこまで学生に活用されているかと問えば，答えはおぼつかない。どうしても必要な情報は確実に届け，説明すべきである——そのために，本学では

正規の授業で使うことにしたのである。冊子タイトルは,「気をつけなさい」を意味する当地の方言と「(心に) キイ (鍵) を付けなさい」との語呂合わせであるが,起きてしまってからでは取り返しがつかない事柄を中心に,知識を与えて未然防止に努めることは,教育機関としての大学の当然の責務である。生活面でのちょっとしたトラブルでさえ,学生が学業に専念できない理由となりうる。学習動機づけのためには,大学は学生たちの学外での生活にも可能な限りの配慮をしなければならない。授業時間外の学習を前提として単位の認定を行う以上,学外での学習環境・生活環境も無視できないのである。

さて,この冊子の毎年の更新作業には,学生メンバーも加わっている。学生に役立つ情報を身近なものとして提供するためには,内容・表現において,学生の視点に立つことが求められる。本学の学生支援におけるこうした動きの起点になったのは,「なんでも相談室」の開設である。そして,「大学・社会生活論」の授業コンテンツの中心にあたる部分は,この相談室での相談内容から作られることになったのである。

3 なんでも相談室

各大学で進められている組織改革やカリキュラム改革の取組は,大学における教育の改革を目指すものであるといえるが,それが真に実効あるものとなるためには,教育を提供する立場の論理だけではなく,学習する側である学生の立場に立ったものとして進められる必要がある

そう指摘したのは,いわゆる『廣中レポート』[3]である (文部科学省,2000)。

その後,全入化にともなう学力低下が指摘され,また高校までの教育が変わり,新入生の学習履歴も変わってきている。学習面を中心に学生がどう変わったかを知ることを抜きにFDを試みれば,失敗に終わる。学生の立場に立つ努力はまず学生の現状を知ることから始まる。授業内容・方法にいかに工夫を凝らしても,学生の多様な学習履歴等にも制約された多様な理解度をふまえなければ,教育成果向上には結びつかず,"絵にかいた"シラバスに終わってしまう。

学習面を含めて,いわゆる学生生活調査を実施している大学は多い。また,

授業については，学生による授業アンケートがすでにFDの定番ともなっており，今や，その結果をもとにした授業改善がFDの喫緊の課題の一つとなっている。しかし，学生相談については，それを教育と結びつけるという発想があまり実践されないままであった。すでに『廣中レポート』は，教育改善方策として，「学生相談の捉え直し」を求めていた。すなわち

> 学生相談機関は，問題のある一部の特別な学生が行くところというイメージが根強くあったが，本来，学生相談は全ての学生を対象として，学生のさまざまな悩みに応えることにより，その人間的な成長を図るものであり，今後は，学生相談の機能を学生の人間形成を促すものとして捉え直し，大学教育の一環として位置づける必要がある。

と学生相談についての認識の転換を促していたが，金沢大学ではこれを受けて，2001年3月に「なんでも相談室」を新設した。筆者は開設から3年間この相談室の室長をつとめ，毎年100人近くの学生との面談を行った。新入生は，医学部生のように入学動機がはっきりしている学生であっても，何かしら迷いのなかにいることが多い。このことは，それまで筆者が担当してきた毎年の1年前期開講教養ゼミでの経験からも明らかであり，学生相談学会などの報告を聞いても，多くの高等教育機関で同様であると判断できる。

　だが，悩みや困りごとがあっても，大学教員には相談しづらいものである。特に1年生にとっては，いきなり4月から大講義室で難しい内容の授業を聴かされることすらあり，大学教員は偉そうに見えるし，高校のように大職員室にいるわけでもない。個人研究室は敷居が高く，時間が決まっているオフィスアワーですら，なかなか機能しない。

　学生たちが少しでもアプローチしやすくするような工夫が必要であると考え，本学では，学務係の休講掲示板の向かいに相談室を設け，ドアを開け放ち，入りやすくすることから始めた。やがて，4月になり，新入生たちが，履修相談のために次々と相談室にやってきた。ここでわかったのが，履修手続きに関する相談のうちの多くが，新入生特有の不安だけでなく，『履修案内』などの記述のわかりにくさに起因しているということであった。これらの冊子を教員や職

員の視点でしか作っていなかったことを痛感した。翌年，学生の意見を募って，冊子の内容を新入生にわかりやすくするという工夫を行った。

また，なんでも相談室では2年目から，担当者として研修を受けた院生を配置し，今では，履修相談，学習相談に限り，学部生にも担当してもらっている。1年の4月におずおずと相談室にやってきた学生がやがて，居場所を求めてやってくるようになり，翌年は立派な先輩として，後輩たちに助言をしている。そばで見ていると実に参考になる。『履修案内』のこの単語は学生にこう説明すれば理解してもらえる，と気づく。学生たちは，自分が悩んだ経験を相談対応にいかしている。多くの場合，学生による学生のための相談室は，支援を担当している学生にとって，結果的に自身の成長の場にもなる。

こうした過程で，支援を求めてやってくる学生に対して手をさしのべるという従来型の学生支援のしくみと並行して，大学の側から，積極的に情報を提供することが必要であると考えるようになったのである[4]。学生相談を教育の中にいかし，新たな授業科目を企画していく必然性があった。

学生相談を単なる相談対応に終わらせない工夫が求められる。相談の中にはその場限りのものも当然ある。だが，一人の相談者の背後には，同じような原因で困ったり，悩んだりしている学生が他にもいるのではないかと推測できるものもある。その学生に特異な問題と思えても，話を聞くうちに，過去にも同様の相談があったなどと気づくこともある。制度上の不備であれば，来年も同じことが再発してしまう。悩みの拡大の未然防止には，過去の相談から悩みや困りごとの原因を探り，その原因除去のために取り組む体制が必要なのである。

日々の相談対応を行いながら，それに満足することなく，室長である教員を中心として相談担当教職員がなすべきことは，制度改善のヒントを来談者記録などから読み取ることである。本年度は相談件数が1000件に近くなると予想されるが，制度の欠陥に基づく相談が放置され，くりかえしもち込まれるようであれば，進歩のない相談室ということになってしまう。

一定の事柄については，学生に対して，適時の知識の提供が必要である。たとえば，うつ病についての知識があれば，あるいは訪問販売についての知識があれば，未然に防げただろうに……という事例がある。そうした知識は他の新入生ももち合わせていない。なんとかして伝えなければならない。このような

考えから,筆者の属する大学教育開発・支援センター(2003年4月省令設置)が最初に取り組んだのが,ランチョンセミナーの企画であった。

4 ランチョンセミナーと共同学習会

　医学系の学会では,製薬会社などが提供するランチセッションが恒例となっている。それをヒントに大学教育開発・支援センターでは,2003年6月より,「ランチョンセミナー」と称し,昼食時間帯に30～40分間のミニ講義を行っている。1年生を主たる対象とし,食事持ち込みを奨励する気楽な雰囲気が特徴である。音楽系サークルによるランチョンコンサートも含めて,前期は入学式翌日から,時間割の作り方,ゼミについて,といったテーマで毎日開催し,多い年は年間100回近く開催している。

　学生相談との関係では,時期を見ながら,〈レポートの書き方がわからない〉〈転学部しようかと思ったら〉など,悩んでいても実際には相談室までくることはためらわれるようなテーマについて,具体的事例を紹介し,解説している。

　あくまでも自由参加であるが,参加学生に感想を書いてもらい,その感想を参考に,翌年の企画を行ってきた。こうしてランチョンセミナーでくりかえし取り上げてきたテーマの多くが,「大学・社会生活論」の授業内容に取り入れられることになったのである。いわゆる隠れたカリキュラムと形容できるランチョンセミナーが,正規科目の授業内容開発の場として機能したことになる。

　「大学・社会生活論」の企画は,全学の正式の委員会で発議され,そこでオーソライズされて始められた。しかし構想からそれが実際に開講されるまでは,かなりの議論が続いた。そして,具体的な科目開発の場となったのが,大学教育開発・支援センターが2004年3月から始めた「共同学習会」である。FDの日常化をコンセプトとするこの共同学習会の開催記録は,ランチョンセミナーと同様,センターのホームページで公開している。第一回のテーマは「高等学校社会科における授業の工夫」であり,授業方法改善について高校の先生を講師に招くことから始めた。毎週開催し,2008年秋には200回を超えた。大学教育に関するあらゆることについて,皆で学ぶ場である。教員だけでなく,職員や理事も話題提供者となる。

「大学・社会生活論」の授業内容・方法の検討に際して，フリートーキングの場として共同学習会は機能した。全学の委員会では，組織を代表しての出席ともなれば，個人として自由な発言ができないこともある。また，事務職員は委員となる機会は限られている。だが，たとえば，図書館の利用法についての「大学・社会生活論」の授業は図書館職員が担当することから，共同学習会では職員自身が授業構想を示し，それをめぐって教職員が議論するという方法をとった。

　大学設置基準によれば，人材養成目的を含む教育目的を定め公表すること，その目的達成に必要な授業科目を「自ら」開設するのは，大学の責任において行われる。設置基準改正にともなう各大学への文部科学省高等教育局長名での通知の際に，留意事項として，「FDについては，これまで努力義務であったものを義務化するものであるが，これは大学の各教員に対し義務付けるものではなく，各大学が組織的に実施することを義務付けるものであること。これを踏まえ，各大学においては，授業の内容及び方法の改善につながるような内容の伴った取組を行うことが望まれる」と記されたのは当然である。

　授業内容・方法を記す個々の科目のシラバス作成は，多くの場合，各教員に任せられている。それは，教育目標を，非常勤講師を含めて教員一人ひとりが理解し，それに即した授業科目の内容になっていることを当然の前提としているからである。そうでなければ，設置基準が求める「体系的」な「教育課程の編成」はおぼつかない。あくまでも，教育の責任は大学にあり，シラバスも大学の責任で学生たちに示されるものである。したがって，全学レベルで教職員が全学共通の新しい科目を議論によって創ることは，FDの象徴とも言えるのであり，「大学・社会生活論」のシラバスこそは，みんなで創り上げた科目にふさわしい教育内容と位置づけることができる[5]。

　シラバスの位置づけは重要である。1997年の大学審議会答申「高等教育の一層の改善について」は，「現在のシラバスの多くは，学生に履修科目選択のための情報を提供する履修科目の一覧としての役割と，履修する個々の授業科目について詳細な授業計画を示すとともに学生の教室外における準備学習等についての指示を与える役割という2つの役割を果たすものとして作られており，必ずしも本来シラバスが果たすべき後者の役割を十分果たす内容にはなっていな

い」「学生の教育を充実する上で,シラバスの作成とその内容の充実が有効である。特に教員・学生間での双方向の授業が成り立つためには,事前に学生が授業についての学習上の情報を得,その趣旨を十分理解した上で十分な準備学習や復習等ができるようにすることが必要であり,この意味でもシラバスの充実が求められている」と述べていた。

「大学・社会生活論」の企画にあたっては,今の学生をどう捉えるか,何を教えるべきか,教育の理想を含む議論が続いた。その結果,15回の授業のうち,全学生に共通で教える部分と,各学部が独自に教えるべき部分とが生まれた。科目開講の目的は変わらないが,学部ごとの入学者の特性,専門カリキュラムとの関係により,柔軟な内容の授業構成となる。そして,共通の部分に関しては,何を教えるかについて,委員会だけでなく,共同学習会で検討を行ったのである。シラバスはこの FD の成果でもある。

「高等教育の一層の改善について」はまた,「教える側の視点だけでなく,学生が何を求めているのか,学生にとって,改革後のカリキュラムが能力・適性に応じたものになっているかなど,学生の視点に立った改革が求められている。このような検討は,全学的,組織的に行うことが必要であ」ると指摘し,さらに「多様化する学生のニーズに対応し,大学等における教育を充実していくためには,入学してくる学生の実態を把握することが必要であるが,個々の大学等における学生の多様化の具体的な状況は,必ずしも十分に把握されていない」ことを問題点として指摘していた(青野・西山,2006)。つまり,学生の視点に立ち,学生の実態の把握に基づく大学教育改革を求めていた[6]。従来の学生支援の中心は,経済支援と就職支援だったが,これからの学生支援は,FD の義務化により,学習支援が主要テーマとなる。学習意欲に問題がある,学習量に問題がある,学習習慣が身についていないというのであれば,具体的な現状把握の上に立って,学習動機づけを最初の課題とし,大学側が積極的に現状を変えていくということになる。そのために日常的な議論の場で検討しなくてはならないのである。

5 おわりに

　「大学・社会生活論」は1単位科目である。だが，必修であり，「保留」あるいは「不合格」評価のままでは，卒業ができない。本学の学生は，必ず「合格」の評価を得なければならない。必修化の根拠の一つとなったのが，なんでも相談の状況であり，ランチョンセミナーを受けた学生たちの声であった。このように，いわば隠れたシーズ（なんでも相談室での相談の内容）の中から，本学の学生に普遍的な課題を取り出し，ランチョンセミナーで育てる，学習ニーズを創り出す——こうした過程を経て，「大学・社会生活論」は生まれたのである。

　たとえば，本学の自宅通学生は十数％でしかなく，多くの学生は，一人暮らしを始めた直後から，未経験の「大学生活」と「社会生活」の両方にソフトランディングする必要がある。だからこそ，「大学・社会生活論」なのである[7]。求められるのは，今の本学学生をモデルとした，ジャスト金沢大学サイズの導入科目ということになる。

　「大学・社会生活論」は生まれたばかりの科目である。今後，試行錯誤が続く。授業内容・方法のいずれについても評価がなされる。科目誕生時と同様，教職員・学生の声を聞き，授業内容・方法の改善を本学構成員の共同作業で行っていくのが，この科目の特性である。そうした場を提供するのがFDセンターたる大学教育開発・支援センターの重要なつとめである。

　『廣中レポート』にも次のような指摘がある。

> 　多様な学生が入学してくる現在の状況下において「学生中心の大学」づくりを進めるためには，教員自身がまず，正課教育はもちろんのこと，正課外教育も含めた大学生活全般の中で，学生の人間的な成長を図り，自立を促すため適切な指導を行っていくことが教員の基本的責任であることを明確に認識する必要がある。学生に対するきめ細かな教育・指導を充実させるためには，各大学において全学的・組織的にFDを進める中で，積極的に教員に対する教育・指導についての研修を行うことが求められる。この際，正課教育における授業内容・方法のみに限定するのではなく，学生の人間的な成長を図る観点から必要な指導についても，その研修内容に加え

ることが適当である。

　FDを教員の資質改善と捉えると，授業担当教員の資質が変われば，おのずと授業も変わる。だが，自らの（教員としての）資質に問題があると自覚している教員ばかりではない。教員の資質を問題とするよりも，授業の質を対象としてFDを捉えた方が，抵抗も少なく，より多くの教員に受け入れてもらえるのではないかと考える。教員による教員のためのFDは，アリバイ作りにおちいる可能性すらある。ひるがえって，FDの目的を，学生の学びの内容・学び方が改善されることに求めるならば，そのために，どんな科目を企画すべきなのか，授業の内容・方法を自らどう工夫すれば学生の学びが変わるかということに，教員たちの研究マインドが向かうことさえ期待できる。設置基準は「授業内容・方法の改善」のための「研究」を義務として規定していることを思い起こす必要がある。大学として，各教員の「学生の学習を支える研究をしたい」という志向に応えねばならない。それが真のFDであろうし，少なくとも，持続可能なFDをめざすならば，こうしたFD解釈に基づく構えの方がベターであろう。

　本学では，「大学・社会生活論」の企画から開講にいたる過程において，教育内容・方法についての議論がなされた。この科目の教育効果については，まだ何も言えないが，教員たちの肩の力を抜くようなFD認識に結びつく取り組みとして紹介した次第である。

　なお，総合大学のゆえにということになるが，なんでも相談室で毎年一定数の転学部相談対応がある。数は違っても，他の総合大学でも同様であろうし，単科大学では，他大学再受験の相談になると想像する。こうした相談がコンスタントにあることを前提に，ランチョンセミナーで「転学部を考えている人のために」として，実際に転学部を果たした学生の声などを紹介してきた。そして，本学は，2008年度より，8学部から3学域へと編成替えを行い，学域ごとの入試と経過選択制の導入を行った。18歳で選べない，決めきれない高校生たちに，入学後にもその機会を与えることにしたのである。「大学・社会生活論」の全学必修化はそれを前提とした取り組みであり，さらに学域化にあわせて「初学者ゼミ」の全学必修化も実施された。

「大学・社会生活論」開講に象徴される本学の教育の大改革は始まったばかりである。改革を後押しした「なんでも相談室」「ランチョンセミナー」および「共同学習会」の責任者として筆者は，新たな組織の新たな教育課程のもとでの，学生たちの成長ぶりが今から楽しみである。

注
1) 青野　透（2008）を参照。
2) 『週刊アエラ』朝日新聞社，2007年7月2日。同誌は，「健康面のサポートもしている。今年は「はしか」で休講に追い込まれる大学が多いなか，金沢大学の対策が全国の注目を集めた。はしか，風疹，おたふくかぜ，水ぼうそうの抗体検査を新入生に受けさせていたのだ。今年度から検査費用を大学持ちにしていた。抗体値が低い学生には連絡して，予防接種を勧める。今後，大学院生にも広げて，全学生に検査を受けてもらうという。「予防できるものは積極的に手を差しのべていく。抗体をつけさせて卒業させてあげたい」（吉川弘明保健管理センター教授）」と紹介を結んでいる。
3) なお，金子元久（2007）も，「大学の教育力は，一方において大学の側の教育の論理と，学生の側の成長の論理が交錯するところで発生する」として，大学教育の分析を始めている。
4) 藤川　麗（2007）などにより，学生相談を機能化するために実践に基づく新たな提案がなされている。
5) 文部科学省（2008）の調査によると，1992年度に調査大学の約15％，80大学にしかシラバスが作成されていなかったが，2005年度には713大学100％となっている。同報告内の図表「授業の質を高めるための具体的な取組状況」を参照。
6) 青野・西山（2006）を参照。なお，学生たち自身による授業改革への参加の動きが始まっている。一例を示せば，本年7月に開催された「第40回日本医学教育学会大会」では，授業アンケートの項目を学生たち自身で作る等の実践報告が相次ぎ，フロアーの医学部教員たちからそれをサポートする意見がよせられた。注目すべき動きである。
7) たとえば，日本大学のように自宅からの通学生が「59.6％」（『平成18年度　学生生活の実態と変遷―日本大学学生生活実態調査報告書』より）という大学であれば，1年生の4月にどうしても伝えるべき「知識」は，本学のそれとは，おのずと異なることになる。

文　　献
青野　透（2008）初年次学生の学習動機付けを支える理念と仕組み　東北大学高等教育開発推進センター〔編〕大学における学びの転換とは何か　東北大学出版会　pp.113-125.
青野　透・西山宣昭〔共著〕（2006）学生支援の明確化と拡大に向けた理念と方法（2）

国立大学マネジメント **2**（3），36-43.
藤川　麗（2007）臨床心理のコラボレーション　東京大学出版会
金子元久（2007）大学の教育力―何を教え，何を学ぶか　筑摩書房
文部科学省（2000）大学における学生生活の充実方策について―学生の立場に立った大
　　学づくりを目指して　大学における学生生活の充実に関する調査研究会報告
文部科学省（2008）学士課程教育の構築に向けて（審議のまとめ）中央教育審議会　大学
　　分科会　p.165.

7 インタビュー
学生と変える大学教育

対談者：山内　源
福田詔子
インタビュアー：天野憲樹

　岡山大学には学生が教員・職員と協働でFDを推進するための独特のシステムがある。学生・教職員教育改善委員会がそれである。2001年に前身の学生・教員FD検討会としてスタートしたこの学生参画型教育改善システムは2005年度に特色GP（文部科学省の特色ある教育支援事業）にも採択され全国からの注目度も高い。
　ここではそれを経験された二人の方に，その経験を通じて実感された「学生と変える大学教育」の重要性についてフランクに語ってもらった対談の模様を収録する。

1 学生参加型教育改善に関わる

■ 1.1 自分たちが大学を変えられる？

　●天野　岡山大学は，2001年から本格的に学生参加型教育改善に着手しました。お二人は，岡山大学が「学生中心の大学へ」の変革をまさに遂げつつあるさなかに，その渦中にいたわけです。まず，その変革とどのように関わられたのか，いくつか聞いてみたいと思います。まず「自分たちが大学を変えられる」と思いましたか？
　●福田　私の場合，たまたま参加して，面白かったからそこにいたというのであって，何かを変えられるとは全く思ってはいなかったです。ただ，学生・教職員教育改善委員会（改善委員会）の成果の実例が私にはあったので，変えられることは変えられるのかもしれないという期待はありました。今，思い

返すと，大きな変革はできなくても，少しずつ変えることならできるかなと思っていたかもしれません。

●天野　山内さんはどうですか。

●山内　私自身は大学の教育にも，少なからず疑問というか不満のようなものがありました。活動の中で，事務の対応や教員とのやりとりなどの中にあった不満が解消されるのならそれでいいかなくらいの気持ちでした。だから大学全体に及ぶような，大げさに言えば，「変革」は，正直考えてはいませんでした。

●天野　おそらくそれが自然な反応ではないかと思います。たとえば一介の学生が，「大学を変えてやろう」とか，普通そこまでは思いませんよね。

特に最初は，大半の学生さんが半信半疑というより，半信の部分が抜けた，半疑の状態ではないかという気がします。

■ 1.2　教育改善活動に関わった「きっかけ」

●天野　それにもかかわらず，最終的に，お二人はかなり深く変革に関わられたわけです。その「きっかけ」として，何か思いつくことはありますか。

●福田　やはり改善委員会の活動がおもしろかったというのが一番大きかったです。シラバス部門を担当していたので，たとえばインターネットのシラバスが使いやすくなるという目に見えた変化があると，友達に気がついてもらえて……。目に見える，ほんの少しの変化でも，それが積み重なれば大きな変化を生むのかなとそのとき思いました。たとえばシラバスのように自分にとって便利な方がよいものなら，便利にしなければいけないのだと考えるようになってきて……。だから自分にとっては，「きっかけ」と呼べるほど大きな出来事よりは，小さな積み重ねが大切だったという感じがします。

●天野　すごく正直な反応だと思います。山内さんはどうですか。

●山内　私が関わった活動は，全学シンポジウムという名称だったのですが，最初の頃は教員がそれぞれに，そのときどきの問題を，パネリストを呼び，ディスカッションを行うといった感じだったそうです。ちょうど，参加したときのテーマは「総合科目」で，私たち学生を実行委員会に入れ，パネリストを選ぶ段階から学生に企画をしてもらうことになりました。今で言う「主題科目」

[1] ですね。そのとき，シンポジウムのパネリストと実行委員になって，教務とやりとりをしたのですが，教員側にこういった一過性のシンポジウムではなく継続的に活動ができて，要望をすくい上げる組織のようなものの立ち上げを検討していただけませんかと言ってみたんです。

それが実現して委員会ができてしまった。思いがけず，自分の要望を聞いてもらえて，その要望が通って組織ができたということでこの時点で（自分の中で何かが）変ったのだと思います。だから，半信半疑だったのは，この委員会ができるまで。そして，この委員会ができてしまった時点では，「やればできるんだ」という意識に自然とシフトをして活動をしていました。

● 福田　　私が入学したときにはすでに改善委員会ができていました。

● 山内　　福田さんが入学した 2004 年にはすでに，改善委員会の組織はあったのですが，僕たちが入学したときにはこういう組織はなかった。だから，自分達の意見をすくい上げて伝えようとしても，本当に伝わるのかどうか全くわからないような状況でした。こういう組織ができた，この中で自分たちが活動できるというだけでも，相当満足でした。

■ 1.3　履修相談会の雰囲気

● 天野　　山内さんが，さっき説明してくださったような経緯を経て，2001年に岡山大学に改善委員会の前身の学生・教員 FD 検討会ができました。福田さんが入学された 2004 年にはその改善委員会の履修相談会[2]はどのような感じでしたか。

● 福田　　4 月の履修相談会もだいぶ定型化していたと思います。これをこうすればよいというのがある程度決まっていて，しゃべる内容なんかはだいたい事前に考えていました。もちろん学部でいろいろと違うこともありましたけど。

● 天野　　履修相談会のよい点は，どこでしょうか。

● 福田　　取らなければならない授業が今期開講していないとか，全学部で年度ごとに開講授業も変わるので，周知されているようで先生もよくわかっていらっしゃらないからガイダンスで伝わらない。そういった状況では，よく単位や授業のことを理解している先輩にアドバイスをもらうのは，大切なことだ

と思います。

　研究室やサークルに入っていれば，そういうことは，多分，先輩や仲間の中で教えてもらうことができると思いますが，サークルや研究室に入っていない人や，行けない人もいるかもしれない。しかも最初だと大変ですからね。だから大学や先輩と関わる「きっかけ」としてもよい気がします。

■ 1.4　i*See について語る

　●天野　　改善委員会の二枚看板活動として先ほどから話題にのぼっている履修相談会と i*See[3] があります。これらは大きなイベントであることは間違いない。それを軸としてほかのさまざまな物事が決まっていく側面もあります。履修相談会のことは先ほどから何度かお話に出てきましたが今度は i*See にどのように参画されたのかというあたりからお願いします。

自分が渦に巻き込まれつつ，人を渦へと巻き込むように

　●福田　　そうですね，当時としては渦の中心にぽんと投げ込まれたので，中心になるように引き込まれてしまって，しょうがないから巻き込んで渦になってぐるぐる回していきました。

　●天野　　2回，いや福田さんは3回経験していますね。1年のときにはウグイス嬢をして，2年生のときには看板ですよね。3年生のときも，まとめ役として壇上に上がってくれたのでしたっけ。

　●福田　　そうですね（笑）。

　●天野　　そういう点では学生さんの中ではトップクラスです。間違いない（笑）。

　●福田　　で，i*See で私が何をしていたかというと，最初はわけもわからずアナウンスをしていました。そのとき，大会にも参加してお話を聞いてみて，へぇ，こんなイベントもあるんだという感想。最初の頃はほとんど「へぇ」っていう驚きだったと思います。

　2年目になぜか渦の中心になってしまったときは，最終的には私は笑顔を振りまく係。まずみんなを巻き込まないといけないから，「みんな参加してください」とか宣伝して巻き込んでいくのが，主な仕事だったと思います。その裏

方にいってくれた人もいたし……。確かに渦を作ったとは思うし，ぐるぐる活動を回していたとは思いますが，とにかく夢中だったから，あまり自分を見直すような機会がなかった。うまく整理できないですね。

　3年目は，その前の年に引き受けていた実行委員長を，後輩に引き継がなければいけなかったのですが，それほどうまく引き継げていなかったから，心配しながらもいいのかなと思いつつ参戦しました。渦からは軽く一歩引いたかたちで，「周りがちょっと弱いよ，弱いよ！」って，そういうアドバイスする感じの助け方だと思うんですよね。

　うん，確かにいろんな場面で参加して，その場にいたのだなと思います。
　●天野　　それはよい関わり方かな。そういう渦の中心や周りにいたということは，相当な努力になるわけですよ。

少し変わったことをしてみる
　●福田　　あとは，学生の教育改善交流だったので，普通のイベントではおもしろくない。自分がしないといけないなら，少し変わったものにしたいと常に思っていました。だから先生ならこんなことはしないけど，学生なら許されるかなというぎりぎりのことをしようと思っていました。

　携帯のメールを使うとか，小グループの名前をおもしろくするとか。あのときのイメージは幼稚園の「もも組」さん，「さくら組」さんみたいなものだったのですが，そんな名前で先生たちと大学生が活動をしている様子はおもしろいなと思って。普通ならAとかBとか，一班，二班とか少し味気ない名前を使うじゃないですか。そんな，変なところで普通と少し違うある意味学生っぽいノリを出してみると，参加してる人の意識も少しは何か変わるかなと思ったりしましたね。

　●天野　　たしかに教員が主体だと，ぷちグループという名前は使わないですね。
　●福田　　そうですね，あれはただ単に私のこだわりです。ちっちゃいとか「小」とか「ぷち」とか，絶対ありえないな，と（笑）。
　●山内　　福田さんのこだわりで一番すごいなと思ったのは「エクスシード」というイベント名を，i*Seeに変えてずっとその名前が残っていることです

ね。

●福田　残すことは考えていたんです。1回目，2回目でイベント名を変える事はあったとしても，それ以降は踏襲しようという話はしていました。名前をいろいろ考えたのは，この名前が続くかもしれないと思ったから，かわいく言いやすくしたかったんです。この＊は，なんかちょっとかわいいほうがいいなと思ってつけました。名前とかって。そういう変なところを，ちょこちょこちょこっと，がんばっていた気がしますね（笑）。

舞台裏からしっかりサポート
●天野　山内さんはいかがですか。嘱託の特別契約職員として，舞台裏で本当にがんばっているということは誰もが知るところではあるのですが，その中で特に，こういう点に注意したとか，力を入れたということがあれば。
●山内　舞台裏でがんばっている姿は，見せたくはないですけどね（笑）。他の大学からわざわざ参加している人たちの満足感は大切です。そういう満足を得てもらうためには，（お客さんに）学生達がばたばたしている姿を見せてほしくはないですから，そういう点でしっかりしろと，常に言い続けています。実践するのは学生ですし，そういう意味ではうまくサポートができているかな。でも，ちょっと自画自賛かな（一同笑）。

学生主体の学生「参画」
●天野　山内さんが，見えなくなるような努力をしている，すべきであるということを言われていましたが，そのことを私は結構重要だと思っています。
　たとえば，外から見ると学生主体の活動といっても，裏で教職員が全部行っているのではないかという感じを受けることがある。そういう点でどこまで本当に事務職員が関与していて，どこまでが学生が本当に実行しているのかということが，実は知りたい部分になります。私が外部にいたら絶対知りたい（笑）。
　ただ，見えなくすることも重要なんですね。どうしても学生のできることできないことはありますから。だから，当日は学生以外タッチしていないということはかなり大きい点かなと感じました。
●福田　たとえば名前にこだわるとか変なところは学生が担当，会場を借

りたり，運営をどうするかという点は，先生方が担当，運営をどういう手配でするのかについては事務の方が担当，といった分担があるので，見えるにしろ見えないにしろ，みんなの力が必要だなと思います。

　学生が主体とはいえ，そのことだけが重要ではなく，同じテーブルでラフに先生たちと話そう，事務の人と話そう，という雰囲気のイベントに学生も結構関わっているというところに売りがあるので，運営も，実はそうだと言ってもよいのではないかと思いますね。

●天野　すごくいい点を突いているなと思います。よく勘違いされるのが，学生主体というと学生だけでするものと考えられかねないんですね。それは，少し片手落ちな理解で，あくまで開催をしているイベントは「学生参画」なんです。だから，教員，事務職員が一切何も手を出してはいけないというレベルの話ではないと思うのです。そこも，私は強調したいところです。

●福田　それぞれの目線で同じテーブルで，っていうんでしょうか。手をつないで一緒に走りましたというのがいいなと思います。先生は言えないけど，学生が言えることもあるし，事務の人は言えないけど，先生が言えること，学生が言えることもあると思うから。そんなベスト・バランスがあるといいですよね。

●天野　それが比較的 i*See ではうまくいっているように思いますね。

●福田　私の発案のプチとかデカとかというグループの名前ひとつとっても。

●天野　ねえ。普通は，教員に反対されそうです（笑）。

●福田　そうですね（笑）。それは私のキャラで押し切ったような気がするけど（笑）。

■ 1.5　授業を見る目の変化

●天野　たとえば，この改善委員会の活動を通して，授業を見る目……，もう少し大きく捉えると大学を見る目というのは何か変化がありましたか？

●福田　やっぱりそれはあったと思います。アンケートを個人的に行っている先生がいらっしゃるとか。普通に最初は「なんであるのかな」くらいの意識でしたが，「あ，先生もよく考えてくれているのだな」ということがわかるよ

うになりました。一年生のとき，毎回小さいカードを配ってくれる先生がいても，「何かな，出席代わりぐらいかな」と思っていましたが，そういう先生は授業を改善していこうという意志を持っているんだと気がつくようになりました。

●天野　なるほど。山内さんはいかがですか？

●山内　専門は専門でかなり満足していましたから，とくに，授業を見る目が，どう変わったというのはないのですが，大学に対して不満があったことのひとつに教養科目があります。職員としての立場で戻ってきたときに，学生発案授業という科目がいくつか開講されていて，その創作に学生と一緒に関わる中で，教員にとっての教養科目とは何だったんだろうかということについて少し感じる部分があったので……。

●天野　専門科目はよいけど，教養科目には気になるところがあるということでしょうか。

●山内　具体的な話をあまり突っ込むときついのですが，たとえば，一年生のときに受けた某オムニバスの授業は，教育学部の先生がずらっと並ぶ授業でした。しかし，結局，何をコンセプトにこの授業を受けているのかさえよくわからなかった。

学生達が何を主眼でこの授業をやりたいかということを先生が聞いたり，学生たちが考えたりする，現在の学生発案授業を創作する中で考えたのですが，実際に教員の方々が今，開講されている授業をそこまで考えて開講されているのだろうか，というような疑問を少し感じましたね。

2　うまくいく二つの特徴？：公的な性格，サークル的な性格

■ 2.1　初めはガッチガチだった

●天野　岡山大学の成功は，改善委員会に２つの特徴（公的な性格，サークル的な性格）があったからだと言われることがありますが，本当にこの二つの性質があるからうまくいっているのでしょうか。

●山内　自分たちのしてきた活動はその辺を，特に意識することなく，自然にしているので，「この委員会の性格」と言われても……（笑）。

●福田　ああ，外部からはそう見えるんですね，という感じですかね（笑）。

●天野　だからこれ，二つの特徴をもっていた，とは言うのですが，実は私は，もともともっていたわけではなく，もつようになったということではないかと思います。

●福田　そうか。初めからサークル的だったわけではないのですよね？

●天野　むしろ，もともとは公的な性格だけだったと思うのですが，時間をかけてだんだん，サークル的な性格が入ってきた感じですよね。

だから，なぜそういう発展になったのかというのが，すごく知りたいところです。普通は，サークル的なものか公的なものか，どちらかに分かれてしまい，そういうかたよりがあってうまくいかない場合が多い。みんな各学部から集められてきて，そこで初めて出会って始まるわけですから，初めからサークル的な要素と公的な要素が均等に二つあったわけではないですよね。

●山内　少なくとも，2001年7月に行われた最初の全体会議のときは，サークル的な要素は少しもなかったです。

●福田　あ，そうなんですか！？

●山内　副学長が来られたり，FD専門委員会の委員長さんがFDの説明をしたり，取材が入ったりしていました。

●福田　へー！

●山内　ガッチガチでしたよ。最初は，やはり学生が集まらなかった。まず，来てもらえないことには，おもしろいかどうかを体験してもらうことさえできないし，そのためにはどうしたらよいか考えて，飲み会を開いたりして，サークル的な要素を入れようと努力をしていました。

■ 2.2　気楽に楽しく

●福田　私が入ったころには，委員会の実際の活動はもっと気楽になっていました。初対面のときは，この会は「どんなもん？」という感じでしたが，楽しく会話をしながら，やりましょうという感じがあって，その雰囲気でまず仲良くなるじゃないですか。で，毎週集まるので，毎週会えばやっぱり仲良くなる。サークルとそのノリは一緒だと思います。

●山内　そういう「遊び」の要素がありますね。履修相談会のように，毎年続いていくイベントをしようと思えば，集まって話し合いをする場ができる。

実はこれが，履修相談会をするようになった一つの理由です。委員会として発展していくためには，やはり人の交流が必要だから，そういう交流をする場を，何か一つしっかりと作ってしまえば，なんとなくうまくいくかもしれないという，履修相談会の裏目的みたいなものが実はあった。

●福田　委員会が週一回と決まっていて，それにプラスして i*See があったから，これで週二回は会うわけです。仲良くなるとやっぱり仲良く作業しなければならないことや，一緒に企画しようとしていることもあるから，それもやった，という感じかな。でも，入った瞬間になんとなく打ち解けることのできる雰囲気は最初からあったと思います。

●山内　福田さんが委員会で打ち込んでいた，シラバスを変えるという会議は，「こう変更すれば，もっと使いやすくなるのに」という，ポジティブな雰囲気な会議だったと思います。そういうのも，なんとなくよかったのかな。

●福田　たとえば，文学部は基本的にシラバスの冊子がずっと昔からあったのですが，理学部にはないとか聞くと，「えーっ！　何で理学部にはないんですか？」って。もちろんそれを言うだけ言って終わりなら，後に何もつながらないけれど，この会議なら何かを言い出せば，どこかを変えることができる，といった感じがありました。

■ 2.3　身近なもの，身近なことを改善

●天野　実は数えていくと，お二方が努力されたことの中で改善委員会の活動において今も残っている部分はとても大きいですよね。やはり，福田さんも山内さんもそうですけど，大上段に構えて，「変える」とか，「変えられた」とか口にするよりは，地道な活動の積み重ねを重視されている。

それでは，あまり「変える」「変えない」ということを意識しすぎずに地道な活動に自然に入っていくことがどうしてできたのか？　さっきからよく話題に出てくる公的な性格とサークル的な性格が徐々にできてくるということでしょうか。

●福田　やはり，自分に身近なものは，他の友達にも身近なものです。（たとえばシラバスについて）「ここをこうしたんだよ」とか言って，「あ，そういえばそうだよね。使いやすくなったよね」と言われると，関わった身としてはうれ

しいじゃないですか。

　変わったことによって使いやすくなった，とか，そういうことを感じてくれる人がいるということは，やっぱり自分が，こういうふうに思っていることをみんなも思っているし，うまく変えることができれば，誰かがうれしいだろうなというのはあります。

3 継続的な活動のために

■ 3.1 とにかく巻き込む

●天野　改善委員会の活動ですけれど，ある代で止まってしまったとか，停滞してしまったとすると，終ってしまうわけで，継続的に何かをしていくことが非常に重要になってきます。たとえば，福田さん，山内さんが実際に新入生の勧誘や，委員会の継続的な活動を行うにあたって，どのような配慮をされたか，実際にどんな努力をされたか，そのあたりはいかがでしょうか。

●福田　私はあまりその点についてうまくいっていなかったような気がします。新入生で消えてしまう幽霊部員的な人がいる。でも i*See の人数を確保しなければいけないということもあって，とりあえずもう，来るようになんとかしなきゃいけない，確保しなきゃいけないという焦りもあったので。その点に関しては，とりあえず来てもらうように配慮しました。

●天野　来てもらうには何をしました？

●福田　i*See があるから来てください，手伝ってくださいという人数確保には「来れますか，来れませんか」というように，メールで連絡して巻き込む，というかたちで……。

●天野　やっぱりメールでかなり頻繁に連絡をみんなにまわす……。

●福田　人数確保が必要だったのでそうでした。自分ひとりではできないから，まず周りにいる人を巻き込まないとすすまないという気持ちは大きかった。

　一応委員長で実行委員を集める人事権は完全に掌握していたので，「じゃあ，誰々と誰々はもう参加決定ね。実行委員ね」という感じに決めて，先生も「もちろん先生は来てくれますよね」と言って，巻き込んだところはあります。

そこで後輩も入れればよかったかな，とは思いますが，そこまでの余裕はなかったなあ．強いて言えばそれに後輩を巻き込みました，っていうところでしょうか．

■ 3.2 教員と学生と職員の関わりの場を作る

●天野　山内さんはいかがですか？　とくに，特別契約職員という立場から深く関わられたわけですよね．もちろんそれ以前に学生のときから参加されていましたが，現在の状況と少し照らし合わせて，委員会の活動についてどんなことを努力されたか，そしてどういうところに配慮されたのでしょう．

●山内　福田さんのさっきの，悪い意味では「囲い込み」作戦というのはわかります．やはり，新入生の新しい委員が入ってくるときに一番大事なのは，六月に開かれる最初の全体会議の場で一年生をどれだけひきつけられるか，どうかというところだから，うまくいけば先輩学生に続けという流れになる．ある意味では，それがいちばんの配慮なのかなと思います．職員としてはそれくらいです．

ただ，学生時代に少し考えていたこととして，委員会室には誰かが常にいる状況っていうのを作りたいということがありました．委員会室を訪ねたら誰かしら先輩はいるという，そういう状況を作っておけば，雑談するにしてもなんにしても，まず，委員会室に来やすくなる．そういう状況が大切という意識は現役時代にもうすでにありました．今は職員なので，それがよりできやすい状況です．少なくとも僕はあの委員会室にずっといるわけだから．そういう意味では，現役時代には少し足りないなと思っていたことは今，職員として入った段階で実現しているということが多少あります．

●福田　確かに，用がないのに行くことがありました．パソコンを使うために行ったり（笑）．

●天野　それは，さっきのサークル的な性格というところに関わってくることかなという感じはします．ちなみに，学生としての関与と，特別契約職員としての関与で自分の中でどう変わりましたか．もちろん意識的なものでもかまいませんけども．

●山内　言葉遣い等が少し変わりました．学生として，「こんなのがある

んだよ，こんなのがあるんだよ」と，学生のときだったら言っていたのですが，職員としては表に立ってはいけないことを常に意識しています。出すぎてしまうと現役の学生委員達の存在を薄めてしまいますし，気持ちは現役時代と変らずに。ただ，立場上引くところは引く，というところでしょうか。

●天野　なるほど，素晴らしい。

■ 3.3　後輩に伝えたいこと

●天野　さて，この改善委員会の活動の中で学んだことや後輩に伝えたいことですが何かあるでしょうか。たとえば，この委員会の活動に関与してなかったら，これは経験できなかっただろうというようなところはありますか。

●福田　ステージの上に立って，ぺらぺらとしゃべることはなかったなとは思います。たとえば，手をあげて質問する，とかならありそうですが，こちらが司会として回していかなければいけないというような状況は，たぶん体験しなかっただろうし，シンポジウムのようなイベントの企画は絶対しなかっただろうな，と思います。

●天野　後輩にぜひこれは伝えておきたいというのは……。
●福田　そうですね……。
●天野　i*See を潰すな？
（一同笑）
●福田　いやもう，あまり固く考えずに楽しく続けてくれればいいなと思います。それが一番だと思う。もちろん，ただ楽しむだけでなく，関わって，喜びを得るようなことをしてもらったらいいかなとは思います。

●天野　山内さんは，いかがですか。
●山内　そうですね……。私の卒論は，中学校数学の指導だったのですが，この委員会にかかわって，教育の中に大学というのがちゃんと入るようになりましたね。教育といえば自分の中で小中高までしか意識がなかったから，大学はその小中高の先生になるための免許をとる場と考えていました。もちろん教育の場ではあるんですが。教育といえば，小中高，とくに小中ぐらいまでしか念頭にありませんでした。だけど大学もその全体教育の中にしっかりと存在していて，社会から求められているものがあるということに気がつきました。そ

ういうシンポジウムにも参加するようになって，大学が社会に与える影響や，その中で学生がどういうふうに活動していくべきなのかということも学べたと思います。

後輩に伝えたいことというのは，福田さんと一緒ですね。楽しんでやってもらえれば，という一言につきるかなと。つまらないことでは，やはりモチベーションもあがりません。

ただ，楽して逃げてほしくはないというのもありますね。人生の中ではつらいことに立ち向かって，それでこそ得られる達成感や喜びがあると思いますし。大学四年間でそういうことには是非チャレンジしてほしいな。この委員会に限らず部活でも何でもいいのですが。

4 改善委員会の今後

●天野　この活動がどういうかたちで受け継がれていくように思われますか。特に今後の発展についてのイメージをお願いします。

■ 4.1　自然に改善できる活動

●福田　なんかこう，「改善委員会！」っていう感じの改善しなきゃ改善しなきゃという活動ではなく，日常的に，先生と学生と職員さんが関わって，自然に改善されていくようなかたちになればいいのだろうとは思うのですが，たぶんそれはユートピアをめざすような話なので……。もちろん，そういった組織はどこかにはあるんだろうな，とは思うんですけど。あまり大仰な目的を掲げるわけではなく，自然にしていく……言うのも，変わるのも当たり前みたいな感じになるのがベストだと思います。

■ 4.2　活動の内容を発信してみたい

●天野　山内さんはいかがですか？

●山内　最初に京都大学でこの委員会の活動報告をしたときに，質疑応答の場である先生から，「学生の望む点をすべて改善してしまったら，もうこの委員会はなくなるんじゃないのか」というようなコメントをいただきました。も

ちろん変えるべきものがすべて変わり，学生も教員も職員も満足できる大学になればこの委員会は役目を終えた，というようなことも言えるかもしれません。

しかし，現実に個々の大学のシステムは変わっていきます。そして，文科省の方針なども変化していく。その変化していく中において（その変化に対応するためにも），こういう委員会が必要ではないか。大学が変わりつつあるときに，大学なり，文科省なりに不満を抱くのではなく，うまいつきあい方を学生が一緒に考えることのできる活動は，ひとつの理想かなとは思いますね。

もうひとつ現実的な話をあえてさせてください。委員会活動はみんながんばってくれていると思うのですが，活動の成果を発信する意識を学生はあまりもっていない。自分の取り組みを，どううまく社会に対して発信していくのかということも少し考えることができれば，いろいろな人が知ることができて，またそれが他の大学にも波及するかもしれませんよね。これは理想論というより，現実にそうあってほしいという願望としてあります。

■ **4.3　アンタッチャブルな部分に切り込むために**

　●**天野**　　今の改善委員会の活動は主に教養教育をターゲットにしたもので，言ってしまえば，かなり制約のあるものですよね。専門科目や専門の教育にはまだまだアンタッチャブルな部分があります。大学院についてもまさにそうです。昨年度からようやく授業評価アンケートを実施しましたが，それまで授業評価アンケートを一切していなかったわけですから。

　こういった聖域があり，学部によってもFD委員会があるところとそうでないところがあって，活動に対する温度差があるわけです。その中で，改善委員会っていうのがもう少し大学全体に普及していくにはどうすればよいのか。なにかアイデアはありますか。

　●**福田**　　少なくとも各学部から数人，確実に出てきてくれるようにする。各学部でそれぞれ特徴があるから，（他学部では）わからないことって多くないですか？　私は理系のことはわからないし，研究の方法も違うので専門分野によってそれぞれ特殊な面が出てくると思います。そこをわかる人がいて，全然知らない人もいた方が，バランスがとれる。「それって普通にやっているけど，どうなの？」という発言はやはり必要なので……。

だから人かな。人がある程度いないといけないと思います。誰もその学部にいない，その学部のことを知らないのに物を申しても，「どういうことよ」みたいな感じになる。六，七割は「知らないのに〔何を言っているの〕」と言われたように思います。そこもきちんと突っ込めるといい。

　●天野　　たとえば改善委員会が今月は「理学部月間」だと言って，理学部に押しかけていって物申す。来月は「文学部月間」にしてしまって……。

　●福田　　そういうふうにするのはいいですね！　そのときには対象学部の臨時委員さんが入ったり，召集されたりして，今まではなかなか言えなかった「ツッコミ」を言っていただくとか。そういう場があるのがいいかもしれません。

■ 4.4　言えなかったことを自然に口に出せる信頼関係

　●天野　　それについてはどうですか？　山内さん。

　●山内　　少し角度を変えて言えば，成功の鍵はお互いの信頼関係，つまり学部学生と学部所属の教員と職員との間に，ある種の信頼関係がしっかりと根づいているかどうかだと思います。

　何かの改善の要望を伝えるときに一蹴されたり，「いや，それは違うんだ」と言われると言う方も萎縮してしまう。だから信頼関係を築く場や，言える場があればよいと思います。それは必ずしも委員会である必要はないと思います。まず，先に，教員側の聴く姿勢を作っていただくことが大事なのかな。やはり，先生方はずっと大学に所属しているわけで，世間の常識と，あるいは学生の常識と，どうしてもずれている部分があると思うんですよね。そういう認識をしていただくというぐらいの感じですが，難しいことかもしれません。

　●天野　　それは各学生が改善委員会の活動の中でそう考える，と。

　●山内　　改善委員会の活動は，「今のあの科目ってこうだよね」って言い合えればよいなというのが僕の中であったんです。ただ，それを伝える場が当時はなかった。というより，思いつかなかった。今なら，もう少しうまくできたと思いますが当時はうまくできなかった。改善委員会の学生に限らず，自然な発想でできるかもしれないと思うんですが……。

　●天野　　そうですね，福田さんも先ほど同じようなことを，意図していま

した。何々委員会というかたちではなく，自然に，ここをこうしてほしいというようなことを言える環境ができて，同様の活動が日常的に自然に行われる。活動という，大きなものっていう意識がなくても，日常のこととして進歩していくことができれば，それでいいんだ，という感じですね。ですから未来の改善委員会というのは，もしかすると「改善委員会」と銘打っているような存在ではないかもしれない。

●福田　専門のほうが先生と距離が近いじゃないですか。教養よりは。だからお話ができる気がするんですけどね。ただ近いだけに逆に言えないこともあるのかもしれないけど……。

5　ヒントとアドバイス

●天野　岡山大学はこれまでお話してきましたように改善委員会を立ち上げ，そういう活動に邁進していくうえで，今後もさらに活動をしていかなければならないのですが，最後に教員，職員あるいは後輩の学生に対する，ヒントやアドバイスをお願いします。

■5.1　事務と教員と学生が同じテーブルで話せる空気

●福田　先ほど「同じテーブルで学生と教員と職員が」，と言いましたが，上座，下座もなくお互いに聞いて，お互いに言って，楽しくという活動を続けていっていただけたらいいかなと思います。先生のことも聞く，職員さんのことも聞く，で，学生のことも聞く，で，お互いそれぞれ言いたいことを言う，と。

●天野　岡山大学の場合にはもう改善委員会みたいなものがありますよね。そこに持っていくという手があります。そういう組織がない場合は，そういう場はどうやったら作れるんでしょうね。

●福田　難しそうですね……。それは難しい。先生とは授業で話せるかもしれない。でも事務員さんがそこに加わるのってなかなか難しいですよね。まあ，どこかでそういう動きがないと作れないのかなあと思う。

●天野　山内さんのお考えはいかがですか？

●山内　場の設定をどうするか，ということですが，最近は学生と教員と

の距離はずいぶん近くなっているかもしれないと思っています。岡山大学の改善委員会は特徴的なため，よく取り上げられますが，他大学でも初年次教育や，なにかこう授業の反省を個人的にもってさまざまなものを取り入れていく先生が増えていますし，少なくとも教員と学生がお互いに意見交換できる場は，意識して作らなくても，結構あるかもしれませんね。

　まあ，そういう意味では，委員会は組織として行っているけれども，そういう組織的な活動じゃなくて，個々の教員の方々でさらに意識を高めあっていただければよいかなと思います。あとはやはり，先ほども少し言ったように職員さんの力は，見えないけれど大きいところがあって，職員さんにそういった場に入っていただくのは結構大事な側面ではないかなと思いますね。

●天野　そこがさっき福田さんが言っていたところでもありましたよね。教員に対しては授業で，たとえば，わからなかったとか，改善してほしいと言うことはできます。ただ，そこに事務職員の方がどう入ってくるか，どう関わってくるかということで，教員では手の回らないところをサポートしてくださる人がどうしてもほしいといったことも多いのですがなかなか相談するところまでいかない。

●福田　難しいですね。職員さんが入ってくるためにはやはり，場の設定が必要な気がしますよね。具体的には先生と学生が話して，「それはやっぱり事務職員さんと話さないと無理だからね」と言って話しに行くといった感じでしょうか。

●山内　で少し「事務的なことが必要」という要望が出た段階では，蓄積させておいてもよいですが，ある程度たまったところで「今度は三者で」という意識かな。

■ 5.2　活動を広報していこう！

●山内　あと思いつくこととしては学生中心の改善の成果をもっともっと大学の中に発信していくことを大学側としてサポートするケースは，やはり少ないと思いますね。どこの大学でも。

●天野　広報する。

●山内　そうですね。広報はやはり少ないです。オリンピックに出た，世

界大会に出たということは，取り上げられるのですが，もう少し狭い範囲で，たとえばインカレとは言わなくても，中国・四国地方くらいの規模の大会で，もう少し取り上げてほしいということが岡山大学の場合あるのですが．

やはり，自分たちの同級生や，自分たちの大学のサークルがどこまで活躍しているといったことを関わっている人以外は全く知らないわけだから，大学全体でそういったことを共有できればな，と思いますね．他の人たちもこういうことでがんばっているということを共有すれば，学生ももっとがんばれるかもしれない．

■ 5.3 最後にこれだけは言っておきたいこと

◉天野　さて，話はつきませんが，最後に何かこれだけは言っておきたいことをどうぞ．

◉福田　のんきに楽しく活動することが一番長続きすると思います．もちろん，ときどき本気を出したり，怒ったりすることも必要ですが，最終的に「楽しかった」と言える人がいっぱいいたらいいな．学生時代は，やはり「期間限定」，限られた時間の中で，卒業して「楽しかったな，いいことしたな」とか「いい経験したな」って思えるといいなと思う．そういう活動をがんばってください，という感じですね．

◉山内　この委員会に限らず大学四年間で何かこれは成し遂げたという経験を得て卒業してもらえれば，それが社会に通じると思うし，だから，何かそういうものを見つけてもらえたらうれしいです．もちろん，それが「この委員会を通じて」って言ってもらえたら僕的にも最高かな．

◉天野　はい，ありがとうございます（一同笑）．

注
1) 岡山大学の教養教育科目のうち外国語個別科目等に属さない総合的な科目．4つの主題（テーマ）ごとに多数の科目が用意されている．
2) 新入生に対する学生による履修ガイダンス．教職員が行うオリエンテーションを補完するものとして岡山大学の公式行事化されている．
3) 岡山大学の学生たちが主催する教育改善のための大学交流企画で i*See は Student

exchange for an educational innovation（or improvement）の i を * のデリミタとして倒置したもの。

第3部
使えるFD

8 　全入時代の大学生に基礎英語力をつける
9 　橋本メソッド──150人ゼミ
10　橋本メソッドの汎用性
　　　──カリスマでなくても他大学でも使えるか
11　学生とともに作る授業
　　　──多人数双方向型授業への誘い
12　「全員先生」方式
13　クイズで授業を楽しもう
14　FDネットワークで授業改善・教育力向上

8 全入時代の学生に基礎英語力をつける

間中和歌江

1 授業の様子

　かつて高校で教諭をしていたときに仕入れたあるアンケートを元にしたクイズがある。「生徒が先生から言われて一番うれしい言葉は何ですか？」その答えは，「頑張ったな」でもなく「よくできたぞ！」でもない。「今日はこれで終わり」である。昔，仕入れたこのクイズは，今，大学で学生たちへの雑談の中で話しても，大変にウケる。なぜウケるのか？　それは大学生たちも同じ思いをもっているからだ。「早く終わってほしい」。授業とはそんな位置づけなのだ。
　大学全入時代に突入した現在，定員確保の見返りに学習習慣のない学生を受け入れるというユバーサル化の波を受けている大学の多くでは，このような気持ちで出席している学生を相手に，授業を行っている先生がたくさんいらっしゃるのだろう。授業というものに対して，シャッターのおりきってしまっている学生は多い。「授業よ，早く終わってくれ」「休講ならなおラッキー」。われわれ大学教員は，内心こう思っているであろう学生に，力をつけて卒業させるという使命を負っている。教員としてなすべきことの一つは，彼らに「休講とは残念だ」と思ってもらえるような，学生にとって有意義な授業を作りあげることだろう。研究者であっても，実際に仕事として授業を行っているのであるから，「教えるプロ」でなければならないはずだ。学生に伝わることをめざしたい。私の授業はつたないものだが，このような気構えの上に行っている。学生が授業に乗ってくれれば喜び，乗りが悪ければ落ち込む。奮闘努力の日々である。本章では，大学で英語の基礎演習を担当している立場からFDについての

考えを述べたい。

担当している科目では，高校までの内容を再学習する必要のある学生を受けもつことが多い。中でも「大学スタート英語」という授業では，英文法の土台となるような事項から授業を始めた。学習内容が初歩であっても，これらを学生に習得してもらうのは，なかなか難しいものである。というのは，一度過去に学んだ記憶が，学生の学習動機を打ち消してしまうからである。なぜ再学習の必要があるかと言えば，完全に習得できていなかったということであり，つまり，学生が過去に受けてきたような授業を繰り返しても，目的を達成できないからである。過去に学生が受けたことのないような斬新な要素を加えながら，さらに学生の記憶にしっかりと定着する英文法の再学習授業を行わなければならない状況であった。

このような状況を克服するために，私が授業において工夫すべきと考えているポイントをあげると，以下の四つになる。

①聞き流されないような授業展開にする。
②わかったかどうかを学生自身が授業内で確かめられるようにする。
③自尊感情を育てるきっかけになる授業にする。
④教員は「伝えよう」という意識を強くもち，それを学生に対して全身で表現してゆく。

大学において，学生がそれまでの学習歴から引きずって来た，多くのやり残しを解決するには，このような心構えで授業を作っていくことが必要だろうと考えた結果である。「大学スタート英語」での実践をもとに，一つずつ，その具体的な内容をお話しする。

■ 1.1 聞き流されないような授業展開にする

「大学スタート英語」には，学生たちと勝手に別名をつけていた。「家庭教師養成講座」である。隣同士の学生がそれぞれ中学生とその先生役になり，学習事項を家庭教師のように教えあうスタイルの授業にしたためである。このスタイルを用いたのは，教師が文法の理屈を説明し，その後に問題を解くというか

たちは学生はすでに経験していることと思われたし，学生を教える立場におくことで，うろ覚えにさせない効果をねらったためである。学習事項をなるべく細かく区切り，そのつどその内容を中学生役の学生が，先生役の学生に尋ねるというかたちである。中学生役の学生が「先生，副詞って何ですか？」と尋ねると，先生役の学生が「名詞以外を修飾する語だよ」と答える。しかし，このようなやりとりがあった場合，中学生に対して説明していることを想定してるため，「修飾って何ですか？」と中学生役の学生に再度質問させる。当然学生は修飾の意味は知っているのだが，うわべだけの言葉の説明ではなく，どこまでも中学生の身になって説明をわかりやすくしていく中で，学生は説明の本当の意味を習得していく。これを細かく区切りながら行い，また実際の相方に説明するために，曖昧な理解で聞き流すことができにくくなるのである。

■ 1.2 わかったかどうかを学生自身が授業内で確かめられるようにする

1.1 の方法で授業を進めるため，相方に説明できなかった場合，自分が本当に理解できていなかったということが，はっきりと実感できてしまう。反対に，どんなに相方に突っ込みを入れられても，きちんと返事ができた場合には，自分の理解が定着していることを自覚できるのである。

また，理解したあと，それらを習得させるために，歌ったり踊ったりということもした。体を動かすことで，授業の多様な展開をねらったこともあるが，何より覚えたかどうかを実演してみることで，目に見えるはっきりしたかたちで自己評価させたかったのだ。

簡単な例をあげる。状態動詞と動作動詞という認識が薄い学生に，以下のような TOEIC 方式の練習問題の解説は理解できない。

　　問　次の（　）に当てはまる最も適切な語は（A）（B）（C）のうちのどれか答えなさい。
　　I（　　）to a tennis club.
　　　（A）belong　（B）am belonging　（C）belongs

　　解説）belong は状態動詞であるから（B）は不可。

この解説では，なぜ状態動詞だと不可なのか，と考える以前に「状態動詞って何？」となってしまうだろう。動作動詞と状態動詞の解説をすると「あー，それやった気がする」という反応が返ってくる。つまり，過去に習ったようだが覚えていなかったということだ。したがって，今この授業中に覚えなければもう後がないわけである。そこで少し唐突に思われるかもしれないが，歌って踊ることになる。本来は状態動詞なのだから，動作にはなりえない語を，むりやりジェスチャーにすることで笑いをとりながら，一連の数え唄のようなダンスソングにし，学生と一緒に行うのである。

　♪ have, know, belong, like, love, hate, need, want, remember, believe ♪
この歌をジェスチャー付きで歌って踊った[1]。

　have で両手でこぶしを作り，know で頭を指差し，belong では腕を使って丸を作る。like, love では両手を胸に当てて首をかしげ，hate は「あっち行け！」と手を振る。need, want は伸ばした両手を握りしめながら引きよせ，remember は掌に片方の手のこぶしをたたきつけ，believe では手を組み合わせて祈るポーズをとる。これも家庭教師養成講座の一部であるから，中学生に状態動詞を教えるときにはというスタンスである。「いやだー」と恥ずかしがる学生も，全身を使って歌い踊る私を不憫(ふびん)と思ってか，キャーキャー言いながら一緒にやってくれる。クラスのほとんどの学生が1，2分で覚えていく。学ばなかった，覚えていないとは言わせない。そんな気合いで授業をしている。

■ 1.3　自尊感情を育てるきっかけになる授業にする

　学生が，大学生である自分を実感しながら基礎を定着させるには，教えるという立場におくことが彼女たち（女子大のため）の自尊感情をないがしろにしない方法であると考えた。この授業に参加している学生は，特に教職を希望しているというわけではない。だから本来は教えることができなくてもよいのだが，彼女たちによると，将来はきっと結婚してママになるのだそうだ。ということは，大方の学生が将来中学生のママになるわけである。ある日学校で英語を学んでいるわが子から，「お母さんは大学で英語を勉強したんでしょ。この問題どうやって解くの？」と聞かれる可能性はないことはないのである。大学で英語を学んだ自分を堂々と見せられる，そんなママになろうではないか！と

問いかけた。学習している内容は一度やったことのように見えるかもしれないが，これは将来のあなたを輝かせるもとになる，未来に向けての学びなのだと話をした。これをきっかけに本物の家庭教師に挑戦するもよし，将来のわが子に英語を教えてあげるもよし。今の学びがあなたの可能性を一つ増やすのだということを理解してもらいながら授業を進めた。

■ 1.4 「伝えよう」という意識を強くもち，それを学生に対して全身で表現してゆく

これは授業へ向かうときの教師としてのかまえのようなものである。当たり前のことであるが，授業内容や，英語学習のおもしろさを，伝えよう，わかってもらおう，という気持ちでのぞむ。そして，それを学生にできる限り大きくアピールしていくのである。私の授業は「流しませんし，流せません」という雰囲気を全身で表現していく。学んでいる今に神経を集中している雰囲気を学生と共有する。

先にあげた「大学スタート英語」の授業は2006年度に始まったものであるが，2007年度には日立リメディアル教育推進センターの援助を得て，実際に市立中学校での補修英語教室を開講し，学生たちは本当の家庭教師をした。夏冬計3回の出張補習クラスでは，中学1年生6名に大学スタート英語の学生6名が張りついて，家庭教師を実践した。3回という短い訪問を，授業後に学生の作った問題を簡単なeラーニングでやりとりすることで，その成果を持続させるという取り組みである。学生たちは中学に出向くまでは，教材を準備し，説明の順序立てを考え，念入りな準備を行った。この工程が一番学生の学びになるわけだが，補習の最中も，またその後も，「お姉さんの説明でよく理解できました」などという感謝の言葉をもらうと，学生は一様にそのやりがいとうれしさを顔に表していた。

この企画に参加した学生の多くが，またこのような企画があったらぜひ参加したいという。準備は面倒だし，まったくのボランティアなのになぜか？と聞くと，本気に学べるからだそうだ。「ノー勉じゃ行けない」(訳：勉強しないままでは，中学生に教えに行けない)と言っている。学生が必死になる舞台を作ることは，とても大事なことだと実感した。

2　授業実践の背景

　私が授業に深い思いをもち，工夫をするようになったのは，以前勤めていた中高一貫校での経験がもとになっている。勤務していたこの学校では，教師は授業が命だというほどに，授業を重く考えている雰囲気があり，各科目の教員が，さまざまに工夫をこらした授業を行っていた。さらに，生徒もその反応が直接的で，「興味をそそられない」「聞く価値なし」と思った授業には出席しない。おいしくないレストランにお客が来なくなる現象と同じことが，学校の授業で起こっていた。当然のことながら，生徒に授業に出席しないというような判断をさせてよいのか？という問いはあるし，そのために，出席しなかった生徒に対して授業のフォローは，後からでも行わなければならなかった。しかし，それでも教師として，生徒の声を真正面から受ける機会を，日常的にもっていたという経験は実に貴重だった。目に見えて生徒の数が少なくなるのは衝撃的である。どうやったら生徒をひきつけられる授業ができるか，日々頭を悩ませた。

　着任後間もなくのころに，忘れられないエピソードがあった。授業中に英単語のテストを行おうとしたときだ。男子生徒の一人が「なんでテストやんの？」と聞いてきた。まだ駆出し者だった私は思わず「だって単語テストやるのは普通でしょ」と答えてしまった。彼はすかさず聞いてきた。「普通って何？」。私は答えに困ってしまった。この生徒には，教師を困らせたい気持ちもあっただろう。しかしそれ以上に，テストをすることの意味を真剣に考えていたようだった。私が，テストというものを，何を目的として生徒に課そうとしているのか，はっきりさせたかったのだ。世の中には，他人と比べるためのテストが山ほどある。人を区別するためのテストが山ほどある。そんな目的のテストに慣れきってしまっていた自分が，この生徒のストレートな疑問にきちんと答えることができなかったのだ。彼は私の答えには満足せず，教室を出て行った。

　この出来事のあと，私は生徒に納得してもらえる答えと，その伝え方をよく考えた。「テストで比べるのは，昨日の自分と今日の自分なのだ。昨日より，どれだけ成長した自分がいるのか，知識の増えた自分がいるのか，それを確かめ

るのがテストだ」と，ようやく返事ができたとき，この生徒はやっと私にその学校での教師としての権利を与えてくれたようだった。テスト一つにしても，教師の思い入れが見えないときには，生徒や学生の心は動かないものだと教えられた。

　高校と大学は違う。しかし，授業における教えるものと教わるものの関係の基礎にあるものは，変わらない気がする。学生を見下すことなく，熱意と工夫のある授業を心がけること。これがなければ，生徒や学生たちの学ぶ意欲へ向かうシャッターは開けられない。私はこのような経験を通して，授業を受ける側の立場と利益をよく考えた授業づくりを，肌で学ばせてもらった。こちらが授業料を払う必要があったのではと思うほどに，教師として訓練されたと感謝している。

3　学生と学校英語教育のこれまで

　大学生の学力問題を取り上げるとき，その中の「学習力」に焦点が当たることが多い。天野（2006）によれば，学習のためのスキル（学習法）が身についていないという問題と，学習への動機づけが弱く，やる気に欠けているといった「学習意欲」の問題に分けられるという。ではなぜ学生たちは学習力が足らない状態になってしまっているのだろうか。学習意欲をかきたてずとも，また有効な学習スタイルを身につけなくても，中高における日々の授業ではそれほど困らなかったということか？　学生を積極的に学ばせるには，参加型の授業が有効であるという見方もあるが，一方で，学生が主体となって行われる学生参加型の授業形態を，学生自身があまり望んでおらず，教員主導型の受け身的な授業を好んでいる（北野，2006）という考えもある。これは大学入学までの学習歴によるところも大きいのではないだろうか。文法訳読式というわけではない。教師に指名されて答えを1度言えば，それでその時間のお役は御免になるという授業スタイルのことである。これは複数の大学の学生と話をするなかで見えてきたことだが，とりあえずその時間の授業を無事に乗りきって，定期テスト前に集中して暗記すれば，成績はどうにかなったのだそうだ。学ぶ意味を考えるという過程が十分に行われず，「こなす」「乗り切る」といった感覚で授業を捉えて

いたことがわかる。また，教師にとって扱いやすい生徒，つまり素直で反抗もせず，授業では静かに聞いているといった生徒は，補習教育の対象になりやすいのではないかと考える。授業中に疑問がわいても彼らは「わからない」とは言わない。クラスの他のメンバーへの面目もあるし，「今これを聞いたら悪いかな？」という教師への配慮や「今さら聞けない」という意識から「後で先生に聞こう」となる。しかしこの「後で」は実際にはやって来ないので，疑問点が蓄積されていく。結局，どこがわからないかもわからなくなり，特に英語を学ぶはっきりした目的があるわけではないため，疑問点は放置されることになる。

わからないことが積み上げられ，学ぶ目標も曖昧な学習を続けてきたという過去をもつ学生が，今われわれの目の前にいるのだ。大学での基礎演習授業の現場では，「学習意欲の欠如」と「学習法の欠如」の両方が大きな影を落としている。学ぶ意欲も，学び方も，今この大学で，自分の授業で身につける必要があるということだ。

英語教育の背景についても少し触れてみたい。前述した「大学スタート英語」のような基礎文法の授業を行っている理由は，学生の中学や高校での学習過程の中で，文法が最もその定着が危ういと思われるからである。これはTOEIC演習などを担当されている他の先生方からも聞く話であるが，文法問題，またそれを使った読解問題ができないという現実があるのだ。ではなぜ文法力が危ういのか？　これは教える側に，文法を教えることに対する恐れがあるからだと考える。学習指導要領の変遷から見ても，特に読む，書くといった文法力に関わる事項への記述が，ここ数回手を加えられているのがわかる。1999年度の高等学校学習指導要領の中では，「言語材料の分析や説明は最小限にとどめ，実際の場面でどのように使われるかを理解し，実際に活用することを重視すること」とされている（文部科学省，1999）。このような指示を受けて，あまり文法指導を行うと，生徒の学習意欲をそぐ危険性があるという考えがおこっているのだろう。

さらに，中学の段階では「聞くこと」「話すこと」を重点的に教えるようになっている。授業時間が少ない中で，「聞く，話す」に重点をおけば，「読む，書く」といった文法をより意識する学習項目がおろそかになるのは明らかだ。その結果，現場では文法の基礎でさえも，「誰がいつ教えるのか？」が事実上うや

むやになってしまっている。過去の文法訳読式への強い反省の気運から，文法の基礎でさえも，「誰がどこまで教えるのか」という共通理解が存在していない。記してあったとしても，実践にいたっていないのだ。

　また，教師側が教えたと感じていても生徒にはその覚えはない，ということもある。生徒に伝わりきらなかった文法指導であった可能性もある。大学で文法の基礎を学び直さなければならない背景には，このような教える側の文法指導に対する曖昧で多様な姿勢がある。

4 大学の問題は初等，中等教育と密接に関連している

　ユニバーサル化の波を受けている大学で英語を教える場合は，特に学生たちのこのような中学や高校での学習背景を知っておくことは必須であろう。学生たちがどんな気持ちで，どんな環境で英語を学び，または学び残してきたか。塾に行って学習をフォローした子もそうでない子も，今はその区別なく大学に入学してくるのだ。教える側が中高の教員免許をもっているかどうかなどではなく，教えるということに本気になれるかどうかが重要だ。「わからなければそれまでだ」という考えでは大学教員はつとめられない。全入時代の学生にとことん向き合うということは，このようなことを意味しているのだと思う。大学の教員は，研究者になるくらい，その分野に惚れ込んでいるのだろう。ということは，その道のマニアである。マニアの話はとかくわかりにくい。自分の話や説明が素人にはどのように聞こえ，どのくらいわかりにくいのか，そこを常に問いながら，90分の授業展開を考えていく仕事が，われわれに求められている。かつて「先生の指導法は中高生に対するストラテジーですよね」と指摘されたことがある。たしかにそうかもしれない。しかし，学生はそれを十分に経験してきているのだろうか？　中高の英語教授法のテキストにあるように，50分という授業時間をさまざまに展開し，入念に準備された，理想の授業で育ってきている学生が，どのくらいいるのかは疑問だ。中高の教員はそれぞれ担当科目はあるものの，その他の多様な職務に忙殺されている。職員会議，教科会，保護者会，研修会，行事委員会，クラブ顧問，クラス運営，進路指導，生活指導，不登校生徒への対応，そこに授業が入っている。市販されている教科

書マニュアルの内容の細かさを見れば，いかに教科担当者が授業準備に時間がかけられない状況かが推測できる。学校生活の中では，授業がその柱とはなりえていない状況もあることを，大学の教員も知っておく必要があるのではないか。つまり学生たちには中高での学び残しがある。その前提に立ち彼ら・彼女らが受けてきた授業を補完し，しっかりと身につけてもらうことのできる魅力的な授業展開の工夫が必要なのである。

さらに，大学の授業の役割は，学生が学びに対してもっている「させられている」という意識を拭わせることではないだろうか。前述のように，「学び」は生徒，学生たちにとっていぜんとして「ノルマ的存在」となっている。しかしこれは高等教育になるにしたがって，薄れさせていかなければならない考えだろう。学生の学びに対する意識をより積極的なものにさせるという仕事は，われわれ大学教員の授業にかかっている。

私自身の今後の活動目標は，「大学スタート英語」で実践したような，「他者に伝えることを想定した自分の学び」をメインテーマにして授業を行っていくことである。再学習が必要だった学生が，自分のつまずきをかえりみながら中学生を教えたとき，その教える姿勢や視点は生徒にしみこむように通じた。学生のこれからの人生でも，自己をかえりみながら他者に接する，または子供たちを育てる大人になるということは，とても大切だろう。どの分野を学ぶにしても，学生のゴールの一つは，想像力のある大人になり，後進を育てるリレーの一員になることではないだろうか。

注
1) この指導においては，have, belong など ing を付けた場合の用法について，別に解説を加えている。

文　献

天野郁夫（2006）大学改革の社会学　玉川大学出版部
JACET 教育問題研究会（2005）　新英語科教育の基礎と実践　三修社
北野秋男（2006）　日本のティーチング・アシスタント制度　東信堂
文部科学省（1999）　高等学校学習指導要領（平成 11 年 3 月告示，14 年 5 月，15 年 4 月，15 年 12 月 一 部 改 正）〈http://www.mext.go.jp/b_menu/shuppan/

sonota/990301/03122603.htm〉(参照日:2008/12/19)
寺崎昌男(2002) 大学教育の可能性 東信堂

9 橋本メソッド
──150人ゼミ

橋本　勝

1 「橋本」とは何か

　「橋本メソッド」の「橋本」は言うまでもなく私の名前から来ているが，なぜ私の名前を冠しているかについては実は深い意味がある。決して単なる売名行為ではないことを理解してもらうため，まずその話から始めよう。

　私は今でこそ学内ではFDや教育評価の中心的な役割を担い，大学教育関係の学会で役員をしたりしているが，かつては，日本一の楽勝科目の担当者であった。無論，ここで言う楽勝科目とは，本来の，ひんしゅくを買う意味のそれである。遅刻・欠席全くおかまいなし，持ち込み自由でしかも易しい最終試験さえ受ければ単位が出る，という感じの授業である。非常勤講師の気楽さも手伝って内容もかなりいい加減なものを展開していたが，当然，学生からは口コミで人気を呼び，受講登録者は最大1クラス1600人ということさえあった。なぜそんなことをしていたかというと，私自身が「先輩教員」のそうした科目の存在のおかげで大学を卒業させてもらったという経験があったからであり，誰かがそれを受け継がねば，という社会的使命感ないし社会に対する恩返しの気持ちがあったからである。

　1992年に岡山大学に着任した後も数年間は，そうした信念にも近い教育観・授業観から，上記の内容に近いスタンスで授業をしており，周囲の教員からは白い目で見られていたと思われるが，学生からは絶大な人気を得ていた。その私がある年を境にガラリと授業方式を変えたのである。戸惑ったのは学生である。先輩から「アイツの科目は楽だぞ」と聞いていた教員のシラバスを見ると，

図 9-1 討論主体の授業「知ってるつもり？コンビニ」で, "作戦会議" をする学生を見守る筆者（中央）（読売新聞, 2007）

とても楽そうに見えないことが書いてあるのだから当然であろう。ただし，私の気持ちの中では，原点としての教育観・授業観を残しつつ，そこに「自然体の主体的学び」を結びつけただけだから誰でも気軽に受講してほしいという思いがあった。そのため，シラバスの中に「実はこの科目は楽勝科目である。」という表現を用いたこともあったが，すでにFDの仕事に関わり始めていた時期であり，あらぬ疑いや無用の混乱も招きかねないという判断から何かもっと適当な方法はないか，と考えた末にたどり着いた答が新しい授業方法に橋本という名前を冠するという手だったのである。当初，私は「橋本方式」と呼んでいたが，広島大学の高等教育研究開発センターで概要を話させていただいたときに，広島大学の先生方が「橋本メソッド」と勝手に言い換えられたのを一々「橋本方式」と言い換えるのも面倒だったので，以後はそのままそれでいくことにした。

橋本を冠するのには，もう一つの理由もある。それは，教員仲間に対して，あの橋本でも授業改善をし始めているという宣伝効果である。FDは組織全体の教育改善であるから，一部の先進的なあるいは非常に教育熱心な教員が優れた教育方法で授業を実践するだけでは，なかなかひろがらない。授業評価アン

ケートなどの補助ツールなどを活用しても，自分にはそういうのは無理だからと乗ってこない教員が少なからずいる。そうした教員の中には楽勝科目の噂が飛び交う橋本でさえ，そうした取り組みをしているということを知ると少し心が動くのではないか，という考えがあるのである。「橋本メソッドの橋本って誰？　えーっあの橋本⁉」と思われればしめたものと言ってよい。

前置きがすっかり長くなった。本題に入ろう。

2 橋本メソッドの概要

橋本メソッドとは一言で言えば，チーム制による本格討論型授業である。適正規模は大体，120〜150人であり，数十人でも可能だが，50人を下回るとやや学習効果が下がる。逆に多い方は，200人くらいでもいけるが，150人を越えると同じく学習効果が下がってしまう。1チームは3〜4人，原則として自由意志による自主的編成によるが，授業内容によっては学部別などの指定をすることもある。

一番標準的なかたちの授業での流れは，次ページの表9-1のようになっている。

ポイントは三つある。まず，第一は競争原理の積極的活用による相互集団教育力である。成績に直結することもあって，学生たちは発表チームに選ばれようとそれなりに努力をし，自然な競い合いが生じる。その結果，発表は教員の期待以上のものになりやすい。また，そのプロセスを通じてチームの結束が高まったり，知的な刺激の与えあいがあったりすることが多い。特に，実際の発表が他の受講生の予想よりも高いレベルであると「あいつらにあそこまでできるんなら俺たちだって」という気持ちを引き起こしやすい。綿密なアンケート調査や実地での聞き取り，あるいは演劇パフォーマンスを準備するなど相当な時間と労力をかけるチームも自然に出てくるのである。外れたチームに対する寸評を公表し，なぜ選抜されなかったのかを明らかにしており，優れたチームの良さをヒントとしてリベンジに燃えるチームも少なくない。さらに，努力したのに選ばれなかったチームは結果的にそのテーマをしっかり予習して授業に臨んだかたちになるため，発表チームの説明が不十分だと鋭い質問をしたりす

表9-1 橋本メソッドの授業の流れ

授業回	授業内容	授業外学習
初回	オリエンテーション&チーム編成	自分たちが選択した2つのテーマに関して調査・分析を進め、B4で1枚程度のレジュメ案を期限までに作成して提出。発表チームに選ばれれば発表準備をする。その他、自然体の流れで必要に応じて自主的な予習・復習をすることもある。手を抜くことも意欲的に取り組むことも自由である。
第2回	橋本によるカルチャーショック的授業（例）大学では勉強してはいけない論	
第3〜14回	1回につき2チームの発表と質疑応答 ・発表は1チーム5〜10分 ・質疑応答は平均25分 発表の2チームは橋本が授業3日前に選抜するが毎回数チームによる競合となるので発表できないチームが発生する。さらに各回2チームの勝ち負けも競うなどゲーム感覚を加味するが、これらの結果は成績に直結する。また、毎回、最後にシャトルカード*記入をし、教員との一対一関係を補う。	
最終回	持ち込み自由な最終試験 暗記に頼る知識を問うのではなく主張展開力に重点をおく。	

*シャトルカードとは岡山大学が授業用に開発し教員が自由に使えるミニッツペーパーの一種である。
（岡山大学ティーチングティップス 4.1.1.1 シャトルカードとは〈http://cfd.cc.okayama-u.ac.jp/fd/tc/2005/〉）

表9-2 橋本メソッドのエントリーテーマの例（2008年度「新・情報文化論」）

授業回	エントリーテーマ	競合数
第3回	地球温暖化の盲点	7
第4回	少子高齢化の盲点	7
第5回	グローバル化の盲点	9
第6回	「食の安全」の盲点	14
第7回	「政治とカネ」の盲点	4
第8回	歴史の盲点	2
第9回	ゆとり教育の盲点	12
第10回	若者文化の盲点	7
第11回	（ベネッセ会長の特別講演）	—
第12回	北京五輪の盲点	8
第13回	盲点に関する自由テーマ	6
第14回	（他の橋本メソッドへの他流試合）	—

ることも多い。それがまた他の受講生に刺激を与えて次々と質問が出る雰囲気が自然にできあがるのである。

　第二はゲーム感覚の活用による自然な主体的学びの引き出しである。橋本メソッドではたとえば、レジュメの提出（エントリー）が1回10点、発表が6〜

10点，質問すると1～2点，というように一つひとつの活動がほぼ点数化され，それを積み上げていくことにより各自の成績が決まるようになっているが，これは下手をすると，ぎすぎすしたシビアな緊張関係を招きやすいだけでなく点数稼ぎの質問を繰り返す悪弊（あくへい）も生じることがある。これを防ぐ手段として，意識的にゲーム感覚を場作りに活用するという要素を加えているのである。まず，エントリーテーマを決めるところから最初のゲームが始まる。たとえば，表11-2はある科目のエントリーテーマと実際に競合したチーム数であるが，最初にまず自分たちの興味・関心に合わせて希望を二つずつ出してもらった後，状況をふまえた上で，5分間だけ再考時間を設けることにしている。このくらいテーマに多様性をもたせておくとどんな意欲の低い学生でも二つ程度なら興味・関心があるものであるが，結果には当然かたよりが生じる。そこで5分という短時間であるが，再考時間を設けて駆け引きを入れ込むのである。すると心理の読み合いが始まる。つまり，興味・関心はそれほど高くないが競争率の低い回に鞍替えするか，それとも，他のチームの鞍替えに期待して自分たちは初志を貫徹するか，をチーム内で至急に相談する必要が生じるわけである。チームの中にはその日に初対面だというメンバーばかりで構成しているケースもあるが，この短時間での駆け引き作業の中での再検討は会話を促しチームのまとまりを一挙に形成することが多い。どのチームがもともと何を希望したのかはほとんどわからない上，修正を申し出る場合もポーズだけでもよいかたちにしているから，この5分間で授業に対するクラス全体の集中心も高まってくる。5分後，結果を少しずつ（一挙にではなく少しずつ）示していくと一喜一憂が積み重なって，初回から異常な盛り上がりを見せるのが常である。初回に決まったテーマは途中では変更できないので，その盛り上がりの延長に「よし，発表チームに選ばれるよう頑張るぞ」という気持ちの高ぶりが生じるチームが少なくない。

　もちろん，橋本メソッドのゲーム感覚はそれにとどまるものではなく，表12-1の中にも記したように，毎回，発表チーム以外の受講生からの支持投票により勝ち負けを決めるとか，質問希望が多いとじゃんけん大会で決めるとか，いろいろな要素を採り入れているが，重要なのは初回にどこまで盛り上げておくかという場作りである。スタートがうまく切れると，学生たちは，ゲームを

楽しむノリで主体的な学びを勝手に始めてしまう。もはや，点数は後からついてくるという感覚にも自然になってしまうのである。

そして，第三は，学習意欲の低い学生でも十分対応できる自由度の大きさの確保である。橋本メソッドの授業を参観されると，ときどき「ヤル気のある学生がたくさん集まっていますね。私の授業ではこうはいきません」という類の感想を漏らされる教員がいるが，私の授業には学習意欲のあまり高くない学生もかなり含まれている。というより，そういう学生にこそ受けてほしいのが橋本メソッドなのである。

現在の私は，かつての楽勝科目ではなく，「楽しんでいるうちに自然に単位が取れる」という，多少はポジティブな意味に勝手に変換した楽勝科目を展開しているが，それでも「単位は取りやすい」という定評が学生間にはある。かつてとの違いは，その一方で学生間には「発表したり質問したりしないといけないから，なかなか大変な授業だ」という評判もある点であるが，それでも橋本という名前だけを頼りに私の授業を選択する学生は今でも少なからずいる。そうした学生たちにいかに安心して受講してもらい，彼らの潜在的能力，潜在的学習意欲をどう引き出すか，を考えることが私には必須課題であり，橋本メソッドはその目的に適うような自由度を有しているのである。

つまり，表9-1に記した通り，橋本メソッドでは，手を抜こうと思えば，限りなく抜けるような授業構造にしてある。出席したくなければ休めばよいし，授業中，眠ければ寝ればよい。提出するレジュメもネット上の資料のコピー＆ペーストですませることもできる。それらは成績を伸ばせない代わりに成績を不可にするようなものではない。どんなものでもよいから，レジュメさえ2枚出せば単位を保証することは最初に公言してしまう。1回も授業に出ないというのではさすがにまずいが，そういう極端なことさえなければまず大丈夫なのである。出たくもない授業なのに出席を強要したり，うとうとしている学生を無理やり起こしたりすることに一体どんな意味があるというのか。むしろ，学生が欠席したり，居眠りしたりすると後悔してしまうような授業内容になっているかどうか自己分析する方がはるかに重要なことではなかろうか。

要は，意欲的に取り組めば，それを適正に評価する一方，それほどの意欲が生じてこない場合は最低限の取り組みでもよいという自由度の大きさが問題な

のである。

3 橋本メソッドの誕生の背景

では，なぜ，私が橋本メソッドを構想するにいたったか，という点に話を移そう。話は8年前にさかのぼる。

2000年から岡山大学には全学組織としてのFD専門委員会が誕生し，FDという言葉が公的に使われるようになった。同委員会には全学から6名の委員がピックアップされ，それ以前から教育関係の催しで学生重視の考え方などについてしばしば発言していた私も選ばれてしまった。まさに選ばれてしまったという表現が近い。

FD関係の全国的な研修を受けたり，業務的な仕事をしたりするうち，気になり始めたのは，自分自身の授業の楽勝科目的展開の妥当性である。むろん，出席した学生にとってはわかりやすく，得ることが大きい内容にはしていたつもりではあるが，真面目に毎回出席していながら最後の試験で思うような点数が取れない学生と欠席がちだった割にはよい点数を取ってしまう学生との並存は「厳格な成績評価」を大学教員全体に促す立場の人間としては少し後ろめたい気持ちになったし，授業外学習を促すために科目によっては書き下ろし小説を副読本的テキストにしていたのだが，それが本当に授業外学習となっていたかどうかは少々疑問が残る上，そういうものを用意しなかった科目については事実上，授業外学習はほとんど課しておらず，「単位の実質化」を要請するのも気恥ずかしかったと言わざるを得ない。

そんなとき，小中高に誕生した総合的な学習の時間を意識して教育学部の専門科目に総合演習（20人規模）というものを開講することが文科省（当時は文部省）から要請され，何らかのかたちで学生の主体的な学びを実践させなければならなくなった。ひょんなことから最初の担当者の一人になった私もちょっとした工夫をしてこれに臨んだが，このとき大きな二種類の衝撃が走った。一つはかなり細かく評価基準を設定し授業外学習を課したにもかかわらず学生のノリがよかったこと，もう一つは私自身の授業に対する楽しさが倍加したことである。これを多人数の授業にアレンジすればよいのではないか，と考えたのは

当然である。こうして2001年から橋本メソッドがスタートする。手応えは最初からあったので，前期の教養科目（新・情報文化論）でスタートさせたやり方を後期の専門科目（経済学）でも使うことにし，すぐに50人以上の科目はすべて橋本メソッドに切り替えた。

学生たちの変化はすぐに現れた。頻繁に質問の手があがり活発な質疑応答がなされることにより，互いが互いを刺激し知性を伸ばし合う様を私は「相互集団教育力」と名づけた。

また，学習内容が非常に効果的に多くの受講生の頭に自然に入っていく様を「知の共有化」と名づけたりもしたが，競争原理がうまく働いて学習内容のレベルは私がかつて一方的に授業をしていたものより確実にアップしたことも特徴的であった。これらについては，113ページに記した通りである。

一般に，多くの学生は，多人数だと質問の手はあげない。それが常識である。また多人数になればなるほど理解にばらつきが生じやすい。これもまた常識である。この二つの常識を覆すのが橋本メソッドである。では，その核心部分に迫ろう。

4　橋本メソッドのミソ？

私は，橋本メソッドを語る場合，競争原理とゲーム感覚によるチーム対抗の多人数ゼミと紹介することが多いし本章でもそうしてきた。ただし，そこでよせられやすいのは「そんなことなら他にも実践があるではないか，わざわざ橋本を冠する必要があるのか」という批判と「そんな程度でうまくいくとは思えない，何か他にミソを隠しているのではないか」という疑問の声である。

もう一度，112ページの表9-1を見直していただきたい。特徴的な点が二つあるはずである。一つは質疑応答の時間の長さである。橋本メソッドの発表では，知の共有化を図る観点からプレゼンより質疑応答がメインとなっている。したがって，パワーポイントやOHCなどを利用するチームもあるが，むしろ応答準備に力を入れるチームの方が圧倒的に多い。手がたくさんあがりすぎて時間内で発言できないというケースも目立つ。言うまでもないことであるが，質疑応答にはかなりの能力が要求される。相手の主張を的確に捉え，それに最

もふさわしい質問や回答を短時間で用意することはレジュメやスライドを用意するよりはるかに高度な技である。当然のことながら技能が不十分なケースも目立ち，それをどうフォローするかという点で教員の役割は大きい。何が出てきてもフォローしようと思えば広範な知識が必要である。ただし，これをあまり難しく考える必要はない。提出されたレジュメで少し「予習」することもできるし，関連した内容を軽く押さえ直す程度で十分である。そもそも，授業全体として何を学ぶのかというプランは教員が事前に設計しているはずである。

もう一つは，シャトルカードによる受講生と教員との一対一関係である。人数が多い授業では，どうしても一人ひとりの受講生と向き合うことが困難である。記憶力のよい教員でも顔と名前を覚えるというのが精一杯であろう。そうした中で，授業の最後に5分程度のコメントに対し，一人ひとり丁寧に回答コメントを返すのが橋本メソッドのもう一つの要素である。時間内に質問し切れなかった学生がその質問を記せばそれに丁寧に答え，自分の主張を展開すればその妥当性を評価し，参考文献を尋ねていれば適宜紹介するといったことはもちろんであるが，就活や恋の悩みが書いてあれば人生の先輩として適切なアドバイスをし，話題になっている社会問題に対するコメントを求められれば納得するような主張を展開し，スポーツ談義・芸能談義でも可能な範囲で対応するといった作業に要する時間は毎週30〜40時間である。ただし，これはある意味では私の対応は行き過ぎているとも言える。そこまで対応しなくても一対一関係はある程度形成できると思われる。

質疑応答とシャトルカードでの2種類のフォローがあってこその橋本メソッドと言えなくはないが，これがミソと呼べるほどのものなのかどうかは定かではない。

5 結びに代えて

私は授業中，寝ている学生にこれまでただの一度も注意したことがない。遅刻や授業途中での抜け出しも一切注意しない。それぞれ何らかの事情があってそうなったのかもしれないからである。むろん，単なる怠惰からかもしれないが，それならそれで授業に対する魅力の乏しさがもたらしている「静かな抵抗」

と捉えたい。その一方で，私は私語にはかなり厳しい。私語はせっかく学ぶ気になっている他の受講者の権利侵害にあたると考えるからである。参観者があるときでも私語をしている学生に強い口調で厳しく注意し強制退室させる場面に遭遇して参観者が目を丸くするという事態もたびたびある。

どんな学生にも潜在的な学習意欲は必ずあり，それを十分引き出せないのは授業者としては力不足だというのが私の持論である。かつての楽勝科目を展開しているときでも，私が気にしていたのは後ろの席で寝ている学生を自然に起こすような授業ができないか，ということだった。今はある程度それができている。むろん，欠席や居眠りが皆無だとは言わない。しかし，目を輝かせて小学生のように手をあげる学生が多数いる現実を前にしたとき，橋本メソッドを展開し始めたことに間違いはなかったと確信している。

次章で紹介するように，清水亮を筆頭に，橋本メソッドをアレンジした学生参加型授業を実践している教員がどれだけか生まれている。今後，それらが独自色を出して，清水メソッドなり○○メソッドというかたちで成熟してくれることを切望する次第である。

注　記

橋本メソッドの授業は，2008年度では年間8科目開講しているが，最終試験を除き，そのすべてが参観自由となっている。事前の申し込みなどは不要であるが，レジュメの用意の必要上，前日までに連絡していただけると有難い。
連絡先：vhashi@cc.okayama-u.ac.jp

文　献

読売新聞（2007）教育ルネサンス　教師力　大学編（1）受けたい授業　学生が作る　7月3日

10 橋本メソッドの汎用性
―― カリスマでなくても他大学でも使えるか

清水　亮

1 はじめに

　自分がなぜ橋本メソッドについて書いているのかと考えると不思議な感じがする。私は，FDの専門家でもないし，他の章を書いておられる先生方のように第一線で活躍しているわけでもない。FDに関しては「場末」「場外」の人間という言葉が当てはまる一人である。研究命の〈深海魚〉でもなく，圓月流の〈気球〉でもなく（☞17章），大学でも，教務，FDのような委員には一度も任命されたことのない凡人である。

　そんな凡人にも，最近，やっと自分とFDの関係を表現するよいたとえを見つけることができた。「天災」という落語がある。何にもすぐに腹を立ててしまう八五郎に心学者の紅羅坊名丸が「天災」には怒ってもしかたないという教訓を教えようとする話なのだが，自分の授業改善を振り返ると，学生が授業に乗ってこないことを「天災」と考えて，学生を非難することなく，「天災」と受け止めてきた。次に同じ状況に遭遇したら，少しはマシな対応をしたいと頑張ってきた気がする。私にとってこの本の私以外の執筆者の方々は，みな紅羅坊名丸であり，私こと八五郎は，紅羅坊名丸の教えを自分なりに咀嚼できるところだけしようとしているような気がする。アメリカ人はよく「幸運とは，準備と機会の交差点にある」と言うが，FDの紅羅坊名丸の一人，橋本勝に恵まれたので，私ごとき八五郎が今，ここでこの文章を書いているということになるのかもしれない。こんな私にも書けるものがあるのだから，読者の皆さんには，これを起爆剤として，いろいろな所でご自身のFDについて積極的に発表して

いただき，「天災」に悩む私を含む多くの八五郎に救いの手をさしのべていただけるとうれしい限りである。

　日本の大学を出てから，アメリカに留学した私にとって，大学の授業として頭をよぎるのは，やはりアメリカの授業である。アメリカの教員の多くは，日本と同様，教育より研究を優先する（Publish or Perish：論文を書くか，身を滅ぼすか）。雇用保障（tenure）を獲得するために，助教授の教員は，とりわけ研究を優先する。めでたく雇用保障が取れ，準教授，教授になってもアメリカでは，論文・本の数とどれだけ外部資金を大学にもたらしたかが学内の力関係を左右するため，教育に力をそそぐ教員は，まれである。アメリカも日本もこの点では，あまり大差がないように見える。しかし，アメリカの大学では，最近まで第二次ベビーブーマーの子供の受け入れのため定員の拡大が続いたのに対し，日本の大学では，大学全入時代を迎え，私立大学の定員800人以下の大学の47.1％で定員割れを起こす状況となり，大学を取り巻く状況には大きな差が出てきている（読売新聞, 2008b）。

　最近，教育力という言葉が盛んに使われるようになってきているが，自分の日本での学生時代を教育のベースと考えると，日本の教員が，教育力の向上と聞くと，まず教員自身の問題，講義方法の改善と捉えるような気がするが，アメリカでの大学院時代をベースに考えると，アメリカの教員にとって，教育力の向上とは，教員が授業改善を行いながら，学生をいかにひきつけ主体的に学ばせて成果をあげるかという問題と捉えられるのではないかという感がある。

　研究優先のアメリカの大学で，アクティブ・ラーニング（Active Learning：能動的学習）手法を導入し，アメリカ国際関係学会，アメリカ政治学会に，教育手法のセクションを作るまでにいたった立役者の南カリフォルニア大学のスティーブン・S・ラミーは，アクティブ・ラーニングの手法の授業で成果を上げるには，教員は専門分野以外の科目を担当しない，学生には24時間気を配る，そして学生への期待度を絶対に下げないことの三つが不可欠であるとしている。自らの専門分野であれば，学生の関心をどうしたら引き出せるか一番わかるはずであり，あとは学生のニーズに合わせた指導ができれば，授業の目標を達成できるだろうという発想である。

　アメリカの大学でも日本の大学でも，規模の大小の差はあれ，自分の専門分

野だけを教えていればよい教員はごく少数である。多くは，一般教養科目や基礎導入科目を担当することになるわけである。このようなとき，アメリカでは自らの専門分野の部分を核として学生の主体的な学びを引き出すアクティブ・ラーニング手法を活用しながら授業改善をし，担当科目全体に波及させて授業到達目標を達成しようとする教員の姿が多く見受けられる。

　アクティブ・ラーニング手法では，教員と学生のコミュニケーションが重要な役割を担っている。日本の大学でも，演習やゼミは，教員は自らの専門分野を担当し，学生も教員の専門分野・テーマに関心があり，教員と学生のコミュニケーションは取りやすくアクティブ・ラーニング手法の環境は整う。しかし，一般の授業に目を向けると，多人数の学生に対して，一方的に授業することが多く，アクティブ・ラーニングの手法の実現にはほど遠いのが現状である。大学全入時代に突入した日本の大学の存亡は，いかに教育力を向上させることができるのかということにかかっており，学生の主体的な学びを引き出すアクティブ・ラーニング手法を一般の授業に導入できるかどうかが明暗を分けることになるかもしれない。

2　出会いは突然に

　日本の大学で初めて教壇に立ったとき，自分が何を思い浮かべていたかと振り返ると，自分が学生時代に受けた授業の教授の姿だった。教壇に立ち，講義をする。自分が教壇の教授から見て，よい学生だったかはともかく，とりあえずあのとき教授はこうして講義していたのだから，こうすればよいだろうと思って授業した。しかし，大学のレベルがそうするのだろうが，あまりひどい学生の態度を見るにつけ，学生のためというより，まず自分自身が大学にいる間の生きた証として，自分のためにできる授業改善をしようと考えるようになった。教育の現場は日々変化しており，日本の大学は，グローバリゼーションとユニバーサリゼーションに対応すべく，どうしたら学生のニーズにあった教育ができるか大学人たちは模索している。自分がふっきれるきっかけとなったのは数年前アメリカ国際関係学会で先述のラミーがかけてくれた「大学の執行部がFDのヘッドウィンドになるのなら，僕と同様Exitすればいい」という言葉

である。その言葉に肩を押された気がした。もはや周りを気にすることなく従っても（Obey），発言しても（Voice）何も変わらないのなら時間と労力の無駄である。それなら「Exit」して自分のために頑張ろう，それがひいては学生のためになるはずだと自分なりの授業改善を進めることができるようになった。

　型を覚えることが伝統芸術やスポーツで大事だとよく言われる。裏千家の千宗室家元は，「客人に応じた所作が無意識にできるには，基礎修練ができてこそ，『守・破・離（しゅ・は・り）』を踏む必要がある」と言う（読売新聞, 2008a）。伝統芸能の世界では，師匠はまず弟子に基本形を教え込む（守），弟子はやがて枠を飛び出し（破），ついには自分なりの境地に至る（離）。教育の現場は日々変わっている，その現場でいつまでも自分の大学生時代や大学院生時代に見た教育方法の型にこだわっていては教育力の向上は望めない，その点では，守・離・破の守から脱却し，破・離へと動いていくことが必要なのではないかと感じている。

　ただし，破・離のベースには，やはり古きものがあり，新しいものを中途半端に取り入れて，取り入れなければよかったと後悔することは避けなければならない。デジタル技術を操りながら，そこにジャパニーズテイストと日本的な空間意識の感じられる小宇宙を繰り広げ，現代日本を代表する絵描きと言われるミヤケマイは，「彼女の得意な日本の四文字熟語で言えば，まさに「温故知新」。古き良き伝統の流れを継承しながら，実は最も新しい表現の血と肉に転化させている」と評される（山口, 2005）。しかし，「温故知新」と評されるミヤケが，『MacPOWER』連載コラムのタイトルに選んだのは，なぜか『ミヤケマイの「温故恥新』』。タイトルの由来は，「私の場合古きをあたためても，実力が足らないので新しきものを知るにいたらず，自分の恥の上塗りがせいぜいという意味で…知るを恥とかけてました」[1]と。ミヤケの言葉を肝に銘じ，「温故恥新」にはならないようにしなくてはならないと自分を戒めながら，私は守から一歩踏み出すことになった。

　橋本メソッドとの出会いは，2005年3月京都大学高等教育研究開発推進センター主催の大学教育研究フォーラムに参加したときのことだった。全くの偶然だった。何がきっかけで大学教育研究フォーラムを知ったのかは今では思い出せないが，2001年から自分で年一回自分の授業改善についての発表をし，他の

大学での実践を知り自分の授業にいかすものと位置づけて参加するようになっていた。2005年の発表は，専門の国際関係論の「国際関係論の基礎」の授業で携帯電話を活用して毎回授業の理解度を把握することにより，次週の授業の展開にいかすことで，学生のWebクイズや学期末試験の点数が向上したというものであった。この発表をしながら自分ではこれ以上どんな授業改善ができるのだろうかとある意味限界を感じていた。限界を感じながらも，現状には満足できず，何かできないかと考えていた。

発表をしたFD研究部会の座長の一人が橋本であった。橋本は，座長であるとともに，自らの岡山大学の学生参加型授業実践とi*See 2005[2)]についての発表を行った。その発表を聞きながら，学生を変えることで，新たな授業改善ができるのではと思い始めたのである。橋本の専門が，教育学ではなく，経済学であり，自らの専門で授業改善を行っている姿に共感をもてたこともプラスに働いたのかもしれない。

とは言え，岡山大学ではできても，他の大学で可能なのだろうかという疑問は初めから存在した。岡山大学のような上位大学では可能でも，学力低下の影響に直撃されている下位大学では，学生に「学びの主権者」自覚を見出すことはたいへん難しく橋本メソッドは使えないのではないか。そのような疑問をもちながら実際に橋本メソッドを授業に導入するまで約1年かかった。

3 アナログ方式としての橋本メソッド

橋本メソッドについては，創始者の橋本自身が9章で解題しているので前章を参照していただくこととして，ここでは橋本メソッドがICTの活用により授業改善を行ってきた私にとってどのような新鮮さをもたらしたのかについて考えてみたい。

学生がチームを作り，互いに競合しながら二つのテーマにエントリーし発表を勝ち取ることをめざす。発表に選ばれなかったチームもディスカッションの中で，質疑応答ポイントを獲得できる。さらにシャトルカードにより，教員とのコミュニケーションを毎回取りながら授業期間中にカードを通じて学生一人ひとりとコミュニケーションが確立されていく。

橋本メソッドの核の一つであるテーマに対するエントリーは，アメリカのK-12（幼稚園から高校までの教育）で盛んに使われるShow and Tell（何かを調べ，成果を見せながら発表する方式）そのものである。このShow and Tellの手法こそ，アメリカの子どもたちが幼稚園から親しむことになるアクティブ・ラーニングの手法である。とはいえ，大学においては，南カリフォルニア大学のラミーなどが積極的に導入し，学会等で教育実践の成果について発表するようになるまでは，あまり市民権を得ていなかった。橋本は，ラミーがアメリカでしたことを，Show and Tellの経験のない日本の大学生にしているわけである。橋本メソッドは，授業における教員と学生の"分業"の仕方を変えた学生参画型授業であり，学生が学習において能動的に行動することを重視したアクティブ・ラーニングと授業場面では重なることが多く，それがその強さとなっている（溝上，2007，松下，2008）。

シャトルカードは，連絡ノートいや交換日記，ブログに対するレスとも言えるかもしれないが，アメリカ，日本を問わず，とりわけ幼稚園，小学校，中学校で行われている教師と家庭，生徒の間のコミュニケーションの手法を，授業にカードによって導入したものである。以前，『世界がもし100人の村だったら』という本がベストセラーになったことを覚えていらっしゃるだろうか。あの本の素材は，アメリカの中学校の先生が保護者に学校の様子を伝える通信メールであった。学生は，教授として橋本が専門分野の問題にどのようなスタンスをもっているのかはもちろん，人間橋本はどのように生きてきたのか，どのような価値観，生活観，趣味をもっているのかなどすべてを話題にでき，教員と学生自身の独自のコミュニケーションを確立できるようになっている。こうして教員と学生は，お互いの顔が，授業が進むにつれて名実ともに見えてくるようになる。

エントリー，発表，質疑応答，シャトルカードをくりかえす中で，橋本メソッドによる授業には，不思議な連帯感が生まれてくるようになる。橋本が「150人でゼミ」と言っている所以もそこにある。しかし，英語ではchemistry（ケミストリー・場の雰囲気・空気）と呼ばれるものに匹敵するその不思議な連帯感を醸し出せるかどうかは，教員のカリスマ性，人間性によるところが大きいことはたしかであり，それはICTを活用するだけでは生み出せないものである。大

学内で「150人ゼミ」に象徴されるような学生参加型授業を推進する一方，橋本は，岡山大学の特色ある教育支援プログラム「新基軸「学生参画」による教育改善システム」の責任者もつとめている（☞7章，9章）。その一環として，他大学の学生・教職員とともにさらに学生参加型授業を推進すべくプログラムのイベントであるi*Seeワークショップを2005年以降岡山大学の特色ある教育プログラムの全国への発信の場として活用してきていることなども，連帯感醸成への相乗作用となっている。

　ここで，橋本メソッドの強みについて整理しておきたい。たしかにこのメソッドをコピーすることは可能かもしれない。しかし実際に橋本自身が岡山大学で実践している成果を上げられるかどうかは全く別の話である。NHKの『Project X』の一話にたとえるならば，橋本メソッドの成功は，そのときの岡山大学の土壌に役者がそろい，ケミストリーが生み出した事例である。その他の日本の大学で，岡山大学の土壌や役者，そしてそれを越えるケミストリーが存在する瞬間があるかどうかはわからない。とは言うものの，橋本メソッドの成功は岡山大学だけのものではないはずで，橋本メソッドの秘訣がわかれば自分も使えるのではないかと考える先生方も多いはずである。岡山大学と同レベルかそれ以上の大学では，教員サイドのいくつかの条件がそろえば導入は可能であり，成果はあがるはずである。その条件とは……。

　まず第一に，大学教員として，橋本勝のようにカリスマでなくても，自分の教育分野（専門分野よりもはるかに広い）の教育なら誰にも負けないという教育への情熱・熱心さをもち，学生とともに，学生から学ぼうというスタンスをもっていること。

　第二に，自らの専門以外の分野についても興味があり広範な教養をもち，学生たちがチームとして食いつきやすいテーマを設定でき，授業やシャトルカードに実践，反映できること。

　第三に，とことん学生とつきあえること。

　一見簡単そうに見えるこれらの条件の達成は決して容易ではない。なぜなら『七芒星―小説　情報文化論入門』（橋本・マヒト，1996）やその続編（橋本・マヒト，1999）のようなテキストを，授業のためにプロデュースできる教員はそういないからである。とはいえ，橋本メソッドの授業手法のいくつかは，今までもさ

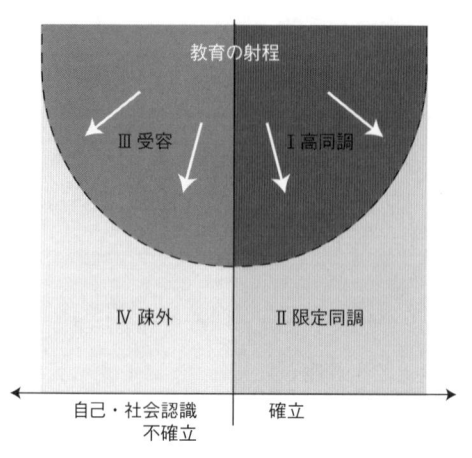

図10-1 大学教育の射程と学生 (金子, 2007)

まざまな大学の授業で取り入れられてきたはずであるし,これからは橋本メソッドとして導入されていくことも多いだろう。しかし,橋本メソッドがそのまま活用できるケースとそうでないケースが出てくるはずである。

　ここでは,学生のタイプに合わせた橋本メソッド活用法について考えてみたい。『大学の教育力―何を教え,何を学ぶか』(金子,2007)で,金子元久は,「大学教育の射程と学生」の図の中で,学生を二つの軸で分類している(図10-1)。タテ軸は,学生が,大学の側から見て学生が教育の射程に入るか,つまり大学側の教育の論理と合致するか,ヨコ軸は,学生の自己・社会認識の確立の度合である。このタテ軸とヨコ軸により,学生が4つのタイプに分類される。金子によれば学生は次の4カテゴリーに分類できる。

　①高同調型：自分について自信をもち,将来の展望が明確で,大学教育側の意図と学生の将来展望が一致している

　②限定同調型：学生の自己・社会意識の確立度は高いが,そこから生じる「かまえ」と大学教育の意図が必ずしも一致していない

　③受容型：自己認識や将来への展望は必ずしも明らかでなく,大学教育がめざすものが自分にとってどのような意味をもつかは不明確であるが,不明確であるからこそ,とりあえず大学教育に期待し,その要求に進んでしたがおうとする

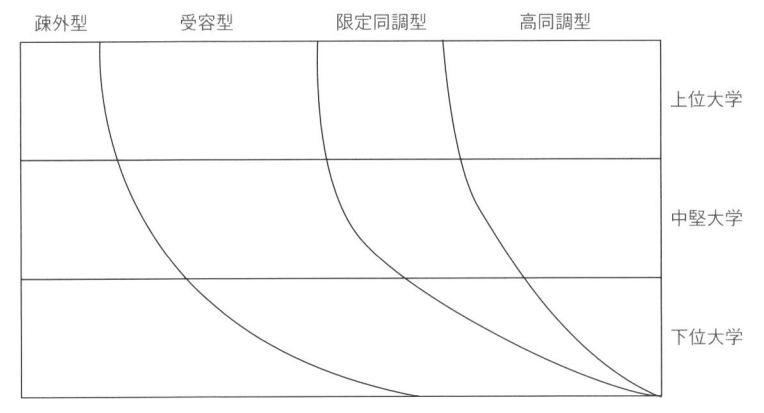

図 10-2 大学のレベルと金子の学生 4 類型の相対的比率

④疎外型：自己・社会認識が未確立で，大学教育の意図との適合度も低い，したがって授業に興味がもてない

　金子はこの 4 類型のうち，高同調型は東京大学においても 3 割に満たず，各種の調査の結果でも多くないとし，その一方で，受容型と疎外型は少なくないし，増加していると指摘している。金子の 4 つのタイプの学生は，大学のレベルによって分布の状況が大きく異なると考えられる。

　4 つのタイプの学生のうち，高同調型，限定同調型，受容型が大部分を構成し，若干の疎外型が存在する上位大学では，橋本メソッドは，岡山大学での実践通り活用できるはずである（図10-2）。一般教養科目はもちろん，上位大学では専門分野においても活用できると考える。木野茂が立命館大学で実践している「多人数双方向型授業」や大門正幸が名古屋大学で実践している「全員先生方式」が成果を上げていることからもたしかである（☞ 11，12 章）。

　上位大学よりは少ないが高同調型，限定同調型も存在し，多くが受容型で，ある程度の疎外型が混在する中堅大学では，上位大学とは違い，学生が自ら資料を集め，研究しエントリーする主体的な学びを身につけていない場合には，シラバスの中に参考文献を紹介し，それをベースに橋本メソッドを運用することができるはずである。上位大学同様，一般教育科目でも専門科目でも活用できるはずである。大門の中部大学での「全員先生方式」の成果が橋本メソッドの成果を期待させる（☞ 12 章）。

上位大学，中堅大学では，橋本メソッドは，岡山大学の実践とほぼ同じかたちで活用できるはずであるが，下位大学での橋本メソッドにはいくつかの越えなければならないハードルが存在する。下位大学の学生の大半を占めるのは疎外型そして少数の受容型である。そして若干の限定同調型，高同調型はほぼ皆無に等しい。疎外型と少数の受容型の学生には，主体的な学びへの動機づけがまず必要であり，橋本メソッドの核となっているエントリーの提出へのサポートが不可欠である。中堅大学の場合は，シラバスに参考文献を示すだけで十分かもしれないが，下位大学の学生にはテキストを与えて，エントリーさせるくらいでないと橋本メソッドは機能しないはずである。さらになんとかエントリーまでたどり着いても，発表が発表とならないことが予想される。下位大学の学生の類型に合わせ橋本メソッドを修正しながら，2回のエントリーを軸にまず座学をさせて知識をつけさせることを目標にするならば，一般教養科目や基礎導入科目のような科目での導入が望ましい。知識が不足している下位大学の学生には，橋本メソッドを導入した専門科目でのエントリーは，ぬかに釘状態になってしまい，理解できない内容の連続になってしまう可能性が高い。

4 橋本メソッドの初めての導入

　橋本メソッドに出会う前に，自分なりに授業のPower Point化，Webクイズ，携帯による毎回の授業アンケートなどICT活用による授業改善を行っていた。ICTの活用で，授業の運営は，スマートになったように感じていたものの，学生の主体的な学びは引き出せておらず，今まで注目していなかったアナログ方式を新たに導入することで活路を見出せればと考えた。余談になるが，某大学情報教育協会でのIT活用教育方法研究発表会の発表題目に，橋本メソッドを入れたところ，運営委員会から「橋本メソッド」は一般に普及している用語と認識できなかったので，削除し題名の修正を求める旨の要請が来て，IT活用による授業改善を進めている人には認知されていないメソッドであることが改めてわかった。

　橋本との出会いから1年間の間に，何度か岡山大学に足を運び，橋本の授業実践を参観した。一番の衝撃は，受講生の笑顔であった。どのような授業をす

れば，学生は彼らのように笑顔で教室に来てくれるのだろうか。あらかじめ選んだテーマのレジュメに基づき，発表するチーム，彼らに浴びせられる質問そして応答，はたして同じようなことが自分の大学でもできるのだろうか。試行錯誤の末，2006年度に初めて橋本メソッドの導入の試みを，「政治学の基礎」という1年次の基礎導入科目で行った。前年度までにICTを活用した授業改善を進め，これ以上のICTを活用した改善に限界を感じていたことが導入のきっかけになった。『はじめて出会う政治学 新版』(北山・真渕・久米, 2005)をテキストに，前期週2コマの授業に臨む1年生たちは，岡山大学の学生のように橋本メソッドの授業についてきてくれるのだろうか。前年度までの学生はノートを取るのもままならなかったことを考えると彼らにとってハードルはかなり高い。そこで橋本メソッドを学生のレベルに合わせて導入することにした。

橋本メソッドでは，学生たちがチームを作り，与えられたテーマのうちから二つのテーマを選びエントリーをして発表のスポットを競う。岡山大学の学生は，テーマについて，自ら調べエントリーを行うわけであるが，はたして学生が何も資料がない状態でテーマについてまとめることができるかが問題であった。また「政治学の基礎」という大学1年次の基礎導入科目の性格上，授業の中で最低限の基礎知識の修得をめざさなければならない。この点で，岡山大学の「新・情報文化論」のように一般教育科目として内容の幅の許容度が広いものとは異なる点を考慮しなければならなかった。

毎週2回の講義でテキストの章をカバーする授業で，初年次教育の要素を鑑み，各チームに，テキストから関心のある二つの章を選んでもらい，授業終了後に，担当の章の内容を授業とテキストをもとにまとめてエントリーしてもらうことにした。授業のノートはもちろんテキストも読んでもらえるように，概念や難しい理論が先行しないテキストを使用した。『はじめて出会う政治学 新版』は，全く政治学の知識のない学生にも親しみやすい事例から始まり，政治学の概念・理論を説明する新しいタイプの試みの教科書である。はしがきによれば，「どのような話題からはじめれば，高校を出たばかりの学生たちを政治学の講義に引き込めるのだろうか。話題をどのように発展させれば，取っつきにくい専門用語を身近に感じさせることができるのだろうか。こんなことを考え，話し合いながらこのテキストを書いた」と記されている(北山他, 2005)。章

表10-1 『はじめて出会う政治学　新版』の目次

第1章　組織された集団	第7章　国会
1．鉄の三角同盟	1．国会は審議するだけの場ではない？
2．少数者が支配する？：多元的民主主義	2．国会の影響力
第2章　官と民の関係	第8章　内閣と総理大臣
1．規制緩和で何が変わったか？	1．総理大臣と大統領
2．市場の失敗・政府の失敗	2．総理大臣の影響力
第3章　大企業と政治	第9章　官僚
1．大企業が政治を支配している？	1．大臣と官僚，どっちが偉い？
2．大企業の構造的な影響力と政治的紛争	2．キャリア官僚のキャリア
第4章　選挙と政治	第10章　冷戦の終わり
1．政策で選ぼう？	1．戦後の国際環境
2．政策に代わる手がかりは？	2．日本の対外政策
第5章　地方分権	第11章　経済交渉
1．自治体の2つの役割がある	1．日本はアメリカの敵国か？
2．国と地方の相互依存	2．経済交渉の行われ方
第6章　マスメディア	第12章　国境を越える政治
1．マスメディアは政治を動かす？	1．ビリヤードゲームのような国際政治
2．マスメディアは誰の味方か？	2．裸になる国家

立てをご覧いただければおわかりになるように，ある程度基礎知識がある学生にとっても，参考書として指定すればエントリーに取り組みやすくなるテキストである。

　テキストを指定し，エントリーさせる点で橋本メソッドの理念型に修正を加えただけでなく，チーム作りにも工夫をした。1年次初めての授業であることから，右も左もわからない新入生が，お互いに責任をもってエントリーをするチームをすぐ作るのは難しいと考えた。そこで橋本メソッドでは，3,4人が基本であるが，初年次導入演習の演習Ⅰのクラス（15名程度）をベースに二つのチームを作ることにより，演習Ⅰの時間でもチームで相談や打ち合わせができるような仕掛けを試みた。

　こうして初めて導入した橋本メソッドによる「政治学の基礎」は，どのチームも2回の所定のエントリーをこなし，3分の2以上の出席をし，シャトルカードによるコミュニケーションで，70名ほどの学生の顔がはっきり見えてきて，今までの授業よりはるかに充実したものとなった。エントリーやWebクイズにより，今までの講義方式の授業より学生ははるかに時間をかけて授業に取り組んだ。しかし，橋本メソッドを学生のレベルに合わせたことによる弊害も生

じてしまった。エントリーをいかにしたら事前に提出させるようにできるのか，そのためにはどのような仕掛けをすればよいのか。そして，チームを自主的に作らせるのではなく，演習Ⅰをベースにして作った結果，1チームの人数が，橋本メソッドの前提となっている3，4名の倍以上の7，8名になってしまい，エントリーにほとんど参画せずグループ得点だけ獲得するフリーライダーをチーム内に作ってしまった。この二つの課題の解消が次回導入時の課題となった。

5 橋本メソッド導入　第2フェーズ

　1年生の「政治学の基礎」に初めて橋本メソッドを導入してから，次に導入を試みたのは，2007年度の前期の「国際社会の動き」であった。この授業は，3，4年次が対象で，橋本メソッドの授業を前年度に受けた学生は，2年次になったばかりで，この授業の受講生は，大学生活後半で初めて，橋本メソッドに触れることになった。

　とはいえ2年次後半から専門のゼミが始まっており，エントリーなども，ゼミの発表の延長線上のものであり，比較的スムーズに導入できると考えていた。このクラスでは，エントリーのベースとなるテキストを指定し，原彬久『国際関係学講義　第3版』(原，2005)の章から2章選び，内容をまとめ授業前にエントリーすることとした。チームは，2，3人で1チームを原則としたが，1人や4人というチームもあった。

　実際に授業が進行するにつれ，学生が，「政治学の基礎」の学生より，橋本メソッドにうまくなじめないことが明らかになってきた。まず第一の問題は，テキストを与えて，テキストをベースにまとめてエントリーをすると言っても，もともとそのような課題を演習でも出されていない学生が多いことが判明した。学士力が中教審で話題になるのも，このような現状を憂えているのだろう。第二の問題は，エントリーをして発表までたどり着いても，発表がろくにできない。第三の問題は，シャトルカードの内容であった。

　この事態は，橋本メソッドについて当初抱いていた疑問を現実のものとすることとなった。まず，橋本メソッドは，岡山大学のレベルでこそ活用できる，つまり学生に基礎的学力，やる気があり，そこに橋本というカリスマが登場し，

学生と橋本の間に醸し出されるケミストリーにより橋本メソッドが動くのではないかと改めて感じることになった。Windows Vista が作動するには、それなりのスペックのコンピューターが必要であり、Windows 98 が載っていたマシンに、Vista を載せても動かない。同じ大学というラベルをはられているものの、自ら課題について調べ発表できる学生が主たる大学とテキストを提示してもその内容をまとめることのできない学生が主たる大学では、やはりそれぞれに合った教育手法が存在し、学会や研究会で発表される教育手法についてどんな環境で使用可能なものなのか吟味する必要がある。シャトルカードの内容も、授業とは全く関係ないことばかりで、やはり橋本メソッドは岡山大学以上のレベルの大学でこそ活用できる手法ではないかと考えるようになった。授業評価アンケートの結果を見ても、とりわけ導入の成果を感じるデータは見受けられなかった。

　2回目の導入を終えて、なぜ1年次では一応の成果が上がった橋本メソッドが3年次ではうまく作用しないのだろうかと振り返る中で、橋本メソッドを下位大学でも活用可能にするには、クリアしなければならないいくつかの条件があるのではないかと考えるようになった。まず、大学入学時から橋本メソッドを使った授業に触れさせて、学生たちが大学の授業とはという既成概念を形作る前に、習うより慣れろで導入してしまうことである。3年次まで進んでしまうと、「大学の授業は、だいたいこんなものだ」という認識ができてしまい、突然、新しいかたちの授業形態に遭遇しても、いずれ学期は終了し、また元に戻るとタカをくくってしまうのではないだろうか。第二に、「政治学の基礎」で使用したテキストと違い、「国際社会の動き」のテキストは、他大学でも「国際関係論の基礎」に頻繁に使われるレベルのもので、まとめる作業自体、学生にとって難しすぎたのではないか。高校で、公民や現代社会も受講していない学生にとって、突然、国際関係と言われてもわからず、さらに一般大学で使用される従来型のテキストを使ってしまったのがネックになったのではないだろうか。この点で、『はじめて出会う政治学　新版』のようなタイプのテキストをベースに橋本メソッドを導入することが重要であることが明らかになった。とはいえ、『はじめて出会う政治学』のようなテキストは、あくまで基礎導入のテキストであり、3年次以降の授業には、より専門的なテキストが求められるので、テキ

ストをやさしくすることでの導入は，授業の目標の達成にプラスにならないのではないかというジレンマも存在する。

6 橋本メソッド導入　第3フェーズ

　橋本メソッドの3回目の導入は，2007年度後期の「世界の政治」であった。前期の「国際社会の動き」で，橋本メソッドの下位大学における導入への課題が見えてきた直後の導入で，前期の反省に基づき，いささかでも軌道修正をと考えたが，テキストは，すでに4月に配布された2007年度の履修ガイドに記載されており，直前での変更は難しく，前期と同様，一般大学向きのテキストをいかに学生に読ませエントリーさせるかが，直近の課題となった。今回テキストとしていたのは，アメリカの大学の初年次の国際関係論の授業（Introduction to International Relations）で非常によく採用されているハーバード大学のジョゼフ・ナイ Jr.の『国際紛争　原書第6版』だった。「国際社会の動き」で使用した『国際関係学講義　第3版』より，国際社会についてより広い視点から歴史を含めて書かれたもので，あまり理論を前面に出してはいなかった。この点で，受講生には読みやすいのではないかと感じられた。

　実際授業が始まると，前期の授業とは違って，エントリーがスムーズで，シャトルカードの内容も授業関連のものが多いことに気がついた。そして発表も前期よりしっかりしているものが多かった。「国際社会の動き」と「世界の政治」の違いは，前者が3，4年次対象なのに対し，後者は，2年次以上が対象だった。橋本メソッドの導入が前期と違ってスムーズに運んだのは，受講生の中に1年次に「政治学の基礎」で橋本メソッドを経験した学生がいたためである。彼らはチームの中でピアサポーター的な役割を果たすと同時に，エントリーから発表にいたる過程で，他のチームの模範となり，他のチームにも，そこから学ぼうという競争心を生み，クラスが活発になった。1年次の右も左もわからないときに，橋本メソッドの授業に触れているので，2年次から受講できる基礎導入科目でも同じ手法が使われていることに違和感をもつことなく適応できたことが，「世界の政治」での橋本メソッドの導入を助けることになった。

　3回目の導入で明らかになったことは，橋本メソッドの導入のタイミングの

重要性である．つまり，できるだけ低年次の授業から導入すること，そしてできるだけ学生が取り組みやすいテキストをベースにエントリーさせることではないかと感じるようになった．

7 橋本メソッドの汎用性

　橋本メソッドを授業に活用し始めて，3年目になる．実際には，岡山大学で橋本が展開する授業ほどの学生の顔の輝きを見るまでにはいたっていないし，シャトルカードの内容や密度も岡山大学で見学したものとは雲泥の差がある．しかし，岡山大学でなくても橋本メソッドは，修正すれば活用できるのではないかというのが，過去2年間にわたり橋本メソッドを導入してみた結論である．ただこれはあくまでも，とりわけ下位大学では，いくつかの条件が整って初めて可能なことである．同時に橋本メソッドで授業を進める中で，見えてくる問題もある．今年度の授業では，テキストをベースにして，エントリーをするシステムを踏襲したが，テキストのテーマをWikipediaで検索して，テキストを読んでまとめたかのようにエントリーをしたチームが2組あった．加えて2回のうち1度しかエントリーできない，あるいは全くエントリーできず消えていくチームの増加，2度のエントリーで2度とも発表まで行き他のチームの模範になったチームの中に潜んでいたフリーライダーと他のメンバーとの確執への対応や，内容のないシャトルカードの記述をどうしたら充実したものにできるのかといったことが課題として浮上してきた．

　授業の後に積み上げられるシャトルカードを見て，このシャトルカードに費やす労力はいずれ実を結ぶと，黙々と300枚強のシャトルカードをいつも持ち歩く橋本の姿を想像しながら，私こと八五郎は，橋本こと「天災」の紅羅坊名丸の教えを守ったら何かよいことがあるのではと努力する日々である．たしかに一方的な授業よりはるかに学生の顔・考え方・人間性が橋本メソッド導入以来見えてきた気がする．橋本メソッドは，ある意味，木野の「多人数双方向型授業」（☞11章）と大門の「全員先生方式」（☞12章）の要素を含んだ総括的なメソッドである．日本のさまざまなレベルの大学でいろいろな授業実践がなされ，それらの実践例について発表・討論する場ができ，学生の主体的学びの推進に

より，教育力の向上をめざすメソッドが，より多くの日本の大学で受け入れられる日が来ることに期待したい。

注
1)『MacPOWER』2005年12月号から2006年4月号まで連載された「ミヤケマイの「温故恥新」」の「温故恥新」について，ミヤケマイ氏自身による解題（ミヤケマイ氏からの2007年1月13日付メール）．
2) 第7章の注3)を参照．

文　献
原　彬久（2005）国際関係学講義　第3版　有斐閣
橋本　勝・マヒト（1996）七芒星―小説　情報文化論入門　大学教育出版
橋本　勝・マヒト（1999）七芒星 II―情報文化論から総合学習へ　大学教育出版
池田香代子〔再話〕　ラミス，D. C.〔対訳〕（2001）世界がもし100人の村だったら　マガジンハウス
金子元久（2007）大学の教育力―何を教え，何を学ぶか　筑摩書房
北山俊哉・真渕　勝・久米郁男（2003）はじめて出会う政治学　新版　有斐閣
Lantis, J. S., Kuzma, L. M., & Boehrer, J.（2000）*The New International Studies Classroom*. Boulder, CO : Lynn Rinner Publishers.
松下佳代（2008）主体的な学びの原点　大学教育学会2008年度課題研究集会要旨集，16-17
溝上慎一（2006）カリキュラム概念の整理とカリキュラムを見る視点―アクティブ・ラーニングの検討に向けて　京都大学高等教育研究，**12**, 153-162.
溝上慎一（2007）アクティブ・ラーニング導入の実践的課題　名古屋高等教育研究，**7**, 269-287.
ナイ，J. S. Jr.　田中明彦・村田晃嗣〔訳〕（2007）国際紛争―理論と歴史　原書第6版　有斐閣（Nye, J. S., Jr（2007）*Understanding International Conflicts; An Introduction to Theory and History*, 6th ed. New York : Longman.）
山口裕美（2005）*The Power of Japanese Contemporary Art*, アスキー, pp. 20-23, pp. 142-143
読売新聞（2008a）［日本の知力］第3部 大学で考える（6）「型」体得　学習の原点　4月28日
読売新聞（2008b）私大の半数　定員割れ　7月31日

11 学生とともに作る授業
——多人数双方向型授業への誘い

木野 茂

1 はじめに

　本章で言う双方向型授業とは，学生が授業を受け身で受けるのではなく，自分たち授業に参加しているのだという実感を抱かせることにより，学生に自発的な学習のきっかけを与え，自分の頭で考えることのできる学生を育てるような授業のことである。同じような目的から，アメリカでは1990年頃から学生が協同して取り組むような授業を行うことが効果的であるとして「協同（共同）学習」（ジョンソン他，2001；デイビス，2002）が提唱され，実践されてきた。

　わが国でも1991年の大学設置基準の大綱化以後の流れの中で，同じようなグループ学習や学生参加型授業の取り組みが始まった（浅野，1994；赤堀，1997；阿部他，1998）。しかし，実際の実践例の多くは演習・実験・教職・体育などの授業や少人数の講義クラスで，多人数の講義系の授業ではまだ授業実践の報告例も少ない（杉江他，2004；木野，2005；橋本，2006）。

　ここでは，私が1994年から開発・実践してきた多人数双方向型授業の実践例について，その後の改善と進化も含めて概説し，誰にでもできる双方向型授業への誘いとしたい。

2 なぜ双方向型授業か？

　多人数での双方向型授業というと，すぐ頭に浮かぶのは教壇からの一方的な講義形式からの脱却であろう。そもそも，実習・演習系の授業なら学生自身が

課題を遂行することが必要であるから，教員は学生の理解度を確かめながら指導しなければならないので，自然と授業は双方向となるが，講義ではその必然性はない。学習は学生の自己責任ということで，学習の成果は授業の最後に試験かレポートで確かめるのが一般的であった。さらに，講義系の授業では比較的学生数が多いので，学生数が多くなるほど双方向が難しくなるという事情もこれに輪をかけた。その結果，大学での多人数講義系授業は長い間，教壇からの知識伝授型一方通行の授業形式に終始してきた。

ところで，この一方通行の講義型授業から脱却し，双方向型授業をめざす理由は何であろうか。

それは第一に，学生に日常的な学習を行わせるためである。最後の試験かレポートの直前になって初めて学習するようでは，試験対策型の学習はできても毎回の講義内容を深く理解し，応用力をつけることはとうていできない。

第二は，学生に自分で考える力をつけさせるためである。教壇からの一方通行の授業では，講義内容を理解するのが精一杯で，それをいかに考察しても議論をする場がなければ考える力を向上させることはできない。

第三は，学生に自分も授業に参加しているという実感をもたせるためである。出席を取らない授業では学生の出席率は必然的に低いが，逆に出席を取る授業では出席するだけに終わり，学習意欲の低い学生が目立つ。自分も何らかのかたちで授業に参加していると気づけば自然と学習意欲は湧いてくる。

第四は，授業を楽しくするためである。一方通行の授業では，授業が楽しいかどうかは担当教員の力量にもよるが，一般的には受け身の授業に積極的に反応する学生は少ない。しかし，双方向型授業では学生の自主性を引き出すことが基本なので，授業が楽しくなったという学生が増えてくる。

第五は，教員自身にとっても授業が楽しくなることである。そもそも授業は教員の責務であるが，研究やその他の業務と並行して授業をもつことは時間的にかなりの負担であることは否めない。さらに，教員評価が研究業績にかたよっている現状では授業を義務的にこなしている教員も多い。しかし，双方向型授業では学生とのコミュニケーションから刺激を受け，教員自身も授業が楽しくなるのである。

3 多人数の双方向型授業を開発する
——大阪市立大学での実践例

　私がこのような双方向型授業をめざすようになった背景には，1966年に私が大阪市立大学の教員として授業をもつようになってから，長い間，自分がやりたい授業を自由にもつことができないという旧教育課程制度による制約があった。特に，当時の大学設置基準による開講授業科目の指定，教養課程と専門課程の学年分離，教養教育担当教員の固定は，各大学による自由なカリキュラムの改訂を許さず，授業内容のマンネリ化と出席率の低下に象徴される大学教育の空洞化を進行させていた。

　1968, 9年に起こった学生による全国学園闘争は，そのような大学教育への不満が土壌となっていたが，国も大学もこれを大学改革への契機とすることなく，旧体制の維持に走った。このとき，私は大学教育の中で公害や平和や差別や人権のような重大な社会的問題が取り上げられないことに納得することができず，私が最も関心を抱いた公害問題をテーマに1983年から自主講座を立ち上げることにした。関心をもつ学生たちと一緒に年間の講座計画を立て，その概要を学内に情宣し，自分たちで講座と交流会を運営し，その記録を作るという作業は，今風に言えば，シラバスの作成からオフィスアワーの実施，ポートフォリオの作成などを自主的に行っていたとも言える。単位とは関係がないので，関心のある学生だけの参加であったが，その分，講座は一方通行ではなく常に参加者同士の双方向に発展した。

　一方，この間に日本の大学教育改革の動きもようやく活発になり，1991年の大学審議会答申を受けて大学設置基準も改定され，開講授業科目は自由化され，教養課程と専門課程の分離は廃止され，教養教育は全学の責任で実施されることとなった。大阪市立大学でもこれを受けて1994年から新教育課程に移行したが，私はそのための検討委員会から参加し，1994年以後は全学共通教育の執行部を担う立場になったこともあり，念願の双方向型授業を開発し実践する機会に恵まれることとなった。

　大阪市立大学で開発した5つの双方向型授業については（木野, 2005）に詳しいが，そのうち実験を取り入れた授業，ゼミナール授業，および集中講義の3

例については，もともと双方向の要素をもっているので省略し，多人数講義系授業の2例について簡単に概要を紹介しておく。

3.1 講義型授業をどこまで双方向にできるかに挑戦

前述したように，私は1983年以来，公害をテーマにした自主講座を続けていたが，新教育課程の全学共通教育（教養教育）のために，これをベースに正規の授業科目として1994年から「公害と科学」という授業を開講した。

しかし，自主講座をもとにしたと言っても授業自体はほとんどが講義形式なので，教室では一般の授業と大差はない。そこで，授業を少しでも双方向型にしたいと思って開発したのは，受講生による討論劇を授業の中に挟む試みであった。「公害と差別」というテーマの授業のときに，チェルノブイリ原発事故の後，日本の反原発市民運動の人たちと障害者の間で行われた議論をもとに作った「いらないのは原発？ それとも障害者？」という台本の討論劇（約20分）を6人の学生に演じてもらうのである。最初の授業の際に役者を募集し，何回か練習してもらうのであるが，役者が集まるのかとの不安は杞憂（きゆう）であった。もちろん，劇を行わずとも講義で内容をすますことは可能であったが，クラスメイトが演じるということで，この授業への学生の集中度が一段と高まったことは言うまでもない。

とはいえ，その他のほとんどの授業は講義形式であり，出席者も100人程度いるので，教室の中での双方向性には限界がある。そこで，この授業を双方向にするために工夫したのは，授業直後の学生の「なんでもカード」とそれに対する私のコメントを編集した「Communication Space」（コミスペ）であり，それを毎回の授業プリント（授業週刊誌）に掲載した。この目的の第一は，一人ひとりの学生の質疑に対する私の応答を公開することで，全員の理解度を高めることである。第二は，授業内容に対するクラスメイトの感想や意見をお互いに知ることで，幅広い視野と考え方を身につけることである。さらに，お互いの意見を知るだけでなく，ぜひ意見交換もしようと呼びかけた結果，有意義なやりとりが続いたこともある。しかし，直接の対話と違って時間差のある紙面でのやりとりには限界もあった。ともあれ，このコミスペはこの授業での「顔」となり，教室に来た学生はまずコミスペから読み始めるのが習慣となったほど

である.

　さらにこの授業では,コミスペでは物足りない直接の対話を実現するため,授業終了後,交歓会と名づけたオフィスアワーを30分から1時間程度行うことにした.参加者は毎回10人から20人くらいではあったが,交歓会での学生からの感想や意見は授業アンケートでの自由記述に比べればはるかに授業の進め方の参考になった.

■ 3.2　講義型でない双方向型授業の開発

　前述の授業例は普通の講義型授業をどこまで双方向にできるかを追求した授業であるが,一般に授業時間のほとんどが講義形式の授業では,授業を双方向にするといっても限界がある.

　そこで,それならいっそ講義型をやめて,双方向に重点をおいた新しい授業形式ができないかということで開発したのが2002年から開講した「ドキュメンタリー・環境と生命」[1)](木野,2004)という全学共通科目である.環境問題は私の専門分野であるが,それを講義で展開する授業はすでに前述の「公害と科学」で行っているので,この授業では私にとっても新しいホットな問題を取り上げ,それを学生とともに考える授業にできないかと考えたのである.

　毎回,授業の前半はドキュメンタリーを全員で鑑賞するが,この作品の選定だけは私の責任で行う.選定の基準は,最近社会問題になったテーマであることと,問題提起型の内容をもっていることである.学生は作品の内容をノートして帰り,ドキュメンタリーから問題を見つけ,自分で考えた意見を400字程度にしてクラスのメーリングリストに投稿する.投稿された意見は全員に配信されるので,学生は翌週までに全員の意見を読んでくる.

　最近の学生は400字程度のメールを打つことには慣れているが,感想文ではなく問題を見つけて自分の意見をまとめるとなると考えることが必要となり,その考察力の差は読めばすぐわかる.そこで,全員の意見を読むことと優れた意見を選ぶことにも慣れさせるため,翌週の出席時にベスト意見の投票を行うことにした.また,投票の意欲を高めるため,ベスト意見に選ばれた人をみんなで表彰するというアトラクションも取り入れた.

　授業の後半はドキュメンタリーを題材にして全員でディスカッションするの

であるが，このとき，直前に観たドキュメンタリーについて行うか，前の週のドキュメンタリーについて行うかで，ディスカッションの様子はかなり異なる。前者の場合は鑑賞直後であるから発言は活発になるが，内容は感想が多く，議論の深まりは少ない。後者の場合はメーリングリストを読んでいるだけに議論のレベルは上がるが，発言は少なくなる。両方を試した結果，前者の方が発言を引き出しやすく，教室でのディスカッションをふまえて投稿するのでメーリングリストのレベルも上がり，よいように思う。

学生の反応は，授業を受けている他の人の意見を知ることができるのがよかったというのが代表的で，このことからも教員とだけではなく学生同士の双方向が実現できていることがわかる。

4 多人数双方向型授業の進化をめざして
——立命館大学での実践例

私は2005年から立命館大学に移ったので，大阪市立大学で開発した授業も順次，立命館大学で開講するとともに，双方向型授業のさらなる進化をめざして新しい試みを続けている。ここでは，三つの試みについて紹介する。

■ 4.1　150人の授業でディベート大会

大阪市立大学で開発した講義型双方向授業「公害と科学」は立命館大学では「現代環境論」という科目名で開講したが，このとき講じた新たな試みはディベート授業の導入である。目的は学生の能動的な学習と授業への参加を教室の中でもっと実現したいと思ったからである。

ディベートのテーマは地球温暖化問題に関連したもので，現に議論の分かれているものから二つ取り上げている。たとえば，京都議定書で導入されたCO_2の排出量取引に対する賛否や，温暖化対策のための原発推進に対する賛否などである。

ディベートの1チームの人数は5-6人とし，チーム分けは学生の希望を第3希望まで取った上で私が調整をして決めた。この授業の出席者は150人ほどいるため，チーム数は28にも上るが，どのチームにも上回生を入れておくと自然

```
        ディベート（テーマ１の場合）
    賛成チームから立論2分→反論2分（相談込み）
      →答弁90秒（相談込み）→再反論90秒（相談込み）
    反対チームから立論2分→反論2分（相談込み）
      →答弁90秒（相談込み）→再反論90秒（相談込み）

    司会とタイムキーパー：テーマ2のチーム代表
    判定：テーマ2の賛成チーム＋反対チーム
```

図11-1　ディベートの進め方

にチーム代表としてリーダーシップを発揮してくれる。

　ディベートの準備のためのグループワークは2回の授業の後半分をあてている。各チームとも文献やインターネットによる調査をメンバーで分担させ，それをもちよってディベートの準備を進めさせる。教室でのミーティングだけでは足らないと授業時間外に自主的に集まるチームも多い。本番までに立論レジュメ（A4判1ページ）を提出させ，そのレジュメ集はディベート当日に配布する。

　ディベート本番はセメスターの中ごろであるが，ディベートの進め方は図11-1に示す通りで，この後，テーマ2のディベートを同じ要領で行う。当日はまずテーマ1と2の賛否各1チームの計4チームで予選グループを構成し，予選グループごとに分かれて予選を行う。本選進出チームは各テーマの賛否ごとに予選で最も票数が多かったチームとし，テーマ1と2の本選は全員の前で行う。

　ディベートのそれぞれの持ち時間はかなり短いが，これは90分の授業時間内に全員参加で行うためにはやむをえない。もっと時間がほしいという学生は多いが，制限された時間内に発言をまとめることも将来役に立つ訓練でもあるというとたいていの学生は納得してくれる。立論以外は事前の準備とチームワークの良さが問われる場面である。判定は自分がする側にもされる側にも回るので，結構厳しいようであるが，ディベート後の小レポートでは「本選のチームはどちらも納得するような内容でさすがだと思いました」と書かれていた。

　この授業ではディベートを導入することで，学生が自分で主体的に学習することを実践し，チームメンバーと協力しながら進めるグループワークの仕方を身につけ，感情的な主張だけではなく論理的に根拠をもって他人を説得できる

図 11-2　ディベート（本選）風景

力をつけ，さらに自分の意見を主張するだけでなく他の人の意見も知ることで多角的な視点をもつことを目標としている。これに関しても，小レポートには「普段学ぶ機会がないことでも，ディベートという場が与えられたことによって自ら学び，深めることが楽しかった」「準備をするのは大変だったけど，新しい知らない分野についてわかるようになり，さらに自分の意見を言うようになり，本当に良かったです」「ディベートのために何度も集まり，知識を深めたり話し合ったことが，すごく自分のためになったと思います」などと書かれており，私にとっても普段の授業より大変ではあったが，予想以上の効果があったと確信している。

■ 4.2　電子掲示板を活用してディスカッション

　大阪市立大学の授業では授業に対する質疑や意見交換のために「なんでもカード」と名づけたコミュニケーション・カードを使い，それに対するコメントを付けて編集した「コミスペ」をプリントで配布した。これはこれで学生には好評であったが，私にはいくつか不満があった。

　一つは授業をした日の「コミスペ」が1週間後の授業日まで学生に渡せないという時間差である。翌週の授業中に読む学生が多いが，その日の授業を聞きながらというのはいただけない。できるだけ早く「コミスペ」を作り，学生に

取りに来させるというのも原理的にはありうるが、カードをワープロに入力してコメントを書き、編集して印刷するという手間を考えれば、実際には不可能に近い。

　もう一つは、学生同士のやりとりができないことである。1週間後の「コミスペ」を読んでから意見を書く学生もたまにはいるが、1週間という時間差のやりとりはストレスがたまる。

　メーリングリストというのも考えたが、多人数になると投稿順に送られてくるメールを整理するのが大変で、読むだけならよいがディスカッションには不向きである。

　しかし、さいわいなことに立命館大学では2002年度より全授業にコースツール（Web CT）が準備されており、ディスカッション用の電子掲示板（Bulletin Board System, 以下BBSと略記）が使えるようになっていた。そこで、立命館大学での「現代環境論」の授業ではカードではなくBBSを使うことにした。

　もっとも、カードのときはプリントで配布されるので、読むか読まないかは別としても全員に行き渡るが、BBSの場合は学生自身がコースツールにアクセスしないと読めない。しかし、立命館大学ではコースツールは授業用のツールと定められており、BBS以外にも「連絡事項」「授業用レジュメ掲載」「小テスト」「課題レポート」などの機能があり、学生はIDとパスワードでログインできるようになっているので、教員から指示されたときはアクセスしなければならない。

　「現代環境論」では、授業に対する質問はできるだけ授業後に教室で直接聞きにくるようにして、BBSには感想や意見を書き込むように指導している。さらに、カードのときのように私が一々コメントするのではなく、BBSは文字通りディスカッションの場として受講生同士が意見を交換するよう求めた。この点、BBS上では「返信」として書き込めばメッセージ一覧がスレッド化されて表示されるので非常に便利である。

　図11-3は4.1で紹介した「現代環境論」のディベートに対する書き込みタイトル一覧の一部であるが、授業日の5/30から書き込みが始まっている。メッセージの表示はスレッド化されており、└は返信の印である。カードではできなかった授業後の学生間のディスカッションがBBSではいきいきとして弾ん

```
トピックス「地球温暖化問題のディベート」を終えて
ディベートお疲れ様でした              NY    5/30
良い経験になりました                  YA    5/31
ありがとうございました                AM    6/1
ディベートを通して                    IK    6/1
ディベートを終えて                    IN    6/1
ディベートの意義                      IA    6/1
有意義な時間                          FM    6/1
  └排出権取引                        SR    6/5
こんな多人数の授業でディベート？      木野   6/1
  └今回のディベートについて          IK    6/1
  └ディベートの感想                  KM    6/3
  └勉強になりました                  SK    6/3
  └ディベートに関して                AM    6/13
    └生徒ではなく「大学生」としての自覚を  木野  6/15
大変だった3：楽しかった6：悔しかった1  MK    6/2
  └はじめまして                      MY    6/3
      ・・・・・・(続く)・・・・・
```

図11-3　BBSの例

でいることがわかる。

　またBBSでは教員が不適当と思われるメッセージがあった場合は削除したり，授業からあまり長い間書き込みを可能にしておくのも望ましくないときは学生の書き込みをロックしたりすることができるので，ディスカッションの管理にも便利である。

　さらにコースツールには学習管理システム（LMS：Learning Management System, ☞15章）がついており，学生ごとに，セッション数，合計時間，メッセージの投稿数および既読数などが記録されているので，これを利用すれば学生のディスカッションへの参加度もわかる。「現代環境論」ではBBSでのディスカッションへの参加度を平常点評価の対象にもすることをあらかじめシラバスで明示しているが，授業終了後に成績をまとめる際にはこのLMSのデータは非常に便利である。

最後に，成績評価の一部にもするという動機づけだけで書き込みが活発になったわけでないことを付け加えておきたい。「現代環境論」の学生たちの「授業を受けて」のトピックスへの書き込みには，「Web 上の書き込みでさまざまな人の考えを知ることができて良かったです。鋭い指摘もあり，多角的に授業について考えることができました」「Web CT でのディスカッションはより深く，深く学ぶのにとても効果的だと思います」とあり，動機づけは最初に学生たちの背中を押しただけであることがわかる。

■ 4.3　150 人の授業でグループ研究

立命館大学でさらに新しく始めた双方向型授業の試みは，グループ研究を授業の中に取り入れることである。すでに述べたようにグループ学習や協同学習が学生の能動的な学習を引き出すのに有効であることは指摘されていたが，その実践例の多くは 50 人以下の小クラスであり，授業科目も演習系が多く，100 人を超える多人数の講義系授業ではまだ少なかった。

そこで，私が担当した「科学的な見方・考え方」という科目の 150 人くらいのクラスで実践してみることにした。

実際の授業計画は，グループでテーマ研究を行い，その結果を教室で発表し，全員から質疑を受けるというものである。テーマは，教科書（木野, 2001）の全 11 章から関心の深い一つの章を選択し，その章の内容に関連していて，かつ教科書が取り上げていない事例を探すというもので，単なる調べものに終わらないために，研究テーマは必ず「……か？」という問題提起型のスタイルにするように指示した。

グループ分けは，まず各章ごとに学生の希望を聞いて人数調整をした上で，各章の大グループ内でテーマを話し合い，最終的には 7-8 人ずつ 20 の小グループに分けた。各小グループでは研究テーマのタイトルを決めるのが一苦労で，メンバーで分担して調査を行い，相談した案を私に報告するのであるが，調べものに終わらないか，テーマの問いと出したい答えがはっきりしているかのチェックポイントをクリアするまでには何回かの関門がある。この間のグループミーティングおよび私への報告と相談がこの授業を双方向型にする第一歩である。

図11-4　グループワークの様子

　こうして決まった研究テーマをいくつか紹介すると，たとえば「エコバッグは本当に必要なのか？」「なぜ今頃アスベストが騒がれるようになったのか？」「世界の食糧不足が進むと日本はどうなるのか？」「もしあなたがミートホープの社員だったら内部告発できますか？」「生殖医療において生まれてくる子どもに，自分の出自を知る権利を認めるか否か？」などで，実に多彩であった。

　グループ研究の発表には10回の授業日をあて，1回の授業時間で2グループずつとし，発表レジュメ（A4判4ページ）は事前に提出させ，当日配布した。発表はメンバー全員で行うこととし，発表時間は15分で，その後15分間は出席者からの質疑を受け，応答することとした。質疑は少ないときも多いときもあるが，15分間を厳守させた。このときの司会およびタイムキーパーと質疑の際のマイク係はすべて次回の発表グループ代表が行うこととし，学生による自主的な運営により学生が自分たちで授業を作っているという実感を高めるようにした。なお，質疑に際しては質問者にメモカード（Q&Aの内容と質疑の感想）を渡し，質問者は授業後，そのメモをBBSの発表トピックスに書き込むこととした。一方，発表グループは質疑への応答が不十分だと思ったときはBBSで補足回答を行うこととした。これらのグループ発表当日のさまざまな仕掛けは，この授業を双方向型授業として完結させるための工夫である。

　毎回の発表日には，出席者は発表に該当する教科書の章の要約を事前に書い

発表テーマ	
レジュメに対する評価	3　2　1　（理由：
プレゼンに対する評価	3　2　1　（理由：
質疑応答に対する評価	3　2　1　（理由：
評価の合計点	（　　　）点
発表に対するひとこと	

図 11-5　発表に対する評価レポート

てくることが約束で，発表の後，発表内容を教科書の内容と関連させて論じた小レポートを提出させた。さらに各発表に対する評価（レジュメ，発表，質疑に対する3段階評価，およびその理由）と発表に対するひとことを書いた評価レポートも提出させ，これらにより事前学習と当日の授業への集中を図った。

授業を終えての感想の中には，「毎回小レポートがあり大変でしたが，今まで知ってそうで知らなかったことが詳しく理解でき，ためになりました。全ての授業がこういうプレゼン形式だったらきついけど，真新しい形式の授業がたまにあれば授業に行く気になるから良いと思いました。やはり，主体的な授業でないとダメですね」というのもあったが，まさに言いえて妙である。

5　双方向型授業への第一歩はコミュニケーションから

授業を双方向型にするための第一歩は言うまでもなく，教員と学生および学生同士のコミュニケーションを図ることである。コミュニケーションの取り方にはさまざまな方法があるが，まずは日常的に学生に質疑や意見交換の機会を設けることであろう。

ところで，授業におけるコミュニケーションであるが，教員が取っていると思っても，学生が取られていないと感じていればコミュニケーションは成り立っていない。コミュニケーションが成り立っているかどうかは学生に聞くのが一番確かである。

立命館大学では，最近の授業アンケート（木野，2008a）で学生に「この授業では，授業に関する学生の声が，どのような形で集められていましたか」という質問を行い，同時に担当教員にも「授業に関する学生の声をどのように集めていますか」という質問をしている。図 11-6 がその結果であるが，コミュニケー

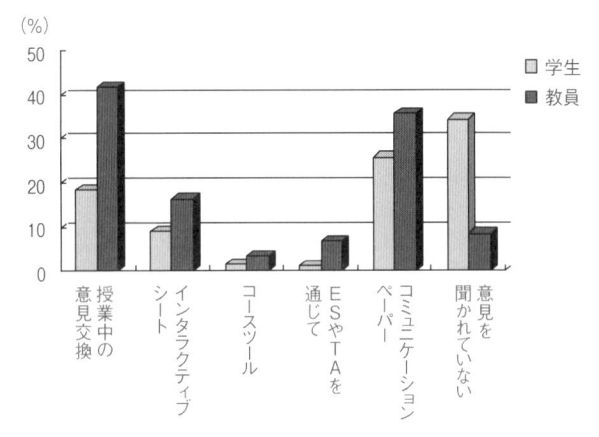

図 11-6 コミュニケーションに関する学生と教員の認識差（2008 年前期・講義系）
インタラクティブシートは中間アンケート，ES は学生の教育サポーターを指す。

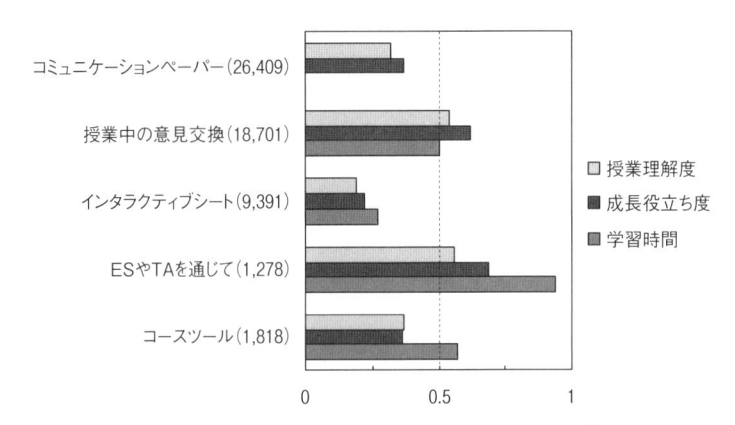

図 11-7 コミュニケーションの授業効果（2008 年前期・講義系）
（　）内の数値は学生回答者数，横軸の数値は「意見を聞かれていない」と答えた学生（35,126 人）の 5 段階評価（1～5 点）平均値との差を示す。

ションについては教員のひとりよがりがいかに大きいかが一目瞭然である。

　授業におけるコミュニケーションがいかに授業効果に影響を及ぼすかは図11-7 を見ていただきたい。授業理解度と成長役立ち度ではコミュニケーションのどの方法でも効果のあることがわかるが，とくに直接のコミュニケーション法である「ES や TA を通じて」と「授業中の意見交換」の方が間接的なコミュニケーション法である「コースツール」と「コミュニケーションペーパー」

よりも高い効果を上げていることが注目される。

一方、学習時間だけは様子が異なり、「コミュニケーションペーパー」は全く効果がないことが特徴的である。学習時間に最も効果的なのは「ESやTAを通じて」で、次いで「コースツール」と「授業中の意見交換」である。コミュニケーションペーパーが学習時間に効果がないのは、学生が教室で書いて提出すれば終わりと感じ、他の場合のように授業後の学習の動機づけにはなっていないからであろう。

「インタラクティブシート」は1回だけの中間アンケートであるから、継続的な他のコミュニケーションに比べて効果が少ないのは当然であろう。

なお、「ESやTAを通じて」と答えた学生が最も高い授業効果を示しているが、「ESやTAを通じて」と答えた学生はESやTAが入っているクラスの学生の6%に過ぎず、クラスの中のごく一部であることに留意する必要がある。

いずれにしろ、一つだけの方法ではなく、複数のコミュニケーション法を組み合わせることによって相乗効果を図ることが望ましい。

さらに、授業コミュニケーションがレポートやテストの成績ともかなりの相関をもっていることもBBSの分析からわかっている。（木野, 2008b）

6 おわりに

双方向型授業の最終目標は、学生が自分も授業に参加していると思えるような授業にすることである。私の授業で行ったような、ディベートやグループワーク、プレゼンテーション、ディスカッションなどを、すべての授業で行う必要もないし、また授業によってはできない科目も多いと思われるが、全15回のうちの1回くらいは講義だけでなく課題を与えて自分たちで考えさせる機会を設ければ、1回の講義よりもはるかに学生の学習意欲を高めることは間違いない。

特に最近の学生は友だち以外の学生と話し合う機会に乏しいので、視野を広げさせることと他の人と協力して物事を進めることができるようにさせるためにも、教養教育の講義系授業においてはぜひ取り入れてほしい。もし講義回数を割くことが難しい場合でも、BBSやメール、ホームページ、コミュニケーシ

ョンペーパーなどを活用して，授業コミュニケーションだけは実行してほしい。

　これから双方向型授業に挑戦してみようという人には，本章で紹介した私の実践例が少しでもヒントになればさいわいであるが，当然のことながら科目によって適不適があるので，ぜひ授業内容に即して創意工夫を試みていただきたい。そして，もっと多くの実践例が交流できるようになることを期待したい。

注
1) 同授業の詳しい実践報告は京都大学高等教育研究開発推進センターの「大学教育ネットワーク」のHPに掲載されている。下記URLを参照のこと〈http://www.online-fd.com/edunet/DB/023.html〉（参照日：2008/12/19）。

文　献
赤堀侃司（1997）ケースブック—大学授業の技法　有斐閣
浅野　誠（1994）大学の授業を変える16章　大月書店
阿部和厚他（1998）＜フォーラム＞大学における学生参加型授業の開発　高等教育ジャーナル, **4**, 45-65.
デイビス, B. G.　香取草之助〔監訳〕（2002）授業の道具箱　東海大学出版会（Davis, B. G.（1993）*Tools for Teaching*. San Francisco, CA : Jossey-Bass.）
橋本　勝（2006）「橋本メソッド」の有効性—学びの主権者の相互集団教育力　2005年度第11回FDフォーラム報告集, 50-51.
ジョンソン, D. W., ジョンソン, R. T., & スミス, K. A.　関田一彦〔監訳〕（2001）学生参加型の大学授業—協同学習への実践ガイド　玉川大学出版部（Johnson, D. W., Johnson R. T., & Smith, K. A.（1991）*Cooperative Learning : increasing college faculty instructional productivity*. Washington, DC : School of Education and Human Development, George Washington University.）
木野　茂〔編著〕（2001）新版 環境と人間—公害に学ぶ　東京教学社
木野　茂（2004）テレビ・ドキュメンタリーとメールを活用した双方向型授業の実験　第3回大学教育研究集会発表論文集　京都大学高等教育研究開発推進センター
木野　茂（2005）大学授業改善の手引き—双方向型授業への誘い　ナカニシヤ出版
木野　茂（2008a）授業アンケートに見るコミュニケーションの効果—改訂された新授業アンケートの結果から　立命館高等教育研究, **8**, 123-145.
木野　茂（2008b）ICT活用授業における学生のICT活用度と成績評価　NIME研究報告, **39**, 104-116.
杉江修治（2004）Ⅰ章　学生の参加を促す多人数授業　杉江修治他〔編著〕大学授業を活性化する方法　玉川大学出版部, pp.9-55.

12 「全員先生」方式

大門正幸

1 はじめに

　大学の講義は何より知的に興奮できる空間であるべきである。筆者はそう考えている。もちろん考えていることとそれを実践できていることとは同義ではない。同義ではないが，知的に興奮できる授業を展開したいと念じ，さまざまな試みを行ってきた。本章で紹介する「全員先生」方式はそのような試みの一つであり，まだまだ道半ばにあるが，現在の段階ではかなり有望ではないかと考えているものである。

2 「全員先生」方式までの道のり

　今から二十数年前のこと，運良く希望の大学に入学を認められた筆者が遭遇した授業，特に一般教養の授業は新入時の志をくじくのに十分であった。たとえば，在校生が発行していた，非公式の『授業ガイド』ではお薦め度ナンバーワンとなっていた経営学関係の授業。教科書からして怪しかった。多くの日本人にとって関わることなど生涯ないと思われる外国の企業，しかもその国の企業が現在変革の時期にあるというのがその本のテーマであった（タイトルもはっきり覚えているが，記載は控えたい）。著者は授業担当の先生であり，「本を書いた偉い先生から直接話が聞ける！」と胸躍らせたのも束の間であった。予習のつもりで目を通してみたが目次からして何が書いてあるのか見当がつかない。少し読み始めたが全く歯が立たない。はたして授業についていけるのか，不安な気

持ちで授業に臨んだ。

　最初の授業は衝撃的であった。先生の声が全く聞こえないのだ。200人ほどの教室であったように記憶しているが，受講生が騒がしいわけではない。それなのに教室の中程に着席していた筆者のところまでは先生の声が全く聞こえてこないのであった。とまどう受講生を前に先生はテキストから目を離すことなく黙々と独演会を続けている。初めて経験する不思議な90分であった。もっとも先生は授業開始時間よりも遅く来て授業終了時間より早く帰るというのが通常だったので，実際にはもっと短い時間だったと思う。

　衝撃の余韻が残る第2週，今度は教壇の真正面の最前列に陣取った。前回の授業で先生の声が聞こえなかったのは座った場所が先生から離れすぎていたのだろうと考えたからである。しかし，今回も結果は同じであった。先生が何を言っているのか全く聞き取れない。出席者の数の激減により声を聞き取るには先週よりも好条件であったにもかかわらずである。これを機に筆者がこの授業への出席をやめたのは言うまでもない。

　しかし，ほどなく，この授業が非公式の『授業ガイド』で高く評価されている理由がわかった。試験では答案用紙に「おいしいカレーの作り方」を書けばよかったからである。最初上級生からそれを聞いたときには半信半疑であったが，自己流のデタラメなカレーの作り方を書いて実際に単位をもらったとき，それが事実であることを知った。

　これは極端な例であるが，当時の，特に一般教養科目の多くは受講生への適切な配慮があったとは言いがたく，筆者を含めた多くの学生が授業に幻滅し，教室の外に「生きがい」を見出そうとした（もっとも，すべての授業に欠かさず出席し好成績を修めるという離れ業をやってのけた仲間もいたので，教員に100パーセント責任があったとは言えないが）。

　このような経験から，大学で教鞭を取るようになって以来，自分が大学時代に経験したような思いを受講生がすることのないような授業を展開したいと願い続けてきた。冒頭で述べた「知的に興奮できる場」，それが大学入学時に筆者が期待していた授業であり今も筆者が理想とする授業である。

　しかしながら，現実の教室内では，目標との乖離は著しかった。まず90分という長い時間，学生の注意を引きつけて話をすることの困難さに直面した。大

学で教鞭を取るようになった三年後の1992年に，私語問題を広く世に知らしめるきっかけとなった荒堀通也の『私語研究序説―現代教育への警鐘』が出ており，当時すでに多くの大学教員が講義の「困難さ」に直面していたことがわかる（荒堀, 1992）。つまり，大学で教鞭を取るようになった筆者は，講義に悩む他の多くの教員と同じ立場に立つことになったのである。

講義に注意を引きつけるには，まず効果的なプレゼンテーションが重要であろうと考え，画像や音声，映像を多用するようになった。またアップル・コンピューターの創業者であるスティーブ・ジョブズの Mac World（新製品の発表会場）におけるキーノートスピーチに触れてからはすっかり彼のプレゼンテーションに魅せられ，何とか彼に近づこうと，スライドや講義内容を入念に準備した上で授業に臨むようになった。

しかし，プレゼンテーションの出来と授業内容の定着とは必ずしも相関関係にあるわけではない。効果的なプレゼンテーションができたと思った授業であっても受講生のテスト結果が芳しくないという場合も多く，学生の理解度を高める工夫についても腐心する必要があった。

まず筆者が多用したのは，授業中，頻繁に指名し質問をすることであった。しかし，これはあまり効果的ではなかった。教員の方は，指名の対象は一人であっても質問自体は全員に発しているつもりでいる。しかし，受講生の多くは指名された一人だけの問題と捉え注意が散漫になりがちである。特に指名された人が即答できないような場合にこの傾向が著しい。なお，この傾向は年々強まっているように感じられる。

次に行ったのは，あらかじめ用紙を配り，質問に対する答えを書かせながら授業を進めていくという方法である。しかし，解答の扱いについて問題が残った。もし誰かを指名すれば，用紙なしで質問した場合と同じような問題が生じる。また教室を回って解答用紙を覗き込み正解を紹介するということをやってみたが，学生が直接発言する場合の効果には遠く及ばないように感じられた。

やがて情報環境が整い，パソコンを使っての授業が可能になると，電子メールを利用して筆者の質問に対する解答を送付させることを試みた。授業で利用した教室では教員のコンピューター画面の提示が可能だったので，この機能を利用し，よせられた解答を皆に見せるということもやってみた。また，この方

法の進化形としてCGI (Common Gateway Interface) を利用したホームページを作成し，電子メールではなくホームページ上で解答を行い，それを一覧表示するということもやってみた。しかし，この方法が円滑に機能するためには学生のタイピング技術が一定のレベルに達していることが必要であり，導入を試みた時点ではまだまだ時期尚早であった。

　そこで教員の質問に対して教員に回答するというスタイルを改め，隣同士でペアを作り，一人がもう一人に答えるという方式を取り入れてみたところ，教室が活性化し，かなり有効な方法であるような感触を得た。これが「全員先生」方式の原型の半分になっている。

　このような試みと平行して行っていたのが，授業での発表である。しかし，うまく機能すればたいへん有効であるはずのこの方法にはいくつもの問題があった。担当者を決めずに当日いきなり発表させるというのはまず不可能である。団体責任は無責任。発表の機会の有無が不明な段階で準備を整えてくる学生に遭遇する確率はかなり低い。しかし，担当者を決めたとしてもそれですべて解決というわけにはいかない。発表当日に欠席する，あるいは発表が間に合わないということがある。しかし最大の問題は，個別に質問した場合同様，当事者意識に関するものである。担当になっていない学生の多くは発表を人ごとと捉え何の準備もせず授業に臨む。さらに，担当学生の発表はいくら質のよいものであっても，経験を積んだ教員の講義にはかなわないから，通常の授業以上に注意が散漫になってしまう。「毎時間，全員が発表できれば理想的なのに……」この発想が「全員先生」方式の原型のもう半分である。

3 「全員先生」方式の概要

　上記のような経緯を経て，有望だと思われた「ペアワーク」と「全員が発表」という方式を融合して生まれたのが「全員先生」方式である。この方式の骨格にあたる部分は図12-1に示す通りである。

　まず，授業で扱う事項のうち，特に重要な部分を「ミニ講義」用として選定する。学生をペアに分け，ペアの一人を「教員」，もう一人を「生徒」と位置づける。選定された箇所について，「教員」役の学生は「生徒」役の学生に対し5

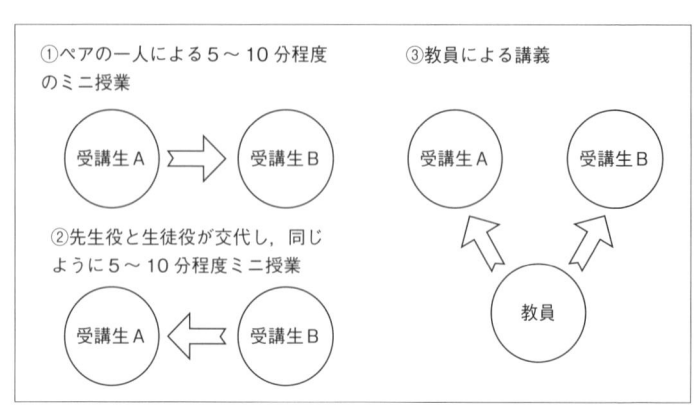

図12-1 「全員先生」方式の骨格部分

〜10分程度の「ミニ講義」を行う。「ミニ講義」終了後，役を交代し，「生徒」役をしていた受講生が「先生」となって「ミニ講義」を行う。これらの作業が終わった後で，教員が40〜60分程度の講義を行う。

　この「全員先生」方式の特色として次の三つをあげることができる。

　まず第一に，毎回の授業で受講生全員が「直接的に授業に参加できる」という点である。学生による発表を取り入れた授業では担当学生が受講生全員（あるいはグループ）の前で発表を行う形式が一般的であるが，すでに述べたように，担当者以外の大部分の学生の注意を引きつけておくことは容易ではない。これに対して，今回紹介した試みにおいては，毎回「ミニ授業」という形で受講生全員が発表を行うため，学生全員が強い当事者意識をもって授業に臨むことになる。また，聞く方も直接語りかけられるため，真剣に耳を傾けざるを得ない。教室の学生の半分が自分のパートナーに対して熱心に語りかけ，もう半分がその語りかけに真剣に耳を傾ける姿は圧巻で，また感動的ですらある。

　「全員先生」方式の第二の特徴は，授業内の発表を「発表」ではなく，「授業」として位置づけている点である。これによって，発表担当の学生には，パートナーに対してより責任のある立場から講義をするという意識が生まれ，単なる発表を課せられた場合に比べ授業準備に身が入るように感じられる。

　この方式の第三の特色は，個々の学生が合計3回，同一の内容について触れるという点である。すなわち，一回はミニ授業の担当者である「先生」として，

もう一回はミニ授業を受ける「生徒」として，そして最後の一回は教員の講義を受ける通常の意味での「学生」としてである。このように立場を変えて何度も同一の内容に触れることにより，確実に授業内の重要点について理解することが可能となる。

4 考えられる懸念

次に，この「全員先生」方式に対する懸念としてあげられる可能性の高い，二つの点について考えておくことにする。一つ目は，通常の授業と比べて教員の講義時間が短いため内容が少なくなり過ぎてしまうのではないかという懸念，もう一つは，学生の負担が大き過ぎるのではないかという懸念である。

まず一つ目の懸念について，確かに扱える内容が限定されてしまうのは事実である。しかしながら，広い範囲を講義することと学生が講義の内容を理解することは同義ではない。具体的な数値はないが，筆者自身の感触では，授業内容の理解度や定着度という点では「全員先生」方式の方が通常の講義形式の授業よりずっと優れているように思われる。

二つ目の懸念，すなわち，学生の負担が大き過ぎるのではないかという点については，学生の力量に応じて，要求する内容を変えることで十分対応可能なのではないかと考えられる。この点については，次節で具体的な対応例について述べる。

5 実践の際の工夫

「全員先生」方式は，3節で示した骨格の部分だけでもある程度機能するが，手を加えることでさらに効果的な活用が可能となる。ここでは過去数年の中部大学（受講生20名程度）と名古屋大学（受講生40〜50名程度）での実践を通して行った工夫について紹介したい（図12-2a, b）。

■ 5.1 ハンドアウトの作成

まず考える必要があるのは，「ミニ授業」を行うためには，学生側の準備が必

図 12-2a　中部大学での授業風景　　　図 12-2b　名古屋大学での授業風景

須だという点についてである。単に「ミニ授業」を行うよう指示するだけでは準備不足のためにムダな時間を過ごすことになりかねない。筆者が考えた対策は，ハンドアウトの作成を義務づけることである。図 12-3 は，受講生が実際に「ミニ授業」用に作成したハンドアウトである。

　このようなハンドアウトを作成した上で，受講生は「ミニ授業」に臨むことになる。

　ハンドアウト作成に対するモチベーションを高めるために，次のようにしている。作成されたハンドアウトを毎回提出させ，成績評価の一部（2 割程度）にあてる。また出来のよいハンドアウトについては加点を行う。そして授業の最初に「前回のベストハンドアウト」を数例紹介する。このハンドアウト紹介は多くの学生にとって励みになるようで，授業後のアンケートでも「ハンドアウトを紹介してもらってうれしかった」「他の人のハンドアウトが励みになった」という主旨の声がよせられている。また提出されたハンドアウトに「今日は紹介されなかったので残念，今回はどうでしょうか？」といった「お伺い」を書く学生もいる。

　なお，何らかの理由でハンドアウトの作成を課すことが難しい場合には教員自身がハンドアウトを準備しておくことが必要である。筆者自身の授業には，英語を専門としない学生や聴講生も参加しており，全員にハンドアウト作成を義務づけることができない。そのため，ハンドアウトのサンプルを作成し，それを使ってもよいことにしている。ただし，独自のハンドアウトを作成した場合には加点し，努力に応じた差異化を図っている。図 12-4 は，ハンドアウトの

○月○日　　　　　　　　　　　　　　学籍番号○○○○○○○　○年　○○○○

英語の借用語

〈テーマ〉英語が借用語として使われている様子やそれによって引き起こされる問題などを解説する。

①英語を借用語とする国の状況
(反対的) 英語を借用語として取り入れることで与えられる影響が悪いものと考える。特に既存していた伝統語の代わりに英語の単語が使われることに*反対する法律を作った国もある。(←フランス)
　　(EX1)(Spanish) fabrica (factory)(伝統語) → planta (plant)(英語の借用語)
　　(EX2)(Dutch) mistletoe (伝統語) → maretak (英語の借用語)
*1977にフランスで制定されたこの法律は，違反されることが多かったようだ。

(賛成的) 英語の語彙が商業的によい結果を生むとしてロゴなどに積極的に採用している国もある。特に日本では顕著であるといえる。

◎ヨーロッパに入っていった借用語の例
　Sport: baseball, comeback, football, offside and so on.
　Tourism: camping, hitchhike, motel, parking, sightseeing.
　Politics: big business, boom, briefing, dollar, marketing
　Culture: cowboy, group, heavy metal, musical, ping-pong

②英語の語彙以外の文法特性の借用
(語順)(Spanish) *El señor X y señora* … (Mr X and Mrs…)
　　　　　　　　　↓
　　　　　　　　El señor y la señora X (Mr and Mrs X)

(能動文による受動) *Bogen sælger godt* (←オランダ語の例で，英語で"The book sells well"が受動的な意味を持つように受動的な意味を持つ。)

③英語と他の外国語の混合的使用
　　(EX)(Welsh) *Mae'r **train** o **Liverpool** yn **five minutes** yn late.*
　　　　　　　(The train from Liverpool is five minutes late.)
*上の黒字は英語からの借用語をあらわす。

図12-3　実際に学生が作成したハンドアウト

サンプルへのリンクをはった，筆者のホームページの一部，図12-5はハンドアウトのサンプルの例である。

■ 5.2　ペア作成

この方式が効果的に機能するためには，ティーチング・アシスタントが得られると理想的である。なぜなら，受講生が奇数であった場合，余った学生のミ

■予定（授業の進行状況によって多少前後することがあります）	
第1回 (10/1)	■ 授業に関するオリエンテーション ・授業の進め方に関する説明 ■ 実際にやってみる ・教科書p. 159-p. 163〈English Tomorrow〉に目を通し、内容をノートにまとめる〈20分〉=> ・まとめを元に5分の発表 ・大門による講義 ・まとめの提出 ■資料： (1) 教科書p. 159-p. 163、 (2) 要点を日本語にしたもの、 (3) ハンドアウトのサンプル（PDF版、ワード版） 最初に戻る

図 12-4　筆者のホームページの一部

英語の未来 (教科書 pp. 159-163)

平成19年○月○日（月）
所属・学籍番号・氏名

1. 発表の構成
　英語の未来に関して二つの極端な見解を示した後、著者自身の見解を示す。また、英語をマスターした我々がこれから考えていかなければならないことについて述べている。

2. 英語の未来に関する二つの見方
　(1) それぞれの地域で独自の発達を遂げ、やがてお互いに理解不能になる
　　先例：ラテン語

English	Latin	French	Italian	Spanish
book	liber	livre	libro	libro
cold	frigus	froid	freddo	frio
dead	mortuus	mort	morto	muerto
finger	digitus	doigt	dito	dedo
give	dono	donner	dare	dar

　　(from the "Romance Language" entry of Wikipedia)

　　要因：「言語＝アイデンティティ」
　(2) 国際連合、世界銀行といった世界を統一しようとする力の強い現代においては、かつてのように孤立した地域の中で言語が独自の発達を遂げるということは考えられず、したがって分裂はありえない。

3. 第三の見解（著者の見解）

図 12-5　ハンドアウトのサンプルの一部

ニ授業を受ける役としてアシスタントを使って対応することができるからである。やむをえずアシスタントが得られない場合には，教員が聞き役になる，あるいは三人の組を作ることで対応することになる。ただし，教員が聞き役になる場合には，学生は生徒役として他の学生のミニ授業を聞く機会がなくなるし，三人の組を作った場合には，三人のうちの一人はミニ授業を行うことはできなくなるという問題が残る。アシスタントが得られない場合に対する，より適切な対応については現在も模索中である。

また，授業のためのペア作りについてであるが，友人同士の馴れ合いを防ぐために毎回異なる人とペアになるようにできるのが理想である。ペア作成の方法として座席表作成ソフトを利用するのも一つの方法である。筆者は以前 Mr. Big 氏による「机列表作成システム for Excel」を利用してペアを作成していた。アシスタントが得られる場合には，アシスタントに一任するのも一考である。授業の前にあらかじめ作成した座席表を提示し，座る場所を指定しておくとペアの作成はスムーズにいく。

■ 5.3　感想の記述と交換

「ミニ授業」に対して責任をもたせるために「ミニ授業をやった感想」および「ミニ授業を聞いた感想」を記述させ，両方の「ミニ授業」が終わった後に用紙を交換させている。これにより，自分のパートナーが「ミニ授業」に関してどのような感想をもっているのかを知ることになり，よりよい「ミニ授業」を展開しようという意識が高まるのではないかと思う。ただし，感想には必ず「授業をしてここがうまくいった」「授業を受けてここがよかった」という肯定的な意見，そしてできれば「こうすればもっとよくなった」という建設的な意見を書くように伝えておく。

6　「全員先生」方式のこれから

以上，本章では，筆者が「全員先生」方式と名づける授業方法について，その概要と実践の中での工夫について紹介してきた。

学生の授業参加を促し，授業内容の理解度を深めることを目的としたこの方

式は，文系，理系に関わらず，また教養教育であっても専門科目であっても利用可能であると考えられる。しかしこの方式がより効果的に機能するためには，受講生が文書を適切に要約する，効果的にプレゼンテーションを行うといった技能を身につけている状況が理想的である。その意味では，本方式は初年時教育で基本的な「学びの技法」を身につけた学生を対象とするのが望ましいと言える。あるいは，導入教育での文書の要約やプレゼンテーションの実践の場において「全員方式」を活用することも考えられるし，今後そのような方法を模索していきたいと考えている。

以上，「全員方式」の利点を中心に述べてきたが，導入に際してはハードルもないわけではない。中でも大きいのは，サンプルとしてのハンドアウトの作成に時間がかかるという点である。特に教科書を読みこなしそれをまとめる力に欠ける受講生がいる場合，サンプルとしてのハンドアウトの作成は必須となる。しかも作成の際には5分，あるいは10分という短時間の講義を想定するため，授業用のまとめをそのままハンドアウトとすることはできない。つまり教員は，自らの講義用のまとめに加えて，学生用の要約を作成するという二重の作業が必要になってしまう。

ただし，この一見欠点に思われる部分も，見方によれば，教員の講義技術を磨く貴重な機会であると考えることも可能である。すなわち，同じ内容に対して，ミニ講義用の短い話と講義用の長い話の二種類を準備するわけであるから，講義時間に応じて臨機応変に対応するという講義技術の向上につながっていくと考えられる。このように考えれば，「全員先生」方式を導入した授業は教員にとっても授業技術を磨くよい機会になるのではないだろうか。

文献

荒堀通也（1992）私語研究序説—現代教育への警鐘　玉川大学出版部
大門正幸（1999）発言促進手段としての電子メール　私情協ジャーナル, **8**(2), 36.
Mr. Big 氏のページ（机列表作成用ソフトウェアの作者）〈http://hp.vector.co.jp/authors/VA014071/〉（参照日：2008/12/19）

資料（アンケート結果）
　資料として 2007 年度の秋学期の最後に中部大学および名古屋大学で行ったアンケートの結果を掲載する。なお，データは結果の公表に承諾した受講生のもののみである。

表 12-1　「全員先生」方式の利点について（中部大学）

アンケート項目	中部大学	名古屋大学
自ら講義をするので理解が深まった	4.35	4.42
複数回同じ内容に触れるので理解が深まった	4.13	4.24
他の学生と交流できるのは利点である	4.00	4.24
楽しんでミニ授業を行うことができた	3.65	4.45
テキストの内容をまとめる力がついた	3.91	4.39
人に話す力がついた	3.48	4.08
総合的に見てこの方式には満足している	4.04	4.16

表 12-2　考えられる欠点について 1：「一回の授業で扱う範囲が減るので不満」

	とてもそう思う	そう思う	どちらとも言えない	あまりそう思わない	全くそう思わない	合計
中部	0 (0.0%)	2 (8.7%)	5 (21.7%)	12 (52.2%)	4 (17.4%)	23
名古屋	0 (0.0%)	7 (18.4%)	10 (26.3%)	11 (28.9%)	10 (26.3%)	38

表 12-3　考えられる欠点について 2：「準備に時間がかかるので不満である」

	とてもそう思う	そう思う	どちらとも言えない	あまりそう思わない	全くそう思わない	合計
中部	1 (4.3%)	4 (17.4%)	4 (17.4%)	10 (43.5%)	4 (17.4%)	23
名古屋	0 (0.0%)	10 (26.3%)	14 (36.8%)	10 (26.3%)	4 (10.5%)	38

表12-4　自由記述（上記以外の利点について）

中部	・しっかり予習できて，それが評価されること。 ・他の生徒の考え方，まとめ方，理解の仕方を知ることができる点はとてもよいことだと思います。 ・自分なりのハンドアウトを作って相手に理解してもらう。 ・同じ場所をやっても，解釈の仕方や説明の仕方が異なるため，その点について勉強になると思う。他人の授業を参考にできる。 ・真剣にやればよい結果が得られること。 ・ミニ授業の準備によって，その授業の内容と間接的に別の内容あるいはさらに深い内容などが勉強できたり興味をもつことができると思う。 ・学生だけでなく聴講生の方々の知識の豊富さなどが参考になり，意欲も増した。 ・調べているうちに興味の範囲が広がった。 ・予習をするという意味で非常によいと思います。積極的に授業に参加しているという意識ができます。理解できていないところ，不明瞭なところがわかって授業に参加できるので，とてもよかったです。 ・予習に力が入る。 ・緊張感が持てた。 ・講義について受け身から能動的に取り組むことができること。
名古屋	・緊張感をもって授業に臨める。 ・友達とのペアではなく，知らない人とのペアなので手抜きができないし，緊張感があったと思います。 ・互いの意見を言い合える。 ・普段は話さない他学部の人，院生の人とコミュニケーションがとれたことは大きな利点でした。 ・知り合いが増えました。 ・授業をして人に教えるスキルがあがる。 ・参加型授業をつくり上げるプロセスを体得的に学ぶことができる点。 ・自分でまとめる範囲に関して，良く理解することができる。 ・読んで，まとめるということから，要点をつかむ練習になる。 ・講義をしていて，パートナーの人に質問されて，自分の中でちゃんと理解できていないような所がわかったのはよかったと思います。 ・10分という長さを体得することができる。10分でどれだけの内容を話せるのか，どれくらいのレジュメを作れば良いのかわかるようになった。 ・この授業の予習にあまり時間をかけられない週でも，レジュメを作らなければならないので，速読や速くまとめる練習になりました。 ・自分が考えていなかった形で内容をまとめたのを見れたこと。 ・自分の話し方の特徴を知ることができた。 ・よい発表の仕方というものを考えるようになった。 ・内容を理解しようと努力する点。 ・授業をした相手からコメントをもらえるのは，嬉しかったです。 ・授業全体が盛り上がるし，クラス全体の雰囲気が良くなると思います。 ・毎回ちゃんとハンドアウトを作った！という満足感が得られる。達成感も。 ・時間配分を気にして，いろいろ工夫する力がついたところ。

- 出席率が高くなること。来ない人は最初から来ないと思うので。
- 先生に良いレジュメ例として紹介されると、やる気が出る。
- 教師になるにあたって、毎回生徒に授業をすることは、そのために工夫する練習になってよかったです。
- 教職をとる生徒さんにとっては、授業計画を立てる勉強になると思います。
- 模擬授業のさらに模擬授業という感じで授業の練習ができたところ。
- 英文を自分で一度解釈する必要があるので、英文の精読を行えた。

表12-5 自由記述（欠点・改善が必要な点について）

中部	・状態によってミニ授業をやることが難しい時もある。 ・2週間を単位にして、1週目はAが教え、Bが聴き、2週目はBが教えAが聴くという方法はどうでしょうか。 ・5分間では短すぎる。せめて10分位はほしい。
名古屋	・ある程度流れは読めていたけれど、たまに最初にどこに座ったらよいかわからない時があったので、座席表は早めに提示されると良かった。 ・隣の人と同じ箇所を担当した場合、後で授業をするとやりにくいです。

13 クイズで授業を楽しもう

鈴木久男

1 講義との決別まで

■ 1.1 6年前までの私の授業

　まず，私の6年前の授業から話していこう。6年ほど前までの私の講義スタイルは，この本を今読んでいるほとんどの教員と同じである。基本的には，黒板に板書していくだけであった。今でも専門向けの授業では，このスタイルを基本としている。一般的な授業の工夫といえば，学生の手元を見たりして書き写す様子を見るくらいだった。その理由は明らかだ。おそらく私を含めて多くの大学の教員は，研究者として大学に採用されている。教え方がうまいからということで採用されたケースは少ない。そのため，教授法は独学で学んだわけである。結局，教えられた通りに教えるということから始めざるを得ない。
　教えるというのは，教員から学生への知識の伝達であり，いかに効率よく知識を伝達できるかが教育技術向上の主題である。しかも，特に私の教えている物理という科目は特殊なところがあり私たちが学生だった当時も，授業を理解できている人は全体の中でも少数派であった。つまり，物理がわかるというだけでかなり"異端"なのである。たぶん読者の多くは，物理は難しいと思っているだろう。もちろん，ある程度優秀な学生になら板書でもうまく説明できるが，問題は自分の専門とする科目を専門としない学生についてである。こうした学生相手では，こちらは学生の基本的な考え方がわからないため，アメリカのテキストの最新の説明の仕方を取り入れるくらいでは学生に理解させる自信はとうていなかった。実際に，授業で何が行われているのか全くわからないと

いう学生が少なからず存在する。もっとも，このことは期末試験をしてみて初めてわかるといった具合であるから，次の年はテストの一部を予告問題にしてしまうなどの安易な対処法をとっていた。6年前の私には，何とかしてそれまでのやり方を改良していこうということくらいしか思いつかなかったのである。

■ 1.2 大学教育改革の波

そのころ，末端の教師である私には全くわからなかったのだが，北大でも授業改革については，上層部の人たちが真剣に考えていたようである。つまり，大学教育に対して，それまでの優秀な少数をターゲットとした教育からの脱却を求めたのである。こうした流れは，教育の効率化，つまり大多数の学生に対する教育を考えたとき，当然の措置であろうと思う。皆さんも教養の授業で習ったことで覚えていることは少ないだろう。大学の授業を実のあるものにするためには，こうした事態を変更する必要があるのは当然だ。

北大では，特に全学教育については，「最良の専門家による，最良の非専門教育」を合い言葉にするようになっていたようだ（小笠原，2004）。その一環として，2004年度からは，当時理科教育についての全学教育科目のシステムを，専門性の高いコースと専門性の低いコースに再編することを決めていた。そこで，2003年に北大で採択された，特色ある大学教育支援プログラム「進化するコアカリキュラム」の予算で，理科教育の改善に乗り出した。私の担当する物理においても，「物理学」だけだったコースを，専門性の高い「物理学」と専門性の低い「基礎物理学」のコースに移行しようと取り組んでいた。特に専門性の低いコースでは，大学のコースとしてふさわしい内容を確保しながら，物理をどのように教えたらよいのかが課題となっていた。そして物理では，私がそのプロジェクトの下請けとして授業改革を頼まれたのである。もっとも頼む方も頼まれる方も自信はなかった。おそらく私に頼んだのも他にやってくれそうな人がいないからという消極的な理由からであったと推測される。そして，私が仕方なくも真剣に教育のことを考えるようになったのはそのときからなのである。

真剣に考えるといっても，当時の私には，授業の改善にはテキストなどの教育コンテンツを改良していくことしか念頭になかった。特に基礎物理などでは，演示実験を取り入れれば改善されるというレベルである。つまり，小手先の教

授法だけで，本質的な教授法あるいは学習理論なるものは意識していなかった。そして，学生が物理をわかるようにするには，それぞれの概念の教え方をよくし，テキストをわかりやすくすればよいだけのことであると信じていた。具体的にはコンテンツについては，世界的に標準とされるテキストを10冊ほど買い込み，その中でもわかりやすい表現を選んでいき，授業もそれに沿ってさえいればよいと思っていたのである。今から考えると，その頃の私は「教える」ということの意味を全くわかっていなかったと言ってもよいだろう。

■ 1.3　クイズによる授業との遭遇

さてあるとき，こうした私の無知に対して大きな転機が訪れた。基礎物理学のコースウェア制作の担当の一人となった私は，2003年9月に，カリフォルニア大学バークレー校 (U. C. Berkeley) の Chem1（化学1）のクラスの視察をすることになった。もっとも，私は物理専門なのになぜ化学の授業の視察なのかという疑問があり，別に行きたくもないのに行かされるという感じであった。

このようなかたちで臨んだバークレー校の授業についてお話ししよう。実際に見たバークレー校での授業は，私の講義のイメージを根底から打ち砕くものであった。まず，400人以上のクラスで，60分の授業で使う授業スライドはわずか4枚！　しかも板書はない。そしてスライドの中にはクイズスライドがある。まず基本的な概念やそれに基づいた実験を行い，学生に考えさせるクイズをする。ときとして実験の結果を予想させるクイズもする。学生は書店で購入した赤外線リモコンで，天井に取り付けてあるレシーバーに向かって我先にとクイズに答える。このリモコンは，クリックするので通称"クリッカー"と呼ばれているようだった。その解答結果はスライドにパーセンテージで表示され，そしてその意見が割れていると，教員は隣り合った学生たちで考えるように指示する。そして学生たちの議論がだいたい落ち着いたときに，もう一度解答を集計する。最も特徴的なのは，教員は教える人というよりも，授業を運営していくパーソナリティーといった印象であったことである。

こうした授業の運営スタイルは，当時の私にはかなりの衝撃であった。私はその衝撃をもとに，次のようにも思った。つまり，教育もまた研究と同様に日々進化していて，自分だけその教育研究分野の中で非常に遅れをとってしま

図13-1 バークレー校でのクリッカーを用いた授業風景（わずか4枚のスライドで1時間の授業を行う）

っていたのではないかと。大学教員の行っている研究では，まずその分野での最先端の研究を勉強して，そこにさらに自分独自のものを創り出す作業をしていく。これは，何も知らずに独自にやっても，やってみると遠い過去にすでに行われた研究であるということが多いからである。また，当該研究を効率よく発展させるためにも過去の蓄積の理解は重要となることは研究者なら誰でも痛感しているだろう。そして，専門研究だけでなく教育でもこうした研究のあり方が重要であることを，私はそのとき初めて思い知らされたわけである。

先に述べたように，クイズを取り入れた授業を見たときの私の最初の印象は，運営する教員がいかにも楽しそうだということとであった。冗談交じりに気楽に授業を運営していく。そして最も気になったのは，学生が真剣でまた，楽しそうだったことである。教員は司会者であるが，ショーの主役はクイズ解答者である学生であるとも言える。ここで初めて，私はそれまでの自分の小さな講義テクニック以前に，まず変えるべき方向性が見えてきたのである。

さて，初見でわかるこの授業の優位性はどのようなものだろうか？　まず，授業での双方向性の優位さは疑うべくもない。学生がどれだけ解説を理解したかは，スライドにパーセンテージで大きく掲げられる。学生は自分が多数派に属していると安心し，少数派ではどうしてなのかととまどう。そのため，否が

図13-2 学生たちは天井のレシーバーに向かって信号を送る

応でも自分の考えが正しいかどうかについて真剣になっていく。一方教員サイドでは，そのパーセンテージで学生が理解していないとわかると，ヒントを与えてもう一度考えさせたりしていく。また正解を見せた後には，別の言葉で概念を説明し直す。たったこれだけの作業で，学生の理解度に合わせた修正がリアルタイムで可能になるのである。学生にとっても自分や周りのみんなの理解度をすぐ測ることができるだけでなく，教員サイドでは，大規模教育にもかかわらず，学生の理解度の把握が簡単にできてしまうのが驚きであった。このようにして，今日の授業はどれくらいの学生が理解できていたのだろうかと悩む必要がなくなる。と同時に，どの部分の説明の仕方を変えたらよいのかがその場で把握できてしまうのである。

■ 1.4 クリッカー授業に対する疑問

クイズによる授業の利点はすぐにわかったが，同時に私にはいくつかの欠点があるのではないかと思えた。さて，その後バークレー校の担当教員と話す機会があったので，さっそく質問してみた。まず私が質問したのは，スライド4枚では分厚いテキストのうちほんのわずかの事柄でしかないのではないかということである。ご存じの方も多いと思うが，アメリカの教科書は，週3時間の講義に加えて週4時間の演習，実験に使用されるためのものである。そのため，

非常に分厚い教科書となる。ちなみに日本でもそうした外国の分厚いテキストの翻訳を使いたいと思う教員は多いのだが，週1.5時間しかない日本の授業で使用するとほとんどの学生が消化不良を起こすのは間違いないところである。

さて，そうした分厚い教科書に比べて，授業はほんのわずかの概念の理解に特化している。これはあまりにもギャップがありすぎる。しかし担当教員は，私たちに笑いながらこういうのである。「実は授業で説明した部分が一番重要であり，たくさん盛り込んでも授業中に理解されなければ学生に話してもしかたがない」と。しかし，当時の私はこの答えには納得できずに，この点はこの授業の大きな欠点であり，改善が必要だと思っていた。もちろん，これは後に述べる「学習者中心授業（Learner-Centered Classroom）」というアメリカのFD界の常識であるのだが，当時の私には全く理解できなかった。

もう一つの大きな疑問は，クイズによる授業は科目を選ぶのではないかということである。その頃にバークレー校では，クイズが行われていたのはまだ，化学と情報学くらいだった。そのため，そのときの私は，数式などを中心とする物理科目というのはクイズに向かないのではないかと思ったわけである。しかし，化学を担当する教員の次の言葉は衝撃的であった。「クイズ形式の授業は物理で始まったものであって，ここではそれを化学でやっているだけだ」と言うのである。もちろん私も今でこそクリッカーが科目を選ばないのは，現在のクリッカー導入実績からもわかる。実際，アメリカにおいてはクリッカーによる授業は，現在では理系文系に限らずどの分野でも行われているのである。当時の私は，ここで私の無知さにあきれるとともに，この遅れを取り戻すために，今からすぐに帰って調べたいという気持ちでいっぱいであった。もちろん，それでも家族へのおみやげを買うのは忘れなかったのだが。

■ 1.5　アメリカでのFD活動の潮流とクリッカー

さてこの本はFDに興味がある方々のためのものであるので，FDとクリッカーの関連について述べておこう。以下では特にアメリカにおけるFDを概観してみよう。もっとも，私は講演に招かれて行った先の大学で，初めてFDの何たるかを知ったという，なさけない教員である。講演に行って，FDを知らないなんてあんまりであるので，そうしたことを悟られないように後でこっ

そり勉強したのである。しかも，このために集められた海外のFD関係の本が，ほとんど読まれずに，私の部屋にうず高く積まれたままの状態になっている。FDを勉強するのは楽しくない。こうしたとき嫌な教科の宿題を出された学生の気持ちが良く理解できる。それに，おそらく私より読者の方がFDについて詳しいであろうから，ここではFDの歴史のうち，基本的なところだけを記述しておこう (Gillespie, 2001)。

　1960年代から始まったアメリカでのFDは，1960年代後半から1970年代に転機を迎えた。1960年代にベビーブームに対応すべく，各大学の学生定員を大幅に増加させた。その教育のマス化によって，学力の多様化が起こり，学生の活動は政治だけでなくアカデミック分野にまで及んで来た。すなわち，学生の目は教員の教授法の質に対して評価を下すようになっていった。それとともに，FD活動も教授法に焦点を当てていった。この時代を通称「教師の時代」と言う。

　1980年代には，FD活動の組織形態が確立し（デベロッパーの時代），1990年代に再び大きな転機が訪れた。これは，「教員が教える」という行為と「学生が学習する」という行為が明確に区別されるようになったからである。すなわち，教員が学生に伝達しようとした知識や理解はそのままでは学生には吸収されない。たとえば，多くの情報を与えすぎる講義の多くは，学生に吸収されずに，教えたのではなくただ教員がしゃべっただけということになってしまう。このようにそれまで教員が何を教えたかが中心となっていたが，この頃には，学生が何を学習したかを中心とする「学習者中心の授業」という考え方が浸透してきたのである。この時代を通称「学習者の時代」と言う。この時代になってやっと，古くから研究されてきた学習理論が教育に本格的に導入されたとも言える。そうした意識改革とともに，技術革新により，学習者中心のための数々のツールが発展してきた。その一つが「学生応答システム」"クリッカー"なのである (Banks, 2006)。クリッカーによるクイズで，授業中に学生の理解度を把握できることのメリットは計り知れない。もし，クイズで多くの学生が間違えていれば，自分の説明が悪かったことを物語っている。そのため，その場でまた別の言葉で説明し直す必要が生じる。このことにより，学生のドロップアウト率を減少させるとともに，教員サイドにおいては，自然に教授法の進歩を行う

ことが可能となる．学生の立場でも，わからないときにすぐさま答えてもらえると理解力のアップにつながる．また次に同じ授業を行うときには，学生の正答率のデータを見ながら，その授業の改善ができる．そのため，授業の改善を楽に行うことができるのである．

これとともに，授業で教える内容についても変更が必要となる．大学教育のユニバーサル化にともない，授業でわからないことは家で自習させるという教育スタイルは影を潜める．授業では教科で最も基幹となる概念の完全な理解を目標とし，概念から派生した枝葉にあたる事柄を自習での目標とするのである．

2 クイズ形式の授業を始める

■ 2.1 クイズ形式授業の試行錯誤

北大では，2003年度，バークレー校の視察の2ヶ月後よりクイズ形式の授業を始めた．当時クリッカーはなかったので，最初は「1番だと思う人」などといって手をあげて答えてもらっていた．しかし，これはうまくいかなかった．それは，他の人が手をあげていないと，自分もあげないようにするからである．やはり，解答の匿名性が重要になる．そこで，翌年からは，A，B，C，D，Eの文字を印刷して学生に配り，写真のように学生に紙をあげて答えてもらった．

図13-3　クリッカー導入以前のクイズの解答風景

解答は，PowerPoint のアニメーション効果で，クリックすると○印が正解のところに出るようにしておき，「それでは正解を見てみよう。正解は……」と言った後，丸印を表示させる。正解が予想外なものであるときほど学生の反応が大きくなる。

　これでもクイズは有効で，楽しんでくれる。しかし，解答を成績に反映させることが困難なので学生の中には答えてくれない学生が出てくる。これらの学生を説得してまた答えてくれるようにするためには，その重要性を毎回のように言う必要が生じる。「間違っても合っていても，自分で考えて答えた方が勉強になるから」などと力説する。この作業は非常に労力を要したが，それでも答えてくれない学生が出てくる。最初は問題が曖昧だったりしたので問題を改良していく。この修正には数年かかった。また，正答率は目分量で，そのデータを残して次回の改良に使うということはできなかった。こちらも学生の正答率を次第に忘れていってしまうので，その意味で，クイズの問題の改良などもある程度の印象だけに頼る他なかった。

　また，正答率が悪い場合にはみんなで考えさせるのだが，クラスによっては話し合ってくれないことがある。この場合，「わかっている人はわからない人を説得し，お互いに同意するまで議論してみてください」「議論の仕方の勉強にもなるから」「社会に出ると人と話し合う技術は，非常に重要ですからね」などと言って話し合いをさせる。ただし，「寒い空気の授業」という場合もあり，話し合いをしない雰囲気はコース中ずっと後を引く。そのため，コースの最初の授業が一番重要であるが，私は最近でも雰囲気作りに失敗した授業もあるので，あまり偉そうなことは言えない。

　さて，2006 年度には基礎物理での授業用コンテンツとクイズの制作がほぼ終わったので，余裕が出てきた。その頃になると，前期後期合わせるとクイズだけで 200 題となり，クイズの取捨選択ができるようになった。そして，肩の力をぬいて冗談交じりに気楽にクイズ授業をやっていくと，学生による授業評価はかなり上向いてきた。授業がわかるようになると，宿題をやってくれるようになる。クイズ授業を補うため，宿題として毎回 10 題の問題を解いてもらった。物理はもともと評判がよくないので，全学的な評価のランキングでは最高とは言えないまでも，物理では最高ランキングとなり，学生の評判もかなりよ

いクラスもあった。

■ 2.2 念願のクリッカー導入始まる

　ありがたいことに 2006 年 12 月頃，上層部の人たちがクリッカー購入のための予算を確保してくれた。クリッカーを導入できれば，日本の高等教育機関では初めてとなるので，大学の宣伝のためと思ってくれたのだと思う。きっと，後で文科省などへの申請書類の草案を書かされるはめになると思ったが（事実なったのだが），それでクリッカーを購入してもらえれば安いものである。さっそく，海外の代理店をいろいろあたり，日本に進出しようとしているという業者を見つけた。アメリカでも定評のある会社の一つであったので，購入のための交渉を続け，輸入手続きの障害はいくつかあったが，結局 2007 年 3 月に購入でき，4 月の授業から運用を開始した。

　解答時間は，あと 10 秒などとアナウンスする。学生がクリッカーの答えの番号を押すと，その結果はレシーバーを取り付けたノートパソコンで集計される。私の使っている機種では，信号の電波の到達距離は約 80 メートル，一度に集計できる数は 1000 人までである。また，チャンネルを割り振ることで同時に 81 クラスまで使うことが可能である。さて，投票が終わると，その解答分布は図のようにパワーポイントのスライドに映し出される。たとえば上の問題は，一見簡単な現象であるが，普通の物理の教員ですら，わからないことが多いと

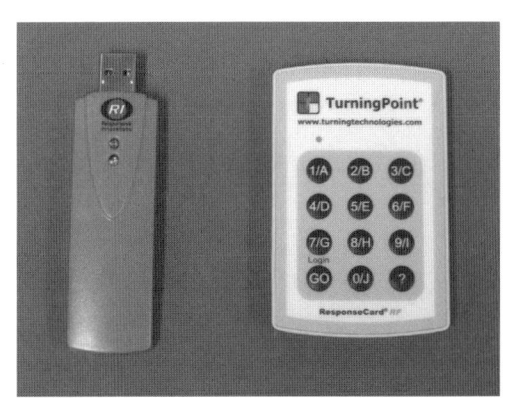

　図 13-4　USB レシーバーとリモコン（通称クリッカー，これは Keepad Japan 製のもの）

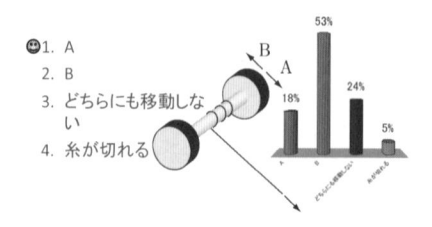

図 13-5 学生に考えさせるクイズの例（「入門物理―数学は要らない人のための物理学」と「基礎物理」のコースで運用した。「基礎物理」では医学部向けの授業もあり，上の問題のように医学部生でも解けないクイズを多数作成した）

図 13-6 解答が出された後の学生たち（内心悲喜こもごも，クイズによっては考え方さえわかれば簡単なので，解説を聞くと「なーんだ」なんて学生もいる。ちなみにこれは授業ガイダンスでクリッカーのデモンストレーションをしたときの写真）

いう，最難関レベルの問題である。そのため，学生の意見が必ず割れる。そこで，考え方のヒントを与えて，今度はみんなで考えさせる。ちなみに，この結果は成績にも反映されるので学生も真剣である。

当初の半年は，授業の度にクリッカーを配り，回収していたが，これでは誰が正解だったのかわからないため，クイズに答えない学生も多く出てくる。そこで，やはりコースの期間中クリッカーをもたせることにした。

まずコースの最初に学生の正答率を 10 パーセント程度成績に反映させるよ

うにアナウンスしておく。そして，クリッカーではあらかじめリモコンの番号と学生とを結びつける登録をしておくと，出席確認や正答率などのデータを保存することが可能となる。ちなみにバークレー校では，正答率の成績への反映は5パーセント程度ということであった。それでも学生たちは必死になって考え，解答するということだった。実際学生にとって努力が報われることはとてもうれしいのであろう。そのことで授業の出席率は向上し，基礎物理でのクイズの参加率はほぼ100パーセントになった。一方「入門物理」では，出席とあわせて10パーセント程度を成績に反映させるとアナウンスしたところ，最初のクイズに答えた後，寝てしまう学生も数人いたので，クイズへの参加率が100パーセントとは言い切れない。これは私の授業が未熟なためであると反省している。そこで授業の最後に正答率の高い人たちのランキングを出して表彰したが，非常に授業が盛り上がるのを感じる。クリッカーではこうした操作も簡単にできるのが便利である。

3 クイズ授業のこつ

ほとんどの読者は，他の教員の授業を聞く機会は少ない。そのため，授業での間の取り方やテンションのもっていきかたなどは，なかなか上達しない。他の授業を見る機会として，FDで模擬授業をというのが一般的である。それでも，模擬授業を見せてもらっても，私たち自身が途中で集中力がとぎれてしまう場合もあり，これでは本当によい授業だったかもわからない。しかし模擬授業では，集中力の続かない私たちにとって，集中力の維持の問題も体験することになる。いずれにせよ，一般に私たちは，授業の進め方を学ぶ機会は少ないのである。それに対して，ことクイズ形式の授業では，通常の授業よりも練習しやすいのである。以下にその理由を見てみよう。

3.1 クイズ番組の司会者になろう

上に述べた通り授業の見本は得にくいが，クイズについては非常によい見本がある。それは，テレビのクイズ番組である。おそらくいつの時代でも，テレビで名司会者が番組を仕切るクイズ番組は放映されている。授業でクイズをす

るにあたって，この名司会者のまねをすればいいのである。

　まず重要なテクニックは，正解を出すときにじらすことである。通常のテレビではコマーシャルを入れることでじらすことがある。正解をじらされるほど後に記憶として残りやすくなる。そこで，みんなの意見分布を見た上で，「それでは正解を見てみよう。正解は…………」と3秒から10秒くらいためる。このへんは学生の表情を見て加減しよう。たとえば，意見が真っ二つに割れた場合などはかなりじらすが，ほぼ全員が正解してしまった問題では，すぐに答えを出してもかまわない。

■ 3.2　クイズの解答に対する対応

　たとえば，結果が自分の予想よりも正解率が多かったら，思いきって学生たちをほめてみよう。ほめることも雰囲気を良くする。一方では，また学生たちにうまく説明できた自分をほめよう。もっともこちらは口に出してしまっては，自画自賛でひんしゅくものである。

　一般的にはこの逆のことも多くなる。つまり，自分の予想に反して正答率が低い場合には，心の中では「今説明したばかりじゃないかばかやろう」などと思ってしまいがちである。しかし，学生に軽蔑のまなざしは厳禁である。教師のこの馬鹿にしたような態度を，学生は教師の目から素早く読み取ることができるのである。そして，「先生の説明がだめだからじゃないか」という意識で対抗する。そのためこうした場合，頑張って作り笑いをし，「イヤー，この問題は難しいんだよね。先ほど習ったことをもう一度復習してみようね」などといって，別の言葉で説明を繰り返してみる。ここではくれぐれも目が笑っていないことを気づかれないようにする。結局宗教家になったつもりで，「学生が悪いのではなく，自分の説明の仕方が悪かったのだ」と思うよう努力する。またこうした修行も双方向型授業ならではである。

　また，次に同じコースを担当するときには，その部分を学生が間違えそうなことがわかっているので，「ここの概念は誤解しやすいから気をつけてください」と問題を出す前に何度も確認するようにもなる。こうした積み重ねが授業を改善していくのに役立つのである。

■ 3.3 クイズの内容の厳選法とは？

　クイズのための問題は，より基本的で重要な概念の理解が求められるものを中心とする。ただし，たまには豆知識などでもよいだろう。基本的概念だけ教え，あとの枝葉の事柄は自習に任せるといった思い切りも重要である。つまり，自習できる能力を育成するわけである。そのためには，できるだけ楽な自習法も用意することが望ましいと思う。いずれにせよ，情報量の制御のためには，テキストなどに書かれているもののうち核となるものを選びだしてその理解を目標にしていく。また，授業などでは15分に一度くらいまとめを入れるのが効果的なことが知られているが，ここで「今までのまとめとして最も適切なのは？」などとして，問題を出してもよい。

■ 3.4 クイズで笑いをとろう

　よい授業では，笑いをとる場面が必要である。読者が通常の一方的な授業の中で冗談を言うことは慣れていない場合も多いだろう。一方で，クイズで冗談を入れるのは比較的容易なことである。そのため，読者も選択枝の一つに，冗談を入れてみよう。

　もっともこうした冗談で受けないときがある。冗談がすべるとこちらはかなりがっかりするが，気にしないで次のジョークで盛り返そうと頑張る。もっとも繰り出すたびに，次から次へとすべることもあるが。

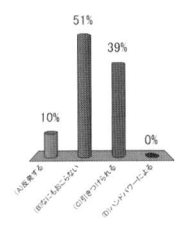

図13-7　冗談を取り入れたスライドの例（あまり受けなかった例）

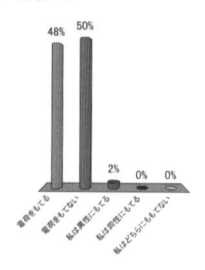

図 13-8 冗談を取り入れたスライド例（こちらのスライドも受けたかどうか判断しにくい。まさか，おもしろかったかどうかを聞くスライドを作るわけにはいかない。これは，おもしろくないと学生から言われるとかなり落ち込むからである）

4 クイズ形式の授業に欠点はないのか？

どんな授業でも完璧なものはない。クリッカーによるクイズ形式の授業にも欠点がある。以下にこれらの欠点について見ていこう。

■ 4.1 教える内容の減少をどう考えるか

クリッカーの効果を上げるには，クイズの時間が増加する。するとクイズに時間を取られるので，説明する量が減少してしまう。これでは，授業全体で教える概念の数が制限を受けてくる。

しかし，これはクイズの欠点と言えるものかどうか疑問でもある。つまり，一方的にしゃべるだけの授業でも，一般的な学生が講義を終わった段階では，2, 3の事柄しか覚えていないといった調査もあるようである。一般に，記憶の保持率は，聞いただけでは10パーセントで，見ると15パーセント，聞いて見ると20パーセント，話し合うと40パーセント，体験すると80パーセントだと言われる。これは，受け身の学習では短期記憶にしか蓄積されないので，長期的記憶の保持が困難なためである。特に情報量の多い授業は，情報量を厳選した授業に比べて学習効果が減少する。他分野のセミナーに出られて同じ経験をお持ちの方もいるかもしれない。新しい用語が次から次に出てくるようなセミナ

ーはしゃべり手のエゴだ．クイズの導入では，こうした情報の制御がどうしても必要になるが，これは逆に言えば利点ではないだろうか？

■ 4.2 企画力が育たない？

クイズ授業では能動的学習と言いながら，自ら問題を見つけていくという能力の向上に結びつかないという欠点もある．もっとも通常の講義でも，こうした能力は育たないので，クイズ授業特有の欠点とは言えない．しかし，現代では企画力が問われることが多く，また私たち研究者にもそうした能力は必須であるのでなんとか学生のこの能力を伸ばしたいものである．

それでは，問題作成能力向上の欠如という問題を改善するにはどうしたらよいだろうか？　それには学生は問題を解くだけでなく，問題を作ることも学ばせるのがよい．このため，私は学生にクイズを毎回1題作ってくるという宿題を出すことにしている．また，それの答えとその解説をさせる．これにより，問題作成能力と説明能力の両方を伸ばすことができる．

この問題を作るというレポートにはもう一つよい点がある．うまくいけば，次の年には学生の作った問題を改良したりして，自分の授業で使うことができるわけである．これはまさに一石二鳥である．えっ？　この宿題は，自分が楽をするのが主な目的ではないかって？　いえ，この宿題はあくまでも学生のためであり，仕方なしにやっているのである．

5　これからのクイズ形式授業

私のクイズ形式授業導入記を中心に，現在までを見てきた．ここで最後に，これからのクリッカー授業についても考えてみよう．

■ 5.1　クリッカーは分野を選ぶのか？

ここでは私の経験に基づいてお話ししてきた．バークレー校の化学授業と海外の物理授業研究からクイズ形式の授業が始まったわけであるから，そこでは主に物理あるいは自然科学の内容についてクリッカー，あるいはクイズ形式の授業が有効であるということはわかっていただけたかとも思う．しかし，人

文社会などの科目についてはどうだろうか？　実際には海外では，人文社会の分野でも「問題を基本とした授業」というのは長年試みられてきたことである。これは，問題を出したり，学生の意見を聞いたりしてから授業を始めていくスタイルである。

　たとえば，法学部では事例に対しての判決をクイズにして，考えさせて，その後それがどうしてそうなったのかを中心に法律の勉強をしていく。このように話題の出だしを問題から入るのは，学生の注意力や思考力を呼び出すのには非常によいテクニックであることは，心理学や経済の問題でも同様である。このように問題を基本とした授業は，学問の分野を選ばない。事実アメリカで数百万個ものクリッカーが売られていることが，クリッカーが理系や文系によらずに需要があることを物語っている。学生の注意力を引きつけ，楽しい雰囲気で授業を行う。しかも，出席も簡単に取れるクリッカーは非常に便利である。他に，15分に一度，それまでのまとめを問題に出すのも，学生にこれまで聞いてきたことを整理させるのに効果的である。また，情報処理試験対策のコースや，TOEIC対策のコースでも，リアルタイムに学生の不得意なところがわかるので，学生と教員の双方に教育効果がある。今後，こうした試験対策が関係する分野でもクリッカーが導入されていくだろう。

■ 5.2　クリッカーは自作できないのか？

　商用のクリッカーは，ソフトウエアと連動しており非常に便利である。一度購入してしまえば，コース終了時に学生から回収するので，使い回しが可能である。しかし，一人の学生あたり1万円近くかかるので，導入は容易ではない。そこで，以前私がしていたように紙で答えを上げてもらうのが次善のやり方である。しかし，あまり格好のよいものではない。そこで，以下に比較的簡単に導入できる手段をご紹介しよう。まず誰でも考えることが，携帯電話で同じことができるのではないかということである。つまり，学生は携帯電話のメールのsubject欄に答えを書いたものを送り，集計していくわけである。しかし，一斉に100通ものメールを受け取ったり，メールサーバーによってはタイムラグが生じたりすることが予想されたため取りやめになった。ちなみに，他大学でも同様の試みをしているところがあるようであるが，集計結果を表示さ

せる技術まで含めて本当に使えるのかは今後の研究課題の一つだろう。

また，北海道大学高等教育開発総合センターの山田邦雅が，酪農学園大学で実践した，100円ショップで売られているリモコンでクリッカーを実現する方法もある。これについて興味がある読者には，山田（印刷中）を読んでみることをお勧めしたい。

6 まとめ

クリッカーは，双方向性授業を始める上で，有用なツールであることはわかっていただけただろうか？ ここでは紙面の関係で，詳しいクリッカーの効能についての理論的根拠は論じていないが，興味がある方は鈴木他（2008）を参照していただきたい。

講義をしていたときは，学生がなぜ理解できないのかが明確にわからなかった。講義とは，まるで暗闇の中を歩くようであり，努力の方向性も曖昧だった。クイズ形式の授業の導入で，学生の理解度の把握が容易になった。そして，クリッカーを導入した当初は，これは授業改善の大きなステップだと思った。まるで明るい日差しの中を歩いているようであった。これにより授業は大幅に改善されたと思った。たしかに，はじめは授業が改善されたという実感があった。しかし，目が慣れてくると，道に落ちているゴミが明確にわかるようになる。つまり，授業の改善点が明確にわかるようになり，私には授業改善の方向性がよりはっきり見えてしまったのである。つまり，現在の自分の授業の欠点が明確になり，改良すべき点がいくつでも見えてくる。このようにクリッカーの導入は，改善の最終目標ではなく，改善の始まりだったのだ。これからの改善点も数多い。完全な人間がいないのと同様に完全な教育はないようだ。このため，クリッカーを導入しても，結局授業改善の努力はこれからもずっと続くのである。しかし，明るい日差しの中を歩むのは，また楽しいのである。

文　献

Banks, D. A.（2006）*Audience Response Systems in Higher Education: Applications and Cases.* Hersey, PA: Information Science Publishing.

Gillespie, K. H.（2001）*A guide to faculty development: Practical Advice, Examples, and Resources*. San Francisco, CA: Jossey-Bass.

小笠原正明（2004）　1990年代の大学および大学院改革─大学設置基準の大綱化と大学院重点化がもたらしたもの　絹川正吉・舘　昭（編）　学士課程教育の改革　東信堂　pp.71-104.

鈴木久男・武貞正樹・引原俊哉・山田邦雅・細川敏幸・小野寺彰（印刷中）　授業応答システム"クリッカー"による能動的学習授業：北大物理教育での1年間の実践報告　北海道大学高等教育ジャーナル─高等教育と生涯学習, **16**

山田邦雅（印刷中）自作クリッカーシステムによる授業　北海道大学高等教育ジャーナル─高等教育と生涯学習, **16**

14 FDネットワークで授業改善・教育力向上

小田隆治

1 FDネットワークブームの背景

　いま，日本の大学では大学間連携の一大ブームが起こっている。このブームの到来は何も今回が初めてではなく2回目である。第1回目は，1998年に誕生した日本の先駆的な大学間連携組織であり，その後の全国のモデルとなった「大学コンソーシアム京都」に端を発し，全国にコンソーシアムの嵐が吹き荒れた。このブームは「大学コンソーシアム京都」をモデルとしたために，大学が県や市などの地方自治体と結びついて，ややもすると地域振興と深く結びついたものであった。そして京都市という世界的に見ても稀有な巨大学園都市に存在する高等教育機関を包含した「大学コンソーシアム京都」は，豊富な財力をバックに，単位互換から学生交流まで多彩な事業を展開し，現在にいたっている。

　では，今年になって起こった第二期の大学間連携のブームは，どのようなことがきっかけで起こったのであろうか。それは，国が高等教育の方針を転換したことが大きく作用している。

　大学全入時代に突入して，自学の存亡と教育の質保証・向上が，全国の大学の差し迫った課題となっている。21世紀に入って，文部省（現・文部科学省）は従来の規制強化から規制緩和に転換し，ここ十年間，激烈な競争の中での生き残りを奨励してきた。この弱肉強食の競争に生き残った大学がすばらしい教育を提供する個性的で魅力的な大学であるというのだ。しかし，それは単なる願望であって，必ずしもそのことは保証されない。生き残った大学は経営にたけ

ていることは確かであっても，教育の本質である人材育成の健全化を必ずしも保証するものではない。

　ここにきて国もその点に気づき，「競争の時代」から「競争と協同の時代」を唱導するようになった。まさにこの協同こそが大学間連携を指している。このことは，2008年7月の教育振興基本計画（文部科学省，2008）の中で，「社会からの信頼に応え，求められる学習成果を確実に達成する学士課程教育等の質の向上」に対する施策として，次のように述べている。「各大学等における教育改善の取組を推進するため，教員の教育力の向上のための拠点形成とネットワーク化を推進するなど，個別の大学等の枠を超えた質保証の体制や基盤の強化を支援する」。

　競争と協同の天秤は時代の中で大きく振れる。高等教育を取り巻く状況の中で，競争に傾き過ぎた天秤が協同とバランスをとるように動いた。このバランスがいつまで続くかわからない。ときに競争が強調され，ときに協同が強調される。

　上記の中教審答申に見るように，教員の教育力の向上すなわちFDというものにフォーカスを絞った第二期の大学間連携は，教育，研究，社会貢献と一大学が行うものと同等の事業を網羅した第一期とは明らかに性格の異なるものであった。

　第二期を生み出したもう一つの外因には，2008年度からの学士課程の「FDの義務化」がある。多くの小さな規模の大学や短大にとって，このFDの義務化は緊急に対応しなければならない課題として，各大学に迫ってきたのである。FDネットワークへの参加は先進大学から学ぶという点だけを取っても，一つの有効な対処法であることは間違いないのである。

　このブームの背景にもう一つ見逃してはならない点がある。それは中教審答申の中でネットワークとともに出てくる「拠点形成」という用語である。文脈から言って，拠点とネットワークは必ずしも結びつくものではないが，実際は，両者は結びつけられて論じられている。

　ネットワークには必ずしも中枢部分の機能が必要なわけではない。それぞれの端末が等価な分散型ネットワークであっても円滑に機能し発展していくことは，インターネットの歴史が如実に物語っている。だが，答申では拠点校をお

いた統合型ネットワークの形成を頭においているようだ。FDに特化したネットワークは2008年までは日本にほとんどなかったのだから，どこかの大学が声をかけてネットワークを構築するしかなかった。「この指とまれ」と声をかけるのはFDの先進大学であり，そこが拠点校となることは自然な流れでもあった。FDの基盤が脆弱な大学群で，いきなり分散型のネットワークを形成することは，教育力向上という目的志向性の高いところではかなりの無理があるのだ。

ネットワークの拠点校となる大学においても実利はある。拠点校に国から財政支援がなされている。また，財政支援がなされなくとも，大学の名が全国に広まっていくという広報上の利益もある。全入時代にあって，どの大学でも受験生確保のために広報の重要性は年々増しつつあり，それにかける投資額も大きくなっている。

このFDネットワークが社会の中で健全な装置として機能するためには，すばらしい人材育成をしている大学が生き残っていく，というこのシンプルなことに寄与することにある。そうした意味では，本質的に，協同は競争を緩和してはくれない。

2 FDネットワークのパイオニアとしての「地域ネットワークFD"樹氷"」の設立経緯

全国のFDネットワークは上記の理由によって，今ブームを巻き起こそうとしている。そうした状況の中で，全国のFDネットワークのさきがけとして，山形県の「地域ネットワークFD"樹氷"（以下，"樹氷"と略す）」[1])が関係者から注目を集めている。それは，すでに"樹氷"が2004年に結成され，活発な活動を展開してきたからである。どうして全国に先駆けて山形の地でFDに特化したネットワークが形成されたのであろうか。その背後には競争的環境の中に生きる大学の姿があった。

2003年，文部科学省は教育に関する競争的資金を分配する「特色ある大学教育支援プログラム（特色GP）」の事業を開始した。その後，このGP事業は大学間競争を推進する大きな役割を果たしていった。山形大学においても著者が

担当者となってFDの取り組みで申請したが，採択されなかった。翌年，捲土重来を期して特色GPに申請する予定であったが，ある学部が申請するというので，われわれの取り組みは出せないことになった。そのとき，当時の副学長が筆者に「あなたが以前言っていた大学間連携FDの構想で申請できないか」と相談を持ちかけてきた。特色GPには大学が単独で行う取り組みの他に，大学間連携の取り組みとしてもう1件申請できるのだった。しかし，まだその大学間連携の組織はどこにも存在していなかった。それが2004年の2月である。そこで，筆者は一晩でアイデアをまとめ，学長と副学長に説明してゴーサインが出た。彼らと一緒に県内に7つある大学・短大の学長に，このFDネットワークに参加してくれるように直接頼みに行った。これが3月末のことである。この結果，7校のうち6校が参加してくれることになった。今考えるとかなり大胆な行動であった。

　どうして一夜城のごとくに，山形県にFDネットワークができたのであろうか。それまで山形県の大学には深い交流の歴史があったのであろうか。いや，そんなことはない。

　一夜城が可能だったのは，山形大学の規模が県内では相対的に大きく，歴史も古かったことが功を奏したのである。山形大学がリーダーシップを発揮することは，他大学にとって自然に思われたのだ。実際には，それまで山形大学が

図14-1　山形大学が2007年から始めた「授業改善クリニック」で学生たちの意見を聞く筆者（右から2人目）（読売新聞，2007）

こうしたリーダーシップを発揮したことはなかったのだが。また，1999年以降，山形大学が一生懸命にFDを行い，それを他大学に開放してきたことも意味があったのだろう。さらに，山形県は大学進学率が低く，その上，2004年には，県内のある短大が，不法な留学生問題により前代未聞の廃校となり，山形県の高等教育機関全体のイメージダウンを生んでいた。こうした負のイメージを払拭するきっかけが必要だった。

"樹氷"が一夜城のごとくに設立できた最大の理由は，学長が直々に頭を下げて回ったことにある。"樹氷"に参加したとしても加盟料はかからないし，特段の義務もリスクもないので，礼をつくした学長に対して，他大学の学長も礼をつくしてくれたのだろうと思う。

こうして設立されたのが国公私立の県内6大学・短大からなる"樹氷"であった。この"樹氷"の取り組みを特色GPに申請したが採択されなかった。そこで，これに懲りずに（筆者は十分懲りていたのだが，周囲が懲りなかっただけである）この年に新設された「現代的教育ニーズ取組支援プログラム（現代GP）」に改訂版を申請し，私としては三度目の正直でやっと採択された。このときの採択理由書が"樹氷"の当時の状況を言い当てているので，一部分を引用しておく。

> 地域連携による教養教育の中で，本プログラムはその規模においても，実績においてもむしろ遅れている方に属するといえますが，山形県下の大学がFDを出発点として，学生による評価体制を築きながら，連携により教育を共有しようとする本取組は，それらの問題を差し引いても説得力があるものと判断されます。進学率が40％に達せず，大学数も7校と少ないなどの状況下で，本取組は山形県の高等教育の将来を決定するほどの重要性を内包しているといえます。関係者の熱意に加えて，山形大学にはこのプロジェクトの先頭に立つだけの意気込みを面接審査の際に示していただきました。その姿勢は，真摯な教育改革の取組として選定に値するものと評価します。

このコメントは面接審査を受けたわれわれの誇りであり，なおかつ，士気を鼓舞するものであった。

設立のきっかけに GP に採択されたいという不純な動機があったとしても，我々は参加校の FD の定着と発展を願って，ひたすらまっすぐに "樹氷" の FD 活動を進めていった。

3 「地域ネットワーク FD "樹氷"」の設計

"樹氷" を設立すると，2004 年 5 月に各大学から 1 名ずつ委員を出してもらい，山形大学で第一回目の「FD 協議会」を開催した。学長は GP に採択されてから行動を起こすものと思っていたらしく，こんなに迅速に事を起こすことに驚いていた。しかし，筆者は GP の採択のいかんに関わらず，"樹氷" はよい取り組みであるし，FD それ自体が金のかかることではないので，きりのよい年度当初から活動を起こすことに決めていた。それが創設者の誠意というものである。

"樹氷" の存在は誰も知らないので，第一回目の「FD 協議会」をマスコミに取り上げてもらうように積極的に働きかけた。そのかいもあって，新聞はもちろんのこと，NHK を含めたほとんどすべての地元テレビ局が夕方のニュースで取り上げてくれた。

協議会にはテレビカメラが並び，報道関係者がたくさん来た。このように，"樹氷" は大きな期待をもって県民に迎えられた。協議員は，こうしたマスコミ陣の中で，一体何が始まるのかわからず，全員緊張していた。緊張していたのはこうした状況を演出した筆者も例外ではなかった。筆者が司会をして議事を進め，「FD 協議会」の議長に選出された。そして，こちらで提案した一年間の事業が決まった。

"樹氷" の実施体制と事業設計は筆者が行ったが，その際に留意した点は次の通りである。まず，各大学の負担にならないことがある。それは金銭的にであり，労力的にである。加えて，費用対効果を高めることがある。ここで言う効果とはもちろん FD の成果である。

このように負担減を考えたつもりでも，教員数が十数名の小さな短大にとっては，年数回しか実働しない協議員を出すこともかなりの負担のようだった。たしかに年数回と言うが，学内への報告などを考えるとそれなりの負担である

ことは，一教員の著者にはわかる気がする。このように各大学がかかえるリアルな事情が少しずつわかってきて，筆者はよい勉強になった。

　"樹氷"の事業設計は，それまでわれわれが取り組んできた山形大学のFD事業[2]を最大限にいかすことにし，極力新しい事業を加えないように努めた。なぜならば，"樹氷"を支えるための山形大学の陣容が薄かったからだ。われわれの陣容に合わせた規模にしなければならなかった。こうして，山形大学のFD事業をそのまま"樹氷"に反映することにした。大学の専門性が違うにもかかわらずこのことが可能だったのは，山形大学のFDが全学共通教育の教養教育を対象として発展してきたことによるところが大きい。教養教育は文学，経済学，物理学，生物学などの一般教育科目から英語，情報科目，そして体育まで網羅している。このように山形大学のFDが幅広い学問分野からなる授業を対象としていたので，専門性の異なった大学にも技術移転が可能だったのである。

　ここで技術移転と言ったが，"樹氷"の特性の一つはこの言葉の中にある。"樹氷"はお互いのFDの成果を出し合って相乗的に発展していく分散型ネットワークとしてではなく，山形大学が中核となって，山形大学のFDのノウハウをセットにして他大学に広めていく統合型ネットワークとして制度設計された。一見非民主的な統合型ネットワークを組んだのは，ほとんどの参加校がまだ組織的にFDに取り組んでいない状況において，短期間に自立できるようになるためには，この方法が即効性があると考えたからだ。もちろん，相手が望まないことは無理強いできない。技術移転の成功は相手の受容能力に大きく依存している。

　"樹氷"の一年間の主要なFD事業は次の通りである。①統一フォーマットによる『学生による授業評価』，②公開授業と検討会，③FD学生モニター会議，④合同FD研修会。

　①が"樹氷"の最大の特徴となっている。これはアンケート様式を統一し，集計結果の表も山形大学方式で行い，それを"樹氷"の中だけでなく「報告書」などを通じて全国に公開するという画期的なものであった。これを山形大学は2000年以来ずっと続けている。ある大学はこの方式を全面的に採用し，ある大学は一部の教員が実施することにした。『学生による授業評価』の経験の全くない大学にとっては大きな飛躍であった。FDネットワークの大きな利点は，

こうした飛躍を比較的容易にできるところにある。

　この山形大学方式の統一フォーマットによるアンケートの実施は，スケールメリットもあって，かかる費用が格段に安くてすむ。しかし，本当に重要なことは，個々の教員の評価結果を全面的に公開する点にある。授業改善は個々の教員の努力にかかっていることは間違いないが，FDによって個々の教員の授業の情報を透明化し，教員同士で共有化していかなければ，授業の改善を組織的に効率よく進めていくことはできない。そして自学の実態を組織的に把握しなければ，その大学は決してよくなっていかない。教育の改善で問われているのは，自分の大学であり，在籍している学生たちである。空疎ではないリアルな情報を手がかりに自由闊達な議論を展開するためにも，教育情報の透明化は必須である。

　情報の掌握を一部の権力者だけに委ねるわけにはいかない。そのためにも少しの勇気が必要だ。慣れてしまえば，アンケート結果の公表などそれほどたいしたことではない。すでに山形大学を始めとしていくつかの大学でやっているのだから。

　②の公開授業と検討会は，京都大学の方法を研究して，それを修正して山形大学に適合するようにしたものである。山形大学方式としてこれも全国のいくつかの大学で利用されている。これを"樹氷"の参加校で毎年順番に実施してもらうことにした。

　③のFD学生モニター会議は，教育の改善にはその受益者である学生の声を反映させることが必須であるという考えに基づいている。そこで，各大学から1名（2年目から2名）ずつの学生を出してもらい，年に1回（2年目から2回）3時間程度の話し合いを行った。2年目から拡大したのは，学生はもちろんのこと教職員にも好評だったからである。

　④の合同FD研修会は，それぞれの大学の一年間のFDの成果をもちよって評価点検を行って，見直す作業である。

　①から④以外にも，山形大学の「FDワークショップ」や「FD合宿セミナー」への参加があった。また，大学の輪番で各大学の特性に合ったFDのシンポジウムを開催した。

4 「地域ネットワーク FD "樹氷"」の活動

　"樹氷"の事業として短大で「公開授業と検討会」を行った。その短大では初めての経験であった。そこに他大学の学長と副学長が参加し，検討会の議論に活発に加わった。学長自らが FD を勉強しようとする熱意がひしひしと伝わってきた。FD という組織をあげての取り組みは，大学のトップの理解なくしては定着しない。"樹氷"の発展のためにも，とてもありがたいことであった。

　ある大学が「公開授業と検討会」を実施する番になった。開催の数日前に，その大学の協議員から私に電話があった。日頃からあまりうまの合わない先生が自分の授業を公開するというので，検討会の司会をすることになっていた協議員は心配で仕方がないと言う。筆者は「心配することはありません。私がいる限り大丈夫です」と言って安心してもらった。その通りに，当日はうまくいった。

　大学内の人間関係はときに辛辣である。こうした厳しい人間関係に，よそ者はしらっと入っていくことができる。これがネットワークの利点の一つである。FD の研修会にあって，自学の担当者にはつらく当たるが，他大学の講師の言うことは比較的素直に聞く人たちが多いことも耳にする。それは何も FD に限ったことではなく，日本人の特性のようだ。であるなら，それをうまく活用していこうではないか。

　学生モニター会議の席上で，ある学生が他大学の学生に「あなたの大学は今日まで他県にあると思っていた」と大胆に言った。別にこの学生の認識が特別ではない。県内にはたった 7 つしか大学・短大がないのにほとんど何の交流もなかったのだ。また，この会議である短大の学生は「こんなにすばらしい取り組みがあるとは知らなかった。これを自分の大学にもち帰って，大学公認の学生サークルを作ろうと思います」と言って，本当にそうしてしまった。

　諮問会議の学外委員の一人だった高校の元校長は，「こんなにすばらしい試みが山形県でなされているとは知らなかった。もっと高校に発信するべきだ」と言ってくれた。われわれの活動を評価してくれたことのうれしさと同時に，今さらながら情報発信不足を反省させられた。

　もちろん"樹氷"はよい事づくめではなかった。他大学の学長が怒っている

ことを聞いて，事務スタッフと一緒にその大学に説明しに行ったことは，一度や二度ではない。筆者にとってはそれもよい経験であった，と今だから言える。

それぞれさまざまな事情をかかえた大学同士，それが何の問題もなく連携などできるわけがない。特に共同の事業をし，それぞれにそれなりの責任をかかえたときには軋轢（あつれき）が生じるのが当たり前だ。そうしたことを予見して，互いに信頼し，やんわりと行くしかない。

5 "樹氷"から"つばさ"へ

"樹氷"が結成されて数年経つと，各大学に自立の方向が出てきた。それぞれに自分の大学に合ったFD活動を模索し始めたのだ。ある短大の協議員は，「自分からFD委員の手を挙げました。こうしたことは他人から命令されてやることではないですからね。そして教授会の始まる前に定例的にFDを行うことにしました。毎月の目標を決めて着実にやっていきます」と言った。こうして各大学にFDが根付き，"樹氷"は分散型ネットワークへと発展していった。

筆者は，"樹氷"のネットワークを県から飛び出させて，拡大したいと思うようになっていた。それは"樹氷"の経験を2008年度のFDの義務化で困っているもっと多くの大学に活用したかったからだ。県外に飛び出すといっても，われわれの陣容からいって全国にまで展開するわけにはいかなかった。そこで北海道から関東までの東日本地域を対象としてFDネットワークへの参加を呼びかけた。こうして誕生したのが「FDネットワーク"つばさ"」である。今，東日本地域35の大学・短大・高専と一緒にFDに取り組んでいる。われわれはここで得られたFDの知見を山形県や山形大学に還流することができる。地域は地域にだけ閉じこもっていては，発展がないのだ。そして，地域性については，心配しなくても山形県には「大学コンソーシアムやまがた」がある。

6 FDネットワークのこれから

現代GPのポスター発表で，"樹氷"の説明を聞いたある大学関係者が「ネットワークがそんなにいいのなら一つの大学になればいいじゃない」とあからさ

まに揶揄するような言葉を筆者にぶつけた。国公私立の設置形態が違い，それぞれの大学の理念も違う大学が一緒になれるはずがないし，なりたいとも思っていない。

　個性に基づいた多様性こそが豊かな社会の基盤となるのだ。われわれは個性的な魅力ある大学になるために，ネットワークを形成している。ネットワークは，決して大学を金太郎飴のように標準化することに働くものではない。これまでは，われわれが教育や授業をよくしようと思っても，その参考になるのは過去の経験と少しの書物しかなかったはずだ。改善しようと真剣に思うならば他者（他校）の事例を参考にするしかない。そしてその事例を鵜呑みにするのではなく，自分流にアレンジしていくしか方法はない。こうした意欲としなやかさがネットワークの基盤となっているのだ。

　FDは組織的と言いながらも「人間的なあまりに人間的な」営為としてある。それは，FDの担当者はもとより，個々の教員についても然りである。個人が代替可能なティーチングマシンとして組織からスポイルされないところにFDはなくてはならない。

　競争と協同，そのいずれもが人間的であり，そのいずれもがときとして非人間的に作用する。教育の場である大学は，教職員が非人間的であることを許さない。

注
1) FD協議会"樹氷"（2005-2007）を参照。
2) 山形大学教育方法等改善委員会〔前・教養教育研究委員会〕（編）（2000-2008）を参照。

文　献
FD協議会"樹氷"（編）（2005-2007）"樹氷"FD研究年報やまがた　各年度版　山形大学
文部科学省（2008）　教育振興基本計画　〈http://www.mext.go.jp/a_menu/keikaku/080701/002.pdf〉（参照日：2008/12/19）
山形大学教育方法等改善委員会〔前・教養教育研究委員会〕（編）（2000-2008）　山形大学教養教育改善充実特別事業報告書─教養教育　授業改善の研究と実践　各年度版　山形大学

読売新聞（2007） 教育ルネサンス　教師力　大学編　(6) 授業診察　他校と連携へ　7月10日

第4部
FDの今後

15 ICTによる教育改善の可能性と展望
16 FDの南北問題——FD vs. 組織・個人
17 教員が学問の醍醐味を熱く語らないためのFD
18 FDを楽しむという発想

15 ICTによる教育改善の可能性と展望

天野憲樹

1 はじめに

　FDの義務化にともない，多くの大学において教育の質的向上を目的としたさまざまなFD活動が展開されつつある。こうした背景から，現在FDのコンテキストにおいてICT（Information and Communication Technology）の利活用が語られる，あるいは，ICTの利活用をFDにからめて語ることが見受けられる。たとえば，授業におけるパソコンの活用や講義資料の電子化と公開をFD活動の一環とみなすことなどがこれに該当する。しかし，従来の板書がパワーポイントのスライドにおきかわっただけでは教育の質的向上にはほど遠く，いつでもどこでも学習できるユビキタスな学習支援という視点でも，ネット上の電子資料は昔ながらの紙の資料に遠く及ばない。紙の資料ならネットやパソコンはおろか電気さえ必要なく，折りたたんでポケットに入れることもできる。

　ICTの教育利用はそれが喧伝されるほどには普及していない。それは端的に言って，多くの教員が「その必要性を感じていない」からである。ICTによって得られるメリットも確かにあるが，それにはICTに関する最低限の基礎知識と技術を身につける負担がともなう。ICTによる講義資料の容易な配布や学生への迅速な連絡などを強調しても，そうした作業が従来は事務職員によって行われてきたことを考慮するなら，これをもってICTの利用によるメリットと言うのは無理がある。ICTを利用する必要性が明らかでない以上，ICTの教育利用に対して否定的・懐疑的な態度をとる教員が多くても無理はない。

　教育の質的向上を保証せず，教員がその必要性を感じていないにもかかわら

ず，ICT の教育利用は今後加速すると予想される。その背景にあるのは，大学の「ユニバーサル化」と「単位の実質化」である。大学全入の時代を迎え，大学はかつてないほどのユニバーサル化に直面し，変革の必要にせまられている。そして，このユニバーサル化とあいまって，近年取り上げられるのが「単位の実質化」である。これは授業に出席さえすれば，必ず単位が取れるような状況を廃し，学生に授業時間外の学習を促す意図をもっている。こうした現状から，大学は授業の改善にとどまらず，授業時間外にまで踏み込んで，学生をケアすることが求められつつある。こうした点が ICT の教育利用に期待されるところであり，これを効率的に実現するには ICT の利活用が有用である（☞第 11 章）。

ユニバーサル化の進んだ大学では，学力に関して従来よりも多様な学生の存在を前提とする必要があり，講義スタイルの変革も求められる。これまで主流であった知識伝達型の一方向的な講義スタイルはうまく機能しない可能性が高く，学生がより主体的に取り組むことのできる，あるいは，学生をひきつけるスタイルの講義が必要となる。一方，単位の実質化には，学生の授業時間外学習を支援するシステム，特に，学生の学習活動・成果を定量的に測定できる機能をもつシステムが必要であり，その測定結果を成績に反映させる評価の方法も望まれる。学習活動が成績評価に結びつかない場合，学生のモチベーションを維持することが非常に難しいからである。

以上の点をふまえ，本章では，授業を活性化するツール，学生の授業時間外学習を支援するシステムについてそれぞれ言及し，ICT による教育改善の可能性と今後の展望について述べる。取り上げるツールやシステムは筆者が授業で利用しているもの，開発に関与しているもの，今後の展開を注視しているもの，などである。紙面の都合から，本章の趣旨に適う少数のツールとシステムのみを取り上げるが，利用者としての視点からそれらの効用について考察するとともに，今後の展望について私見を交えて述べる。

2 授業を活性化するツール

大学のユニバーサル化に際し，具体的な FD 活動の一つとして，講義スタイルを見直す動きが多くの大学で活発化している。とりわけ，教員から学生へ一

方的に知識を伝達する一方向型の講義スタイルを廃し,教員と学生のコミュニケーションを基調とする双方向型の講義スタイルをめざす傾向が顕著である。

■ 2.1 クリッカー（聴衆応答システム）による授業の活性化

クリッカーとは,「聴衆応答システム（Audience Response System）」の通称であり,端的に言えば,学生が授業の応答に利用する小型の無線装置である[1]（☞第13章）。その外観はテレビ用の小さなリモコンに類似して0から9までの数値ボタンしか付いていないが,この装置はパワーポイントと連動しており,複数の学生が押した数値ボタンの集計が即座になされ,その集計結果がパワーポイントのスライドに表示される。このクリッカーを用いた授業はおおむね以下のようになる。まず,教員が事前にクリッカー用のスライドを作成する。これは質問と解答の選択肢からなるパワーポイントのスライドである。そして,教員は授業中にこのスライドを表示し,学生にクリッカーを使って解答を選択させる。学生が選択した解答は即座に集計され,この集計結果がスライド上にグラフ表示される。なお,クリッカーの詳細については,本書13章を参照いただきたい。

クリッカーを用いた授業は従来の一方向型講義スタイルを大きく変えるものであり,教員と学生の双方に利をもたらす。教員は授業中に学生の理解度を知り,授業の展開を柔軟に変更することが可能となる。学生は授業への参加意識を強くもつことができ,授業に対する姿勢が前向きになる。それに加え,クリッカーの利用が授業にメリハリをつけるため,学生の集中力も持続しやすくなるという効果がある。

しかし,クリッカーという装置のもの珍しさやクイズ番組さながらの講義スタイルから来る表面的な効果は持続しない。結局のところ,質問のクオリティが問題となるのである。学生が興味・関心を抱き,かつ適切な難易度の質問が望まれるが,この要求を満たす質問を用意することは難しい。それは質問と解答の選択肢をパワーポイントのスライド1枚に収めなければならず,こみいった質問のスライドを作成することが難しいためでもある。また,「選択クイズ形式」のクリッカーによる授業で得られる学生からのフィードバックはすべて事前に想定可能なものである。つまり,教員が思いもつかないようなフィード

バックを得ることはできない。これがクリッカーの限界と言える。

クリッカーの限界を越えることはできないが，スライドの作成には工夫の余地がある。具体的には，質問を階層化して複数のスライドに分割すれば，こみいった質問のスライドも作成できる。ただし，この場合はあまり間隔をおかずに一連の質問をしなければ意味がなく，それにはある程度のまとまった時間が必要となる。しかし，授業時間の多くを質問に費やすのは好ましいことではなく，授業にメリハリをつける意味でもクリッカーによる質問は時間的に分散させた方が効果的であると考えられる。

また，クリッカーのコスト的な面も無視できない。現状では，クリッカー1個につき約1万円のコストがかかるため，数百人規模の授業でクリッカーを利用するには，相当なコストを覚悟しなければならない。クリッカーに要するボタン電池のコストも小さくはない[2]。携帯電話と動的なWebページを用いてクリッカーと等価なシステムを実現することも可能ではあるが，携帯電話の利用には後述する問題があり，クリッカーの代替装置として携帯電話を利用することには疑問の余地がある。授業の改善という目的からはずれるが，クリッカーは授業の出欠管理システムにもなる。クリッカーの応答履歴はシステムにデータとして蓄積され，レポート表示することができる。そして，各クリッカーがもつユニークなIDを学生一人ひとりと対応させれば，授業の出欠を管理するシステムになる。大人数の講義では，出欠の管理に要する手間も大きく，これが自動化されるだけでも教員にとっては有用である。こうした授業の運営に関わる雑務の軽減という視点からICTの導入を検討することも一つのあり方である。

■ 2.2 モバイル機器による授業の活性化

今日の携帯電話には，通話機能の他に，電子メールとWebブラウジングの機能が基本的に搭載されている。機種によっては，電子メールによる添付ファイルの送受信をはじめ，オフィス系ソフトで作成されたファイルやパソコンと同じホームページの閲覧さえ可能である。こうした携帯電話は携帯型の学習機器としても有効に機能する。

携帯電話のようなモバイル機器を授業で利用する試みもすでに行われている。

それはクリッカーを用いた授業と類似するが，クリッカーの代わりにモバイル機器，パワーポイントの代わりにホームページや電子メールなど，を用いる。具体的には，教員が事前に授業用のクイズやアンケートなどを作成し，ネットで閲覧できるようにしておく。後日，授業中に学生がモバイル機器を用いてそれにアクセスし，クイズに答えたり，電子メールで意見を述べたりする。こうした学生の解答や意見は教員の管理するサーバーで処理され，その処理結果はすぐにネットで閲覧することができる。以上のようなモバイル機器による授業の活性化も基本的にクリッカーによるそれと同等の効果をもつ。また，クリッカーよりもコスト面での問題が少なく，クリッカーではできない学生の意見を収集することも可能になる点は特筆すべきである。さらに，授業時間外学習への接続性という点から見ても，モバイル機器はクリッカー以上の柔軟性と可能性をもっている。

　モバイル機器の利用は有効ではあるが，現実にはかなりハードルが高い。サーバーの管理などは除いても，最低限Webに関するシステムの知識が必要になる。特に，携帯電話向けのホームページは携帯キャリアや端末ごとに異なる部分があり，これに十分な注意を要する。こうした点が技術革新で解決されたとしても，モバイル機器には汎用性があり過ぎるという問題がある。クリッカーの場合，可能な操作は0から9までのボタンを押すことだけであるが，モバイル機器には，メールやWebなどさまざまな機能があり，これが学生の注意を他にそらし，授業に集中できない状況を生み出す。実際，授業中にモバイル機器の使用を認めると，授業とは全く関係のないホームページを見たり，ゲームをする学生が少なからずいる。このため，モバイル機器の授業利用については，その利用時間や利用頻度を制限するなどの工夫が必要となる。

3 学生の授業時間外学習を支援するシステム

　大学のユニバーサル化によって，大学は変革の必要にせまられているが，大学（教員）側の努力だけですべてが解決されるわけではなく，学生の側にも相応の努力が期待される。とりわけ，「単位の実質化」は講義が単位に見合う内容でなければならないことを示唆する点で教育の質保証（主に教員側の努力による）に

関係するが，学生に授業時間外の学習を促す（学生側に努力させる）ことに重点がおかれている。

しかし，ユニバーサル化の進んだ大学では，学生に授業時間外の学習を促し，その効果をあげることは難しい。学生の意欲はともかく，学力に関して多様な学生が存在するからである。このため，学生の学習を支援するシステムと授業時間外の学習活動を成績に反映する評価の方法が望まれる。本章の範囲を越えるため，成績評価については言及しないが，成績評価と学習支援システムは相補的な関係にある。学生の学習活動を成績に反映するには，それを定量的に測定する学習支援システムが必要となる。

■ 3.1 LMS（学習管理システム）による学習の支援

LMS（Learning Management System）は主として学生の学習活動を管理するために開発されたシステムであり，講義の運営に関するさまざまな機能を提供する（☞ 11 章 p142）。具体的には，講義の履修者情報を登録する機能，電子化された講義資料を保管・配信する機能，学生の理解度を測る Web 上のクイズを作成・採点する機能などが提供されるが，重要なのは，こうした機能を利用した学生の学習活動履歴がシステム内に蓄積され，それを参照することができる点である。たとえば，ある学生がどの講義資料をダウンロードしたか，クイズの点数は何点か，といった情報を取得することが可能になる。また，学生はネットを介して LMS にアクセスし，履修講義に関する授業時間外学習の支援を受けることができる。現在，代表的な LMS として，Blackboard [3]，Sakai [4]，Moodle [5] などがあり，これらは国内外を問わず，多くの大学で導入・運用されている。

LMS により教員は Web サーバーの立ち上げや講義用ホームページの作成をすることなく講義資料を配布でき，学生の学習状況・成果を把握することも可能になる。これは学習状況・成果の思わしくない学生を容易に特定し，十分にケアするための第一歩となる。また，学生は時間や場所に制約されず，必要な講義資料を取得して講義の予習をする，理解を確認するためのクイズを解いて講義の復習をする，などが可能になる。これらは LMS がなければ不可能というわけではないが，LMS はそれらをきわめて効率的に実現する。

LMSが有用であることに疑問はないが，その導入と運用に要するコストの問題は大きい。無償のLMSもあるが，それを利用するには技術に詳しい人間の継続的かつ献身的な関与を要する。また，LMSと学務システムの連携に関しては，十分に注意しなければならない。これを見落とすと，最悪の場合，学生の履修登録や最終的な成績処理などに手作業が発生し，LMSの導入が教員の負担を増やす結果となる。LMSと学務システムの連携に要するコストは学務システムの形態にもよるが，小さな額ではない。

　LMSは学習管理のシステムであり，学生が使っておもしろいと感じるものではない。多くのLMSが類似のインタフェースをもつが，それは学習意欲を喚起するにはほど遠い無味乾燥なものである。そのため，LMSを利用した学生の学習活動を成績に反映させるなどの工夫をしない限り，学生がLMS経由で授業時間外に学習することはあまり期待できない。

■ 3.2　シリアスゲーム（教育利用を意図したデジタルゲーム）による学習

　シリアスゲーム（藤本，2007）とは，教育や社会に役立つデジタルゲームのことであり，ゲームがもつ教育的な要素の積極的な利用を意図してデザインされた本格的なデジタルゲームである。直感的には，シミュレーションゲームと言われる範疇のゲームと重なる部分が多い[6]。ゲームを教育に利用する試みはこれまでにも行われたが，過去に開発された教育用ゲームは主に単純なアニメーションが付いたドリルやクイズなどのソフトであった。シリアスゲームはドリルやクイズなどのソフトでは修得が難しい論理的な思考力・判断力といった高次の学習能力を身につけることを意図している点でも過去の試みとは一線を画す。実際，代表的なシリアスゲームはゲームとしての完成度が非常に高く，数時間程度のプレイ（学習）でゲーム（学習内容）をクリア（修得）できるものはほとんどない。

　シリアスゲームが注目される背景には，良質な学習コンテンツの不足という現実がある。学生のモチベーションには学習コンテンツの質が大きく影響するが，これに関してゲームのデザインには参考になる部分が多い。ゲームは「プレーヤーを惹きこむ」「プレーヤーにプレイを継続させる」といった点を重視してデザインされているからである。つまり，シリアスゲームは「学習者を惹き

こむ」「学習者に学習を継続させる」ことを考慮して設計され，それにある程度成功している。シリアスゲームを授業時間外に利用させることで，授業を補完する以上の内容を学生に学ばせることが期待できる。

　しかし，現存するシリアスゲームの数は少なく，今後もそれほどの増加は見込めない。それはシリアスゲームの開発コストが非常に高く，簡単には製作できないからである。また，シリアスゲームの高品質という特徴には，ゲームの難易度が高いがゆえにゴールへの到達が難しい，という負の側面もある。これは学習が完結しないことを意味する。結果として，学習者のモチベーションが低下し，最悪の場合には，学習者がゲーム（学習）の初期段階でゲーム（学習）を放棄することも考えられる。

　シリアスゲームを本章で取り上げたのは，それが現代社会のニーズを満たす潜在的な可能性をもつと考えられるからである。高度情報化社会と言われる現代では，科学技術教育が優先される傾向にあり，倫理や道徳教育などの欠如が問題視されている状況は周知のことである。これには情報化社会という社会的な背景だけでなく，倫理・道徳教育それ自体の難しさにも原因がある。一見しただけでは，違和感を覚えかねないが，倫理・道徳教育にシリアスゲームが有用である可能性は高い。長い時間をかけ，精度の高いシミュレーションの中で積み重ねる体験は仮想のものではあっても，授業でのテキストを使った倫理・道徳教育よりも多くのことが得られると予想される。

4　技術的な問題以上のこと

　ICTによる教育改善，あるいは，ICTの教育利用というコンテキストでは，とかく技術的な話題に関心が向かいがちであるが，重要なポイントはむしろ技術以外の理念や制度的なものであることが多い。もちろん，技術的な面でのブレークスルーも重要であるが，技術を利用する教員の意識改革と技術を最大限にいかす制度がなければ，どんなにすばらしい技術も宝の持ち腐れになる。現段階のICTも決してレベルの低いものではなく，それが最大限に利用されるならば，相当な効果をあげることが期待できるものである。

　ICTを教育に利用する主な目的は授業時間外にまで踏み込んだ学生のケア

（サポート）であり，それは大学のユニバーサル化と単位の実質化から必然的に発生する新たな要求への必要かつ不可欠な解である。これが意味するのは，これまで以上の教育活動が教員に求められているということである。つまり，ICT の教育利用が従来通りの教員の教育活動における負担を軽減するかのような認識は正しくない。まず，こうした教員の認識を正し，発想を転換することから始める必要がある。

発想の転換という点では，個々の教員のみならず，大学が組織としてその意識を変える必要がある。ICT を用いた教育改善には，必然的にコストがかかる。大学淘汰の時代において，コストの削減を第一目標に掲げる大学も多い。しかし，ICT による教育改善のためのコストを削減することはユニバーサル化と単位の実質化から見て適切な対応とは言い難い。教育にかかるコストの削減を期待して，ICT の利用や e ラーニングを導入する試みの多くはうまくいかない。それは米国の事例からも明らかである（吉田, 2003）。ICT の教育利用には，相当な初期コストだけでなく，教材の新規開発を含めた継続的な運用コストが必要になり，こうしたコストは必要不可欠なものであるという認識のもとに ICT の教育利用を推進していく必要がある。それが社会から求められているからである。

こうした発想の転換は重要であるが，これと同様に制度的なしくみも必要である。具体的には，学生の授業時間外学習を成績評価に反映させる，教員の教育活動を業績評価に反映させる，それぞれの評価方法が求められる。それ以前に，これは学生と教員に対する「飴」ではなく，行為に対する「正当な評価」であるという正しい認識をもつ必要がある。研究論文の数が業績評価の絶対的な基準である限り，ICT の利用はおろか，FD 活動などはほとんど絵に描いた餅になる可能性がきわめて高い。このような制度的な問題，とりわけ評価に関する改革は遅々として進まないものであるが，これを避けることはできない。

5 ICT と教育の行き着く先

教室の中心には多面体の黒板ディスプレイがあり，それを取り囲む同心円状に学生の机が整然と並ぶ。多面体の黒板ディスプレイは中央に教員のスペース

をもつ円筒形で，教員による全方位のデジタル板書は裏面のディスプレイで全方位から閲覧できる。学生は携帯電話のジェスチャー操作で黒板ディスプレイに質問やコメントを書くことができ，デジタル板書と教員の講義映像は携帯電話に記録してどこでも再現できるだけでなく，必要な箇所を瞬時に検索することで効率的に復習できる。未来の学校やユビキタス学習環境などの名称で描かれるこうした未来予想図を目にしたことはないだろうか。

　近未来の教室は上記のようなものかもしれない。しかし，それは従来の教室にあったものを高度化させただけであり，過去の教室に束縛されている感じを受ける。では，もっと遠い未来はどうであろうか。こうした予想が何の意味ももたないことをわかりつつ，少しばかり想いをはせてみる。机も椅子も黒板もすべてを取りはらい，教員と学生だけがそこに佇んでいる。学生は携帯電話を持たず，教員もノートパソコンを携帯していない。ただ，教員と学生は確実にコミュニケーションを取り，そこでは「教育」が行われている。教員や学生の思ったことは直接かつ正確に相手に伝わる。「以心伝心」が「以心電信」となって，いつかこのような「教室」が実現されるかもしれない。

　未来の教室はともかく，ICTはすでに「学び」の概念を変えつつある。人類の歴史において，学習は暗記とほぼ等価であるという時代が長く続いた。やがて，印刷技術の発展により，学習に占める暗記の割合は減少したが，それでもなお学習には暗記が重要であった。すべての本を持ち歩くのは不可能であり，必要な箇所を瞬時に検索することもできなかったからである。現代において，この問題はほぼ解決された。もはや，棒暗記・丸暗記という退屈な作業は必要なく，「考える」という最も重要かつ本質的な部分にのみ焦点を当てることができるようになったという声を耳にする。しかし，必要な情報（知識）が一次記憶装置（頭）の中にあるのと二次記憶装置（パソコンやインターネット）の中にあるのとでは，全く意味が違い，その差異が「考える」作業に与える影響は大きいと筆者は考える。こうした点には，十分に注意する必要がある。

6　おわりに

　最後に，FDのコンテクストにおいてICTの利活用を考える際にいつも気に

なっていることをあげて筆をおきたい。それは四半世紀近く前に筆者が受けた大学の講義である。当時も現在と同様に，学生の質が落ちているなどの指摘がなされていたと思うが，FD などの話は耳にしたことがなく，授業評価アンケートなどといったものもなかった。当時の教員は自分の好きなように授業を展開しており，どの授業も今まさに批判の矢面に立たされている一方向型の授業でしかなかった。たしかに，おもしろみに欠ける授業もあったが，それを全否定する気にはなれない。それどころか，あれでよかったとさえ思えるのである。これを単に時代が変わったと一蹴する向きもあるが，はたして，それは真実であろうか。

　現在の状況は教員と学生の双方にとって不幸である気がしてならない。皮肉なことに，偏向した FD 活動の推進により名物教授のような存在が消滅し，よくもわるくも平均的な教員だけが現場に残ることになっていないだろうか。ICT の教育利用によって講義が均質化されることで，教育における最低限度の質が保証されることはたしかだが，その半面，各教員の能力や個性を存分に発揮した味のある講義が減少することにならないだろうか。昨今では，ICT の利活用能力が教員の職能であるとして，その種の教員向けセミナーがいくつも開催されているが，小手先の ICT チップスを身につけることが教員の職能開発というのは強い違和感を覚える。「はなし」だけで学生をひきつける真の意味での実力が教員の職能であり，それを身につけるのが，教員の職能開発ではないだろうか。理想論と一蹴されるのが落ちであることは承知であるが，理想を全否定するところからは何も生まれない。

　また，学生にとっても，授業時間外の学習が正当に評価されることは歓迎すべきことである反面，本来自発的に行うべき学習がシステム的に管理され，成績評価を盾に「学習させられる」という感覚に陥るのではないだろうか。このような学習が大学生に妥当なものと言えるかどうかは疑問の余地がある。ICT の推進ばかりに目を奪われることなく，こうした問題点について十分に議論を重ねることが重要であることを指摘しておきたい。

注

1) KEEPADについては以下URLを参照のこと〈http://www.keepad.com/jp/ars.php〉（☞ 13章 p172 図13-4）。
2) クリッカー用のボタン電池は数百円するもので，その寿命は長くても1年程度である。
3) Blackboardについては下記URLを参照のこと〈http://www.blackboard.com〉（参照日：2008/12/19）。
4) Sakaiについては下記URLを参照のこと〈http://sakaiproject.org/portal〉（参照日：2008/12/19）。
5) Moodleについては下記URLを参照のこと〈http://moodle.org/〉（参照日：2008/12/19）。
6) シリアスゲームはシミュレーションゲームと完全に同一ではないが，両者は重なる部分が多く，実際に代表的なシリアスゲームはシミュレーションゲーム的なものが多い。

文　献

藤本　徹（2007）シリアスゲーム―教育・社会に役立つデジタルゲーム　東京電機大学出版局

吉田　文（2003）アメリカ高等教育におけるeラーニング―日本への教訓　東京電機大学出版局

16 FDの南北問題
——FD vs. 組織・個人

清水　亮

1 はじめに

　2008年度から大学でFDが義務化された。2008年3月に大学コンソーシアム京都主催で行われた第13回FDフォーラム「大学教育と社会～FDの義務化を控えて～」には，全国から1000人を越える参加者が集った。大学は全入時代に突入し，2008年はFD元年とでも言われるようになるのだろうか。独立行政法人化した国立大学，公立大学や大手の私立大学では，自らの大学こそ現在の教育のニーズに応えうる大学であることを示すために，組織としてFDに取り組もうとしているように見える。これらの大学のほとんどには，大学教育センター（以後，大教センター）があり，大教センターを軸に，FD＝組織的FDという考え方が定着している。そして，各種GPなどへの申請，採択は，組織的FD推進の成果の一環と評価されている。

　どの教員もそれぞれ大学という組織に属しているのだから，FDも組織をベースに推進されるものだと考えられるのは当然かもしれない。しかし，大半の大学には，大教センターはなく，FDは，委員会組織のようなものを軸にトップダウンで行われるケースと，ボトムアップ，すなわち，授業改善に目覚めた教員が，他の教員にも影響を与え広がっていくケース，そして，いずれも中途半端で，現場任せになっているケースの三つに分けられる気がする。

　大教センターをもつ一部の上位大学を別にすると，FDの義務化への対応には，ずいぶん温度差があるように感じる。2008年4月のFD義務化から2ヶ月たった6月に110法人と124大学が加盟している日本私立大学連盟がFD推進

会議を関西と東京で開催した。関西会場の出席者は，28大学46名だった。2名以上の出席者があった大学は，大谷大学2名，京都産業大学2名，京都精華大学2名，久留米大学2名，聖トマス大学2名，龍谷大学2名，愛知大学4名，立命館大学5名，同志社大学6名で，出席者46名中27名を占めた。複数が出席した大学には，今までも授業改善実践などを通して，FD推進してきた土壌があるように感じられたが，他の出席者からは「どうFDを推進すればいいのだろう？ FDとは？」という声が多く聞かれた。FDへの温度差はどこから来るのだろう。よく聞かれる「FDは西高東低だよ」という，東に比べると，西にある大教センターが気を吐いて頑張っていることを意味する言葉を耳にしていた私には関西がこのありさまなら東京ではどうなっているのだろうと思わず考えてしまった。

　大教センターのある大学の教員にとっては，大教センターというプロデューサーの下で組織的FDという演劇において，自分のパートをこなせばよいのかもしれない。しかし，プロデュースしてくれるセンターのない大学の教員にとっては，FDは落語の高座なのかもしれない。つまり彼らのFDの成否は自分自身にかかっている。日本の大学でFDが進むかどうかは，大教センターのない大半の大学の教員が，いかにくじけず，できれば進んでFDを進められるかにかかっている。そうでなければ，FDの義務化による教育力の向上は期待できないのではないか。そのためには，個々の教員が，まず自分自身で，FDと向き合っていくことが必要である。

2　FDは進んでいるか？

　2006年3月の第12回大学教育研究フォーラムのFDシンポジウムを，京都大学高等教育研究開発推進センターの田中毎実は，「FDは，啓蒙期からローカリゼーションの時代に入ったということを実感した」と締めくくった。2年が過ぎ，2008年4月から大学でFDが義務化された。

　田中の言葉が正しければ，FDは，義務化の2008年度には，啓蒙期からローカリゼーションへとますます進化を遂げているはずであるが，現状はどうなのだろうか？ FDの専門家でもない私に，何がわかると怒られそうである

が，FDフォーラムのような場では，実は現場の悩みや問題があまり共有されず，FD論と言ってもよいような理念形の議論が中心になっているような気がしてならない。なぜそう感じるのだろうか。FD専門家と現場のギャップを指摘しながら，どうすれば個々の教員が，FDを考え教育力を向上していくことができるのかということについて考えてみたい。

　FDの現状を考えるときに，なぜか自分の専門である国際関係論の南北問題を思い出すことが多い。世界の富の配分は不平等であり，恵まれた北の国と恵まれない南の国が存在し，同時に新興国と言われる南の国から這い上がり北の国をめざす国の三つのタイプの国が存在する。資本主義経済体制はノン・ゼロ・サム世界で，どの国にも利益がある世界のはずなのに，北と南の格差はひろがりつつある。この南北問題のフレームワークをFDに当てはめてみると，恵まれた大学，つまりほとんどの国公立大学と一部の私立大学には大教センターのようなFDを推進する機構が存在するが，恵まれない大学，その他の大学にはそのようなセンターは存在せず，FDは主として教員の双肩にかかることになる。国立教育政策研究所の川島啓二の2005年11月の調査によれば，全国の大学で大教センターをもっている大学の数は，116である（川島，2006a, 2008）。大教センターを有する大学に共通することは，規模の大きさと経営の安定度である。2007年問題と言われる大学全入問題で危機感を感じる大学で，センターをもっている大学はほぼ皆無である。大学でFDの義務化がされた今，FDは二極化し，大教センターをもつ，恵まれている大学（上位大学）ではFDはますます推進され，センターのない恵まれない大学（多くが下位大学）では，背に腹は変えられず（FDより定員確保），FDは授業評価アンケートだけしていればよいのだという状況が生まれる様相を呈している感がある。

　前述の京都大学の田中のコメントは，国際政治の南北問題にたとえれば，北（センターなどを有する恵まれた上位大学）におけるコメントであり，南（恵まれない下位大学）では通用しないのではないか。実際のところ，上位大学のFDは，大学のグローバリゼーションに対抗するため，大学の独自の個性に合わせたローカリゼーションの時代へと進化する中，下位大学では，FDはますます混迷し，アリバイ作りに終始し，北との格差はますます拡大することになっているのではないだろうか。格差が拡大する中で，一番貧乏くじを引くのは，下位大学の

学生である。大学全入時代を迎え，北よりはるかに教育支援を必要とする学生たちが，FD義務化の恩恵を受けられないという状況が現出している。ユニバーサリゼーションに揺れる下位大学でこそFDの推進が急務であるはずなのに，実際にはFDは，まだ啓蒙期の域を脱していない。

　今年度から始まったFD義務化の真のねらいは，北の大学には，FDを推進し，グローバリゼーションの中で，世界の大学と互角に競争できる大学をめざさせる一方，南の大学の中で，FDを推進し南から浮上し，新興大学の地位を確保する大学を見極め，下位大学を自然淘汰させることであると言ってもよいかもしれない。現状では，私立大学の4割は，定員割れを起こし，定員確保には躍起になっているが，大学のユニバーサル化による学力低下などにどう対処するかは，結局のところ，それらの大学の個々の教員の双肩にかかることになる。そのような大学のトップは，定員確保こそが錦の御旗であり，FDの義務化を受けて，多くの大学では認証評価のためのFDのアリバイ作りをするものの，そうして入学した学生への対応は，現場の教員任せになる。こうなってしまえば，よほど「FDどげんかせんといけん」という想いをもつ教員でなければ，これ以上の教育現場での負担はかなわないと，FDとは無縁を決め込むケースが，ますます増えてしまう気がする。組織によらずとも，個人の活力でFDを推進し，自らの教育力を向上させる方法はないのだろうか。

3　組織的FDの光と影

　組織的FDを全面に推進しているのは，特色GPなど文部科学省の競争的資金を獲得した大教センターをもつ大学が目立つ。川島（2006a）によれば，国立教育政策研究所の大学における教育改善等のための組織体制のあり方に関する調査に回答した大学472大学中，「大学教育センター等」を設けていると回答した大学は116大学（24.5%）である。この数字は，「全学レベルでの委員会等を設けている」と回答した321大学（68.0%）よりはるかに少ないが，「学部ごとの委員会を設けている」と回答した105大学（22.2%）を上回っている。川島（2006a）では，大教センター設立理由として，71大学（61.2%）が「既存の組織による教育改善に限界があったため」と指摘している。大教センターは，「各大学におけ

る教育改善事業等のいわば『牽引車』的役割」を担い,「国立の総合大学において現在殆どの大学で設置」され,「公立・私立大学にも設置の動きが徐々に広がり始めている」。しかし,川島（2006a）は,センター万能主義に立っているわけではなく,インスティチューションとしてのセンター組織と大学の間の軋轢の存在をも指摘している。

　グローバリゼーションが進む中,日本の高等教育は,グローバリゼーションへの対応だけでなく,同時に18歳人口の減少と学生の学力の多様化に対しいかに対応できるかを問われている。国立大学の独立行政法人化とあいまって,国立の総合大学のほとんどが大教センターを設立したと考えられる。ただ,各大学のトップ,教員が,大教センターをどのように位置づけているかによって,センターの波及効果に大きな差が出ていることもたしかである。つまり,グローバリゼーション化とユニバーサリゼーション化が進む中,大学の教育力向上・教育改革を推進する「戦略的組織」（川島, 2006a）として大教センターを位置づけ,センターを軸に教育改革を推進できる大学と,設立意図とは違い,結局,センターは大学の諸課題の「処理機関」（川島, 2006a）に収斂させてしまう大学に,二分されてしまっている。

　とは言うものの,センターのある大学の教員は,センターの位置づけはともかく,センターのない大学の教員に比べ,アドバイスを含め,相談できる専門家がいる点でははるかに有利であることに違いはない。「既存の組織による教育改善に限界がある」とトップが判断して,センターを設立した大学と,同様の認識をトップがもっているかどうかはともかく,センターが設立できない大学では,スタートラインから大きなハンディキャップが存在するのは明白である。

　国際政治学者イマニュエル・ウォーラーステインの南北問題に関する3層理論にたとえれば,センターのある大学は,北の先進国,センターをこれから作って頑張ろうとする大学,学内の委員会などを真に活用して頑張る大学は,準周辺国・新興後進国,センターもなく,名目だけの委員会しかない大学は,南の後進国にあたる。ウォーラーステインは,北の先進国と,第一次産品に頼る南の後進国の間の貿易では,常に不等価交換が存在し,その結果,北の先進国は,ますます繁栄し,南の後進国はますます疲弊すると主張している。大学の

間に不等価交換は存在しないが，センターもなく，名目だけの委員会しかない南の後進国にあたる大学では，FDや教育力向上の方法は，トップが関わる問題ではなく，現場の個々の教員の問題となりつつある。その結果，大教センターのある大学ではFDはますます進むが，大教センターのない大学ではFDは個人に委ねられ，両者の差はひろがるばかりである。

　組織的FDの主唱者の多くは，センターをもつ，あるいはセンター所属の教員である，あるいは，彼らの努力に理解を示す，他大学の教員たちである。彼らにとってセンターの役割は，教育改善の「牽引車」であり，大学の「既存の組織の教育改善の限界」を越えて，「戦略的組織」として，大学の大学院・学部の組織を巻き込んでのFDを実現することにあり，組織的FDの必要性が強調されることとなる。センターのある大学とは違い，センターのない大学では，組織がFDの推進を阻害する状況が現出することもある。委員会組織はどの大学でも，大学のトップの教育への信条とスタンスが明白に現れるところである。実際に適材適所の配置をして，教育付加価値を上げようと努力するトップはどれだけいるのだろうか。だいたいは，大学の主要委員会は，学長，学部長が，自らの考えに近い人間を任命し，保身に走る場合が多いのではないだろうか，この傾向は，とりわけ弱小私学で顕著である。適材適所型と保身型のトップのどちらが多いかと考えてみると，圧倒的に保身型が多いと考えられる。大学全入時代を迎えてのFDの義務化は，定員割れに苦しむ弱小私立大学には，定員確保後の問題と捉えられ，これらの大学は，当面，授業評価アンケート＝FDで切り抜けようとしている。しかし，実はこのトレンドが，先ほどのFDの3層構造とあいまって，弱小私立大学のFDをますます陳腐化させている。

　2008年春の入試で4年制の私立大学のうち定員割れを起こしている大学は47.1％，私立短大では67.5％に及んでいる（読売新聞，2008d）。大学の学長を中心とするトップと経営陣が，大学全入時代に対してどう真摯に向き合っているかで，それらの大学のFDは大きく左右される。それらの大学の多くでは，トップは，認証評価時にFDをしていますと表記できる授業評価アンケートとFD講演会の実施という最低水準のアリバイ作りに終始することとなる。これでは，大学の教育力の向上は期待できない。このような状況のもと，それでも熱心にFDを自ら進めている教員の数は少なくないが，大教センターもなく，大学組

織も障害となる状況で,どれだけの間,それらの教員の努力が続くかといえば,彼らが自らにいつ引導を渡すかにかかっている。しかし,個々の教員が自分の努力に与える猶予の時間はだんだん限界に近づきつつある。

4 組織という魔物——推進力？ 障害物？

FDの義務化以前から,教育改善の努力やFD活動については,さまざまな調査がなされてきた (川島, 2006a, 2008；青山, 2006)、そして大学のFD活動については,とりわけ2005年以降,京都大学高等教育研究開発推進センター主催の大学教育研究フォーラムや大学教育改革フォーラムin東海2007などで組織的FDこそが大学がめざすべきFDと強調されるようになっている (井手, 2004；吉田, 2004；田中, 2005, 2006, 2007, 2008；佐藤, 2007)。読売新聞は,「FDの義務化は日本の大学教員の文化が変わる好機」と捉え,2008年4月7日,全国の国公私立大学を対象に,「大学の実力—教育力向上への取り組み」調査を実施することを発表した。調査にあたり,大学の実力検討委員会は,FDを「学生の力を引き出し,伸ばすための大学としてのすべての取り組み」と広く定義づけている (読売新聞, 2008a)。検討委員会は,大学における組織的な取り組みにより,「学生の力を引き出す方法が共有できる」と考え,「組織的な取り組みには学長のリーダーシップが欠かせない」とし,「FDの現状を問うことは,学長の姿勢を問うことになる」としている (読売新聞, 2008a)。「大学の実力」検討委員会のポジションは,田中 (2008) が強調する組織的なFDこそ,大学のFDの推進力となるという主張を肯定するものである。はたして,組織的FDは,上位,中堅,下位大学のすべての大学のFD推進の救世主となりうるのだろうか。

たしかに組織がFDの追い風になれば,FDは推進されるという理論はわからないではない。しかし,組織的FDの達成は決して容易ではない。組織が推進力となりFDの追い風になる場合はよいが,障害物となりFDの向かい風となる場合もあるからである。

組織がFDの追い風となる状況を考えてみると,大教センターのような組織がどちらかと言うと,大学という「るつぼ」の中に,大学院や学部とともにとけこんでいる場合が考えられる。センターのメンバーの所属,専門は多岐にわ

たり，それぞれの所属のFDを推進できる場合である。

　同じように，大教センターがあっても，大学という「サラダ・ボール」の中に大学院や学部と同様の組織として存在する場合は，「るつぼ」と異なり，FDの専門集団（ほとんどが教育学専攻の集団）とみなされ，他の組織との位置関係から浮いた存在のFDの牙城になってしまい，FDの向かい風にはならないとしても，期待ほど推進力を発揮できない場合も考えられる。

　大教センターのない，全国のほとんどの大学で，FDを担うことになるのは，学内の委員会であるが，どこの大学でも同じようにメンバーの決定権は，学部長に委ねられている。人事が硬直化していればいるほど，人選は適材適所と言い難くなり，FD推進の観点から見ると，組織は，FD推進の障害物となりかねない。このような場合，自ら授業改善を通じてFDを推進しようとする教員は，組織との間に壁を感じ疎外感を感じながら進むことになる。

　組織は魔物だとしても，年ごとに人が変わるように，組織も変わっていくわけで，FDを推進するには，いかに組織とつきあうかが重要になってくる。たかが組織されど組織，人ひとりでできることには限界がある。ではどうしたら組織が推進力となりやすいのだろうか。

　1990年代以降，大規模な大学英語教育を実施した二つの大学の事例が，組織とのつきあい方の参考になる。FDを語るときに，羅生門的アプローチとPDCAアプローチの二つがあると言われる。羅生門的アプローチとは，イリノイ大学アトキン教授が名づけたものである。『羅生門』（小説「藪の中」）では，一つの事件，一つの事実が，異なる立場，異なる視点によって，いかに異なって見えるかということが描かれている。まさに，教授・学習過程の現実とは非常に複雑で，効果は無限である。ニーズアセスメントの後に，一般目標の設定→創造的教授・学習活動→記述→一般目標に照らした評価を行う。教員が教育の一般目標を十分に理解し，「専門家としての教師の経験」をいかして，その目標を実現させるために「創造的な教育活動」を行う。登場人物とそのまわりの微妙なケミストリーが教育活動の主軸となる。一方，PDCAアプローチは，品質管理のサイクルで有名なPlan（計画），Do（実行），Check（評価），Act（改善）の4段階のサイクルに基づくものである。組織的FDの推進者の多くは，羅生門的アプローチより，PDCAアプローチの方が，FD推進の点で優れていると

考えている。しかし，この二つのアプローチがそれぞれ他方を補完したときに，成果が生まれるような気がしてならない。

　1990年代，大胆な英語教育改革を実現した東京大学教養学部の企画の「精神的支柱」となった佐藤良明は，「学生は楽していい点を取りたい。教師も授業には労力をかけず，研究に力を注ぎたい。両者の利害が一致して，安易な単位授受システムが成り立っていた。これをくずさなければ，と思ったのです」（佐藤，2004）。「マジに革命気分」だった佐藤は，「学生に2倍勉強してもらうために，教師は3倍働こう」。そんな熱っぽさがあったと振り返る（佐藤，2004）。1993年に実現した「英語I」の最盛期にこの企画を動かしていたのは，非常に少ない教員とスタッフだった。教員はわずかに，"代表"としての顔をもつ創業期からの居残り2名，プラス運営に関わる若手教師数名だけだった。"代表"としての顔をもつ佐藤と柴田元幸が引っ張った改革で羅生門的アプローチから改革を進め，企画が立ち上がると運営者が，PDCAアプローチで授業を進化させてきた。

　2006年度から「学術研究に資する英語教育」の新英語カリキュラムを導入した京都大学の改革でも，東京大学のように"代表"の顔をもつ水光雅則が10年前の1996年から改革への準備を行ってきた。そして運営者としての田地野彰が後に加わり，カリキュラムが改革された。「『学術研究に資する英語教育』京都大学における英語新カリキュラム」（京都大学高等教育研究開発推進機構，2006）の報告書には，水光の英語のカリキュラム開発の考え方とこれまでの京大の状況，そして問題解消に向けての考察が参考資料として記され，この改革も東京大学のように羅生門的アプローチとPDCAアプローチの融合によって実現したことがわかる。

　組織の中に，精神的支柱となるカリスマがいれば，組織的FDは成功しやすい。ここで言うカリスマは，FDのカリスマではない。自らの専門分野をもち，その分野でカリスマ的な位置にいて，自らの分野をマクロ的に見渡すことができ，授業改善・教育力向上に意欲があるカリスマである。このようなカリスマには求心力があり，学部・大学という壁を越えて，信奉者を改革に巻き込むことができる。東京大学の巨匠も京都大学の巨匠もFDのカリスマではない，分野・現場を熟知した人間が動いたことによって組織が呼応し，組織的FDが推進されている。東京大学も京都大学も名前は異なるが大教センターに準ずるセ

ンターをもっているが、上記の改革は、センター主導のものではない。センターに頼ることなく、東京大学と京都大学の英語教育改革は、「るつぼ」の主と言われる教員が核となって推進されたのである。

　センターのない、全国の過半数の大学では、FD を推進する際、FD 論者の主張するように、組織的 FD は実現可能なのだろうか。東京大学と京都大学の英語教育改革のようにカリスマ的な精神的支柱になる教員が現れ、組織がそれを受容し、大きな改革が達成されるケースは皆無ではない。個人の活力が組織を動かすケースである。しかし、そのようなカリスマは滅多にいない。そこで、多くの大学では、トップダウンによる FD 推進というかたちが取られる。大教センターのようなセンターがない大学では、学長・学部長などに任命された FD 委員会のメンバーが、その任に当たることになるのである。一般的には、毎年、相変わらず何の変哲もない授業評価アンケートへのコメントを冊子にまとめ、外部から講演者を招き、自己点検評価では FD を推進していると評価し、認証評価などの外部評価のためのアリバイ作りをしている大学が多い。そのような大学では、学長・学部長のアリバイ作りに異論を唱えない忠実な教員が多くの場合、FD 推進委員会に任命され、アリバイ作りに協力し、真の教育力の向上の努力などについての議論はなされることはない。

　他方、中期目標や新学部の教育理念などに FD を取り上げ、学長・学部長のようなリーダーが真剣に目標達成のために、適材適所でメンバーを選び推進しようとする場合は、トップダウンで組織的 FD が推進されるだろう。

　読売新聞社の「大学の実力」のアンケートに回答した 52.4%（国立大学では 20.5% なのに対し、公立大学では 54.4%、私立大学では 58.9%）の大学の学長が、総合自己評価（FD への基本的考え方や関心、取り組みの現状）C 以下の評価を与えていることからも、国立はともかく公立、私立の多くの大学では、組織的 FD は進んでいないことがわかる（読売新聞, 2008b, c）[1]。

　組織的 FD の端緒が開けないそれら多くの大学にあっても教育改善に熱心な教員は存在する。しかし、その場をしのぐため、授業評価アンケートと講演会で FD のアリバイ作りをしている大学では、教育改善に熱心な教員ほど、疎外感ばかりでなく無力感をも感じるようになっていく。そして初めから FD に無関心な〈深海魚〉（☞17章）とともに、大学の執行部と距離をおくようにな

表 16-1 「大学の実力」 総合自己評価の回答数

ランク		A	B	C	D	E
国立	東日本	9	19	5	1	0
国立	西日本	9	21	9	0	0
国立		18	40	14	1	0
公立	東日本	3	18	19	5	0
公立	西日本	1	14	15	3	1
公立		4	32	34	8	1
私立	東日本	10	55	89	9	1
私立	西日本	12	62	82	18	0
私立		22	117	171	27	1

注)「大学の実力 「教育力向上への取り組み」 調査 上」読売新聞 2008 年 7 月 20 日,「大学の実力 「教育力向上への取り組み」 調査 下」読売新聞 2008 年 7 月 21 日に記載された大学で,総合自己評価について回答した大学の集計。総合自己評価未記入の早稲田大学,順天堂大学,日本獣医生命科学大学,洗足学園音楽大学,宮崎県立看護大学を除く。

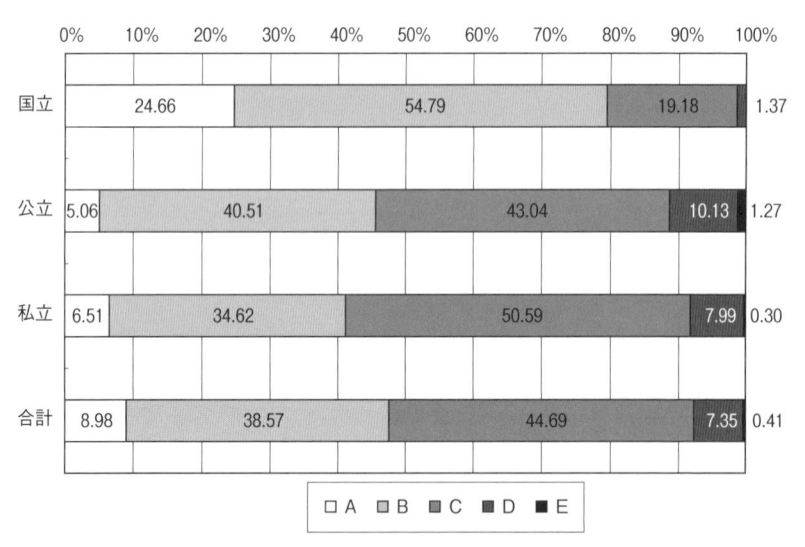

	A	B	C	D	E
国立	24.66	54.79	19.18	1.37	
公立	5.06	40.51	43.04	10.13	1.27
私立	6.51	34.62	50.59	7.99	0.30
合計	8.98	38.57	44.69	7.35	0.41

図 16-1 「大学の実力」総合自己評価の割合（%）

る。残念ながら,組織的 FD を強調する FD 論者には,組織的 FD の影の部分は見えていない。大教センターには FD を組織的な取り組みとして推進し,全学・学部を牽引するという任務があり,センター所属の教員にとって,自らの

大学における組織的FDとモデルとしての組織的FDを強調しなければ，自らの存在意義を否定することになるからである．そして，モデルとして示す組織的FDが他大学でどのような弊害を生んでいるかどうかは，彼らの関心外の問題である．なぜなら，彼らは，彼らの所属する大学のFDを推進することが任務であるからである．

　大教センターがなくても，教授会がちゃんと機能していて，FDが進む中で，PDCAアプローチを導入し，教授法などの検証がなされ，大学というコミュニティの中で改革について自由闊達に議論ができるようになれば，大学のFDは進んでいくはずであるが，これらの条件がすべてそろう大学はどれだけあるだろうか．ユニバーサリゼーションが進む中，教育力の向上が南の大学により求められている．このような状況の中で，センターや組織に頼らなくてもFDを推進する妙案はあるのだろうか．国際政治と同様，南には，北と違った特殊な事情があることが多く，とりわけ下位大学では，一教員のできることは限られていると考えられがちであるが，たった一人でもできるFDがある．

　まず自分を自分の組織から解放すること．漢文の「雑説」(韓愈)に「世に伯楽有りて，然る後に千里の馬有り．千里の馬は常に有れども，伯楽は常には有らず．故に名馬有りと雖も，だだの奴隷人の手に辱められ，槽櫪(そうれき)の間に駢死(べんし)せば，千里を以って称せられざるなり」とある．自分を評価してくれる他大学の教員・師匠を見つけ自分の手作りのFDを始めることである．そして同時に，FDを大学，教員のすることという固定概念から脱却することである．学生を巻き込む双方向型の授業を試み，学生の学びを伸ばしFDの追い風にすることである．そして，同時に，自分の大学組織が障害になっても，他大学で，FDの推進に尽力している教員と連携することで，自分と自分の学生のためにFDを推進することができるのである．小田隆治の山形大を中心としたネットワーク作り（☞14章）がどれだけ，センターや組織に恵まれないものの，教育力の向上をめざしている教員の力になっているかは計り知れない．

5　他大学のセンターを起動力に

　大教センターをもたない大学，とりわけ定員割れを起こしている大学の教員

で，自らの授業における教育力を向上しようと孤軍奮闘しFDに取り組んでいる人たちに，FDの先には光が見えることを感じさせることができれば，FDをアリバイ作りのFDから，実質的なFDとして推進することができる。そのような大学のFD推進委員会に所属している教員にはなおさらのことであるが，FDを始める前と後の違いを見せることができれば，FDに対して無関心，アレルギーな教員の心を動かすことができるはずである。しかし，ではどうすればということになると決して容易ではない。しかし，全く道がないわけでもない。

　大学教育学会，初年次教育学会などの学会に加入しなくても，全国規模の聴衆を集めるFDを中心としたフォーラム・イベントに参加することで，全国の大学における実践を知ることができるだけでなくネットワーキングが可能となる。このようなフォーラムには，京都大学高等教育研究開発推進センター主催の大学教育研究フォーラムや，大学コンソーシアム京都主催のFDフォーラムなどがある。このようなフォーラムをリードするのは，やはり大教センター所属の教員集団であるが，センターのない大学の教員で，FDに興味のある教員にとっては，これらのフォーラムが，現在のFDのフロンティアを探るのに最適なショーケースとなる。しかし，往々にして，ショーケースで語られることの多くは，センターが行っている理論的研究や海外とのコラボレーションの発表が主で，教育の現場における授業実践についての話ではないことが多いのが現状である。

　これらのセンターを自分なりに活用するためには，まずそれらのセンターがそれらの大学のFDの中で，「るつぼ」型なのか「サラダ・ボール」型なのかを見分けることが必要である。そして，さらに，それらのセンターやセンターの個々の教員のスタンスを見分けることが肝要である。つまりそのスタンスが，所属大学に対して内向き（つまり，所属大学のためのFDにしか興味がない，for the university）なのか，外向き（つまり，所属大学をベースにFDを発信，推進していこう，at the university）なのかということを感じ取ることが重要である。一人でもまずFDを考えている教員には，「るつぼ」型の役割を大学で果たしていて，外向きのスタンスをもっているセンターやセンター教員とまずネットワーキングを始めることをお勧めしたい。たとえば14章の小田隆治の"つばさ"のような自分の大学を越えた自分のFDネットワークとして作ることを。

FDは，結局は組織でなく，個人の活力で進めるもののような気がしてならない。組織はときとして障害になることが，よい組織に恵まれている教員にはわからない。このような現状の中で，よい組織に恵まれている北の教員に，南の状況を理解してほしいと願っても無理な相談である。私を含む南の多くの教員にとってのFDの推進の妙案は，アイデアを共有してくれるFDの師匠を見つけ，コミュニケーションを取り，一門とは言わないまでも，ネットワークを作りながら，機会あるごとにネットワークを拡げていくことではないだろうか。コミュニケーションという言葉の語源は，「分かち合い」である。

　大学という組織にこだわることなくFDの推進をめざす教員同士間が，コミュニケーションを取り合い，分かち合い，大学という壁を越えた教員の絆・ネットワークを実現することこそ，私たちがめざすべきFDのフロンティアである気がしてならない。

　「思えば遠くへ来たもんだ」という海援隊の歌があるが，私のような人間がここまで来るに，いつも心の中にあった詩がある（中島，1984）。FDの南北問題に悩みながらも歩みを止めない先生方の応援歌になれば幸いである。

「昨日・今日・明日」

　　　所詮，人はひとりなのだと，
　心傷ついて，そう思う日が，誰にだってあるだろう。
　そんなとき，今の瞬間も，誰かがどこかでやっぱり頑張っているのだと，
　そんな気配を感じることができたなら。
　どれほど，人は励まされることだろう。
　　　呼吸している生き物が，宇宙に1人しか残っていないような寂しさが
　両肩に，のしかかる，そんな真夜中
　どこかで誰かが呼吸していることを，聞くことができたなら
　どれほど，心細さは，和らげられることだろう。
　　　自分の荷物は，どうせ誰も，負ってくれないけれど，
　もしかしたら，
　　　生きているということも，捨てたものではないかもしれない。

　　　　そんな誰かから，そんな誰かへ。
　海を超え。
　町を超え。
　寂しさを超え。
　怒りを超え。

　伝われ，愛。

注
1) 総合自己評価は，FD への基本的考え方や関心・取り組みの現状に関するもので，
　　A＝FD が教育力の向上や学生の学力向上に不可欠なものと認識している。授業評価や学生アンケートなどを実施するとともに，組織的にカリキュラム改定，シラバス（授業計画書）の充実，授業の改善等に取り組んでおり，成果も上がっている。相対的に見れば，他大学の模範といえるレベルだと自負している。
　　B＝近年，FD を教育力の向上や学生の学力向上に必要と認識し，授業評価や学生アンケートを実施するとともに，カリキュラム改定，シラバスの充実，授業の改善等に取り組んでいる。取り組みの進行状況にはばらつきがあるものの，一部では成果も上がっている。
　　C＝FD の重要性は認識されつつあり，授業評価も実施している。また，取り組みの進行状況にはばらつきがあるものの，半数以上の教員がシラバスの充実，授業の改善等に取り組みつつある。
　　D＝FD の重要性は一部の教員に認識されつつあり，授業評価なども実施している。また，取り組みの進行状況にはばらつきがあるものの，シラバスの充実，授業の改善等に取り組みつつある。
　　E＝FD の重要性はあまり認識されておらず，授業評価も完全に実施しているわけではない。シラバスの充実，授業の改善等への取り組みは個々の教員任せである。
　　となっている。
　　◎空欄は無効・無回答（読売新聞，2008b，2008c）。

文　　献
青山佳代（2006）教員が納得する FD 活動のあり方とは―東海地区 40 大学における FD 活動の事例を手がかりに　大学教育学会第 28 回大会発表資料
井手弘人（2004）地方国立大学における FD の組織化 (2) 第 3 回大学教育研究集会発表資料
京都大学高等教育研究開発推進機構（2006）　「学術研究に資する英語教育」京都大学

における新カリキュラム　京都大学大学院人間・環境学研究科　英語部会
京都大学高等教育研究開発推進機構（2007）外国語教育の再構造化―自立学習型CALLと国際的人材養成　平成15年度採択特色GP報告書
川島啓二（2006a）「大学における教育改善と組織体制―大学における教育改善等のためのセンター組織の役割と機能に関する調査研究」中間報告書，国立教育政策研究所
川島啓二（2006b）〈ラウンドテーブルⅣ〉大学教育改善のための組織制―課題と展望　大学教育学会誌，**28**(2)，69-71
川島啓二（2008）「大学における教育改善等のためのセンター組織の役割と機能に関する調査研究」平成17-19年度政策研究課題リサーチ経費研究成果報告書　国立教育政策研究所
中島みゆき（1984）伝われ，愛―月曜のスタジオから　新潮社
佐藤元彦（2007）組織的教育力向上としてのFD　大学教育改革フォーラムin東海発表資料
佐藤良明（2004）これが東大の講義ですか。　研究社
財団法人私立大学情報教育協会（2008）平成19年度私立大学教員の授業改善白書
竹蓋幸生・水光雅則〔編〕（2005）これからの大学英語教育―CALLを生かした指導システムの構築　岩波書店
田中毎実（2005）相互研修型FDの組織化による教育改善（中間成果報告）　第11回大学教育研究フォーラム発表資料
田中毎実（2006）相互研修型FDの組織化による教育改善（中間報告・第3回）　第12回大学教育研究フォーラム発表資料
田中毎実（2007）相互研修型FDの組織化による教育改善（中間報告・第4回）　第13回大学教育研究フォーラム発表資料
田中毎実（2008）相互研修型FDの組織化　第14回大学教育研究フォーラム　シンポジウム基調報告発表資料
読売新聞（2008a）728大学の「教育力」探る　4月7日
読売新聞（2008b）大学の実力　「教育力向上への取り組み」調査　上　7月20日
読売新聞（2008c）大学の実力　「教育力向上への取り組み」調査　下　7月21日
読売新聞（2008d）私大の半数　定員割れ　7月31日
吉田雅章（2004）地方国立大学におけるFDの組織化（1）　第3回大学教育研究集会発表資料

17 教員が学問の醍醐味を熱く語らないためのFD

圓月勝博

1 教員は学問の醍醐味を熱く語るな

「このクラスの目的は，英文学の醍醐味を熱く語ってみることにある」。

上の文章は，FDという言葉はおろかフロッピーディスクという言葉さえ大半の人がまだ知らなかった1990年代初頭，自分は不遇の若き孤高の天才英文学者だとすっかり思い込み，大学というぬるま湯の職場の底辺で深海魚のごとく闇に包まれて生息していたころの私が，担当ゼミのシラバスを書くに際して，自分の独善的な世界観の中で気球のごとく舞い上がったまま，クラスの到達目標らしきものを記したとおぼしき末尾の一文である。

実にひどい。私を解雇しなかった当時の大学執行部の事なかれ主義に今さらながら激しい怒りを禁じえない。まず，私が私心を捨てて義憤を感じる理由を説明するところから，FDの現況をめぐる本稿の筆を起こすことをお許しいただきたい。

まず，冒頭の文の「語ってみる」という動詞は，教員が暗黙の主語になっていて，到達目標として致命的な欠点がある。表面的な言葉の揚げ足取りをしているのではない。「文は人なり」という慣用句があるように，このような文章を平気で書く教員には，学生の視点から授業を見ようという態度が完全に欠如していることが多い。私が問題にしている点は，稚拙な表現自体ではなく，その根底にある稚拙な授業観なのである。自説を自由奔放かつ自信満々にまくしたて，学生にノートを取らせてやることが優れた教育だといまだに信じようとしている教員がいるが，勘違いもはなはだしい。授業の主役は，あくまで学生

であり，決して教員であってはいけないのである。授業における教員の役割は，ときには脇役として，あるいはまた，ときには裏方として，主役である学生の学びの意欲を引き出すことである。脇役や裏方が主役の座を奪い始めたら，それは自らの職務を放棄したに等しい。土俵に立たない横綱が引退勧告を受けても仕方がないように，学びの支援という職務を放棄した教員は，解雇されても異議申し立てをする権利はない。

「英文学の醍醐味」という言葉も，あまりに曖昧すぎて悪質である。「英文学」とは何かという問題は，ポストコロニアリズムや多文化主義が避けて通れない問題となった今，近年の英文学研究における深刻な論争点の一つなのだが，その点に深入りすると，議論があまりに専門的になるので，本章においては見て見ぬふりをするとしても，フレーズ後半の「醍醐味」という言葉は，文句なしにいただけない。「英文学の醍醐味」とは，愛とか戦争といった主題のことなのだろうか。それとも，視点とか比喩といった技法のことなのだろうか。あるいは，英語で文学作品を読むという読書体験のことなのだろうか。「醍醐味」などという抽象的な言葉で包括的に述べるのではなく，できるだけ具体的な教育目標を分析的に記さなければ，何を学べるのかが履修学生に伝わらない。学生と教員の間に教育目標の共通理解がなければ，まず，学生の学習意欲が低下する。ついで，学生の反応の鈍化に連動して，普通，教員の労働意欲も合わせて低下する。その結果として，学生にとっても，教員にとっても，授業が回を重ねるごとに苦痛になっていく。「醍醐味」というような言葉を使って韜晦しても，よいことは何もないのである。さらに，自戒の念を込めて言うならば，「醍醐味」などといった曖昧な言葉を使うとき，教員自身が到達目標をよくわかっていないことが多い。自分が何をしているかを理解していない職業人が職を失っても，特に驚くにはあたらないだろう。

自分が何をしているかを理解していない者が「熱く」語れば，満足している者は自己陶酔している本人だけで，周囲の者にとっては迷惑以外のなにものでもないことは，人生経験豊かな読者諸賢に改めて説明する必要もないであろう。不愉快な授業から多くを学ぶことは難しい。さらに言えば，情熱などというものは，測定しようがない。情熱が測定できて，到達度指標が存在するようなものならば，古今東西の文学が競って恋の苦しみを描き続けるなどということは，

決して起こらなかったであろう。恋の情熱が測定不能で，到達度指標が存在するような問題ではないから，恋愛文学は不滅なのである。それに対して，教育にはできるだけ客観的な到達度指標が必要だから，教育効果を意図的に測定不能な領域に設定することは，自分の行っていることに対する教員の責任放棄である。

このように，誇り高き英文学研究者が教室の中で「英文学の醍醐味を熱く語ってみる」授業には，現代日本の大学教育のニーズと抵触する部分が多すぎる。そこで，教員が学問の醍醐味を熱く語らないための方策としての今後のFDについて，読者ができるだけ具体的かつ冷静に理解できるようになることを拙稿の到達目標としたい。

2 大学大衆化に万歳二唱

最初に，FDの推進に肩入れする私の立場を簡単に明らかにしておこう。私は大学大衆化をほぼ全面的に支持している。私自身が大学大衆化の恩恵を受けて，大学教員の末席を汚すことになったことを自覚しているからである。大学進学率が15パーセント以下で，すべての大学がマーティン・トロウの言うエリート大学であった時代ならば，社会階層の点で決して上位にはない家庭に育った私は，おそらく大学進学を考えることはなく，当然のことながら，大学教員になることもなかったであろう。実際，私が大学に合格したとき，普段は質実で無口な高卒の叔父が18歳の私には法外とも思える金額の進学祝いを持ってきて，「おまえは胸を張って生きていけ」と饒舌に祝福してくれたことが忘れられない。一般企業に勤務していて，学歴の低さゆえによほど煮え湯を飲まされ続けていたようだ。たまたま裕福な家庭に生まれた男子だけが大学に悠々と進学して，大手を振って闊歩することができた近代日本において，どれだけ多くの人が，誰もが大学で勉強をして，努力と能力が正当に評価される社会の到来を待ち望んできたことだろうか。学歴が原因で深刻な屈辱や挫折を経験することなく，周囲の皆様に先生と呼んでいただきながら，人並みの生活を機嫌よく送っている私は，明らかに大学大衆化の恩恵を受けた一人であろう。たとえ多少のわずらわしさがあろうとも，大学大衆化を戦後日本の民主主義の最大

の成果の一つとして支持する義理を感じているというのが私の偽らざる本音である。20世紀イギリスの小説家 E・M・フォースターに「民主主義に万歳二唱」という名エッセイがあった。彼が言うように，私も民主主義が万歳三唱しながら熱狂的に信奉しなければならないほど完全無欠の政治思想とは思わないが，それに優る画期的な代案が出てこない限り，万歳二唱程度でよければ，進んで支持を表明するに値する社会現象だと思っているのである。

　大学大衆化が順調に進展するにつれて，高等教育政策もめまぐるしく変わり続けている。記憶に新しいところでは，2008年3月25日に中央教育審議会大学分科会が「学士課程教育の構築に向けて（審議のまとめ）」を公表した。ちょうど10年前の1998年10月26日に提出された大学審議会答申「21世紀の大学像と今後の改革方策について―競争的環境の中で個性が輝く大学」がこれまでの10年間の大学改革の出発点となったように，今回の中央教育審議会の審議のまとめは，これからの10年間の大学教育の動向を占う重要文書となるであろう。

　大学教員の中には，このような文部科学省の高等教育政策を知らないことを自慢する人物が少なからずいる。自分がしたがうルールは，学問の自由という高邁な理想のみであり，社会や学生の変化を語る役人の作文などには一切関心がないと言い放ち，答申などを研究して苦心の対応策を提案する大学執行部を口汚く罵り，全く恥じるところがないのだから始末に悪い。本務校でここしばらく教育開発センター所長および教務部長という教育改革の責任を担うポストを歴任してきた私も，同僚から罵詈雑言の十字砲火を背後から浴びた経験が少なからずある。幸いなことに九死に一生を得て，いまだに奇跡的に生き長らえているが，全国の大学において，教員生命を断たれた教育改革関連役職者を調べてみたら，かなりの人数にのぼるはずである。

　厚顔無恥で傍若無人の罵詈雑言は，日本国憲法が保障する表現の自由として，寛容の精神を振り絞ってなんとか我慢するとしても，不勉強と無知を自慢することは，知識人として本末転倒の極みで，教育研究に携わる人間の風上におけない。自分の職業を支配するルールを常に自覚していることは，プロの第一歩であることを思い出したい。プロ野球の世界でも，ルールブックが改正されて，ストライクゾーンが変われば，球団や連盟が講習会を開いて，選手全員で勉強するのである。新たなストライクゾーンを理解しないままマウンドに上がり，

計算通りにならないと，バッターに毒づいたり，アンパイアに抗議をしたりして，試合の流れを滅茶苦茶にしてしまうマナー違反のピッチャーがいたとしたら，アンパイアと対戦相手だけではなく，味方やファンからも鼻つまみになって，シーズン後に必ず自由契約になって，再就職に苦労するであろう。同じことが大学教員にも言えるはずである。ストライクゾーンを理解していなくても，マウンドに上がれて，めったに自由契約にならないところが大学教員の伝統的特権だったのだが，大衆化した大学においては，その種の職業的特権も通用しなくなったことを自覚すべきであろう。

事実，本書が主題として取り上げているFDも，大学大衆化に対する切り札的方策として，10年前の大学審議会答申の中で初めて公式に取り上げられたのである。翌1999年に大学設置基準の中に努力義務として明文化されて以来，今もなおそのあり方が議論されている。そして，本年の上記中央教育審議会の審議のまとめにおいても，「教職員の職能開発」という独立した節が登場し，FDが大学教員の職業的再定義方策の一環として提示されている。2007年に大学院設置基準，そして，2008年に大学設置基準が改正されて，FDが義務化された現在，時宜を得た見識ある提言を素直に歓迎したい。

3 職能を開発しない金八先生さようなら

「FDについては，論者によって様々な定義や説明がなされる」といぜんとしていささか及び腰な中央教育審議会の審議のまとめ「学士課程教育の構築に向けて」だが，二種類のFD観を明確に示したことは，今後のFD論の指針として評価してもよい。「FDを単なる授業改善のための研修と狭く解するのではなく，我が国の学士課程教育の改革が目指すもの，各大学が掲げる教育目標を実現することを目的とする，教員団の職能開発として幅広く捉えていくことが適当である」と上記答申は，FDを定義しているのである。

FDには狭義のFDと広義のFDがあるらしい。さながら「授業改善」に関心を集中する狭義のFDに対して，「職能開発」と呼ばれる広義のFDが対置されており，今後のFD論においては，広義のFDが中心になると示唆されている点に注目したい。「職能開発」という用語は，多くの人には耳慣れない新語で

あるが，"professional development"の訳語のようで，E・L・ボイヤー『大学教授職の使命』(1996)などによって日本にもつとに紹介されたプロフェッション研究という大学教育論の立場から再定義されたFD論である。先ほど述べたように，プロ野球選手にはプロ野球選手の職業的ルールとマナーがあるように，すべての職業には固有の職業的ルールとマナーがあり，その職業的規範を不断に自己点検・評価することが当該職業団の集団的責務とされている。

　初期近代イギリス社会において，"profession"という単語は，原則として，教会聖職者・医者・法律家の職能を指すことからもわかるように，職業規範の精緻な整備に取り組み続けており，素人と玄人が最も厳格に区別される職業領域と言えば，伝統的宗教団体と医学界と法曹界であろう。それに対して，教育界における職業的規範は，曖昧模糊(もこ)とし続けている。とりわけ，高等教育においては，よく指摘されるように，初等・中等教育に見られる教職免許さえなく，よく考えてみれば，職業的規範がなきに等しい。熱意と個人的魅力さえあれば，素人がすぐに脚光を浴びることができるという点に注目すれば，大学教育界は，新宗教・民間医療・占い人生相談（この三つの領域の人材がしばしば重なることも偶然ではない）に近い。伝統的宗教団体と医学界と法曹界のすべてが立派で，新宗教・民間医療・占い人生相談のすべてが悪いなどという単純なことを言うつもりは毛頭ないが，職業規範が確立されていない後者は，質保証システムの欠如という組織的弱点をかかえつづけていることも否定できない。教育界も然りである。使命感をもつ教員が，新宗教・民間医療・占い人生相談の実践者と同じく，熱意と個人的魅力に依存しなければならない理由も，職業的規範の脆弱さと質保証システムの欠如にある。

　熱意と個人的魅力に依存する教員像と言えば，人気テレビ番組でおなじみの3年B組金八先生を思い出す。現代日本人が抱く理想の教師像に少なからぬ影響を与えた有名キャラクターだが，何の教科を担当しているのかと問われると，意外に多くの人が即答できない。正解は国語なのだが，坂本金八先生の見事な国語の授業に強い印象を受けた視聴者がほとんどいないところを見ると，教科指導にはあまり力を入れていないようだ。学習指導要領が改正されても，教育内容および方法を少しも変えようとしないのは，公教育のプロとしていかがなものか。彼の得意な領域は，生活指導あるいは正課外教育であり，たしかに問

題を起こした生徒には精力的に対応しているが，問題を起こす生徒が自分の担任クラスだけから毎週のように出てくる理由に関しては，真剣に自己点検・評価をしている様子はない。普通の教育者なら，生徒から苗字ではなく名前で呼ばれる自分の礼儀指導や，特定の生徒とだけ妙に親密になるクラス管理に改善すべき点がある可能性を探ってみるものだが，その種の職業意識と方法論的アプローチは，彼には全く無縁である。「3年B組金八先生」は，1979年に放映が開始されたので，彼の教員歴は，すでに30年になるはずだが，教頭や校長になる気配は一向にない。別に管理職になることが立派であるなどと言いたいのではなく，あれだけこれ見よがしに頑張り続けて，職場で年長者になっているのに，管理職になってほしいという切実な声が周囲から全く上がらないのは，よほど同僚や上司から信頼されていない証拠ではないかと言いたいだけである。そして，彼の同僚評価と上位者評価が低い理由は，学習指導要領も読まず，教科指導の改善にも取り組まず，教研集会にも積極的に参加せず，職員会議において年齢相応のリーダーシップも発揮せず，自分の熱意と個人的魅力のみに依存し続ける彼の職業規範があまりにバランスを失していて，周囲の者が心の中で苦々しく思っているからとしか考えられないのである。

　中学校教諭の金八先生の挫折の分析を大学教員にそのままあてはめることはできないが，職務のバランスが大事である点には変わりはない。大学教員の職務には，教育・研究・社会貢献・大学行政の四つがある。金八先生のようなダメ教員にならないためには，総合的な視野の中で，自己の職能をバランスよく開発して，教育活動と向き合うことが大事なのである。

4　〈深海魚〉と〈気球〉というFDの内なる二つの敵

　FDを推進しようと思うと，いかに同僚を納得させるかが成否の鍵を握ることは，大学において教育改革関連役職に就いたことがある者ならば，誰もが実感することになる事実である。言い換えれば，FDを推進するにあたって，最も大事な点は，組織的に取り組むことなのである。現在のFDの目的は，この10年間の中央教育審議会答申等が口を酸っぱくして力説しているように，教育機関としての大学の役割を明確にして，大学大衆化の教育的ニーズに迅速かつ

適切に対応するために，組織的な教育力を向上させることにあることを忘れないようにしよう。金八先生のように，スタンドプレー的に教育改革に取り組むと，教育機関全体としては著しくバランスを欠くことが多いし，百歩譲って個別的な効果はあったとしても，そのノウハウが蓄積されて同僚と共有されることがないので，すべてが密室の中の対症療法に終わってしまう。そこで，組織的な推進と支援体制が必要となるのだが，FDに抵抗する力は，大学教員の職業規範の不安定さの中に内在していることを痛感することになる。大別すると，二種類の敵がいるようだ。

　大学教員という職業集団の中に潜むFDの最大の敵は，〈深海魚〉と呼ばれる。教育が自分の仕事であるとは思っていないので，もとより教育技術を向上させる気がなく，餌をまいても脅しても，教育活動に光が当たる場に決して姿を現さないタイプの大学教員である。無理に引き上げると，太古の生物的特徴を頑迷に保持する奇態な容貌によって周囲を驚愕させながら，気圧の関係でしばしば自爆して，無差別に異臭を撒き散らすところから，〈深海魚〉の名を得ている。簡単に言えば，非常に古いタイプの大学教員だと言えるであろう。かつての私もそうであったが，大学教員の値打ちは，研究に対する熱意だけで決まると考えているのである。実務家教員などが増えて，急速に状況が変わったが，大学教員の真価が専門的知見にあるという点に関しては，私の考えは今も昔も変わらず，後輩にもしっかり研究をするように励まし続けている。私が問題にしたいのは，教育に関心を払わないことがあたかも高級な研究者の証明であるかのごとく思い込む未熟な職業意識なのである。〈深海魚〉と呼ばれる大学教員は，教育と研究が相互排他的で対立するものであると決めつけているようだが，事実とは異なるであろう。学会活動などにおける私の経験から言っても，一流の研究者は，一流の人間であり，たしかに少し癖があることもあるが，的確な助言などを与えて，若者を感化する力をもっている人物が圧倒的に多い。私もそのような人間の一人になりたいと今でも夢見ている。

　FDの二番目の敵は，〈気球〉と呼ばれる大学教員である。教育の話になるとすっかり舞い上がってしまい，地上のしがらみをすべて忘れて，優越感に満ちた態度で他の同僚を見下すのだが，基本的には浮き上がっているだけなので，〈気球〉と呼ばれるのである。〈気球〉の常として，動力機関を搭載していない

少人数用で、輸送能力などの実用性はなく、風に流されているだけなので、乗っている本人もどこに行くかわからず、熱気球の場合、冷めるとまたたく間に急降下し、ガス気球の場合、ちょっとしたことで引火爆発したりするので、どちらにしても危ないことこの上ない。一見したところ、FDに熱心なように映るので、FDの組織的推進に関わる者にとって、獅子身中の虫のような存在で、〈深海魚〉以上に扱いが難しいことが多い。私が教育開発センター所長をしていたとき、推定予算数億円の最新教育機器装備教室建設計画書を得意満面に持参した同僚に対して、FDにも自ずと財政的制約があることを懇々と諭したが、激昂した相手にしつこく食い下がられて辟易した経験がある。授業でパワーポイントを使わない同僚を誹謗したり、e-learningやインターンシップに特別な関心を示さない教職員を罵倒したり、自分が提言した教育環境整備案を全面的に無条件採用しない執行部を裏切り者呼ばわりしたり、とにかく人間的に無茶苦茶なだけではなく、FDに関わったために自分が研究活動を含むすべての他の業務を犠牲にしていることを誇らしげに吹聴したりするので、同業者としてどうしても尊敬できず、FDを組織的に推進するどころか、FD嫌いを増殖させていることに本人が全く気がついていない点が悲しい。FDの組織的推進が頓挫している大学の自称FDリーダーによくいるタイプで、一般教員と執行部の両方との軋轢だけを増大させていることが多い。教育力向上が現在の日本の大学の最大の課題であることは、いくら力説しても力説しすぎることはないが、だからと言って、大学教員すべてが授業のために他のすべての業務を犠牲にするわけにもいかないし、突然、汎用性の低い教育的ニーズにしたがって教室棟を全面改築したりすることもできないことを地に足を着けて理解しようとしない点に、〈気球〉と呼ばれる大学教員の特徴があると言えるだろう。狭義のFDに拘泥しすぎて、多機能化する現在の大学における教員の全体像を見失っているのである。

　〈深海魚〉と〈気球〉は、一見したところ、正反対のように見えるが、教育・研究・社会貢献・大学行政の四つの領域にわたる大学教員の職能に関する広義のFDの概念が欠如している点では、表裏一体の問題大学教員と言えるだろう。すなわち、個人的研究活動を特権化することによって、それを理想の大学教員像とする〈深海魚〉と、個人的教育活動を特権化することによって、それを理

想の大学教員像とする〈気球〉には，ともに悲喜劇的な職業観のかたよりがある。大学教員の適切な職業的規範を確立して，日常的な教育活動の改善と，教員の総合的資質向上に努めることが今後のFDの課題である。

5　大学教育を新しくせよ

　以前の自分の不明を恥じて，〈深海魚〉でもなく〈気球〉でもないような大学教員になりたいと思い始めた私は，昨年度のゼミでは，「T・S・エリオットの詩と批評を読んで，モダニズム文化の現代的意義を具体的に説明できるようになる」という到達目標を立てた。ゼミの題材として取り上げたエリオットは，私が学部生だったころ，卒業論文の題材に取り上げ，その後の研究活動の出発点となった20世紀前半の前衛詩人で，ひとかたならぬ思い入れをいまだにもっている人物である。エリオットの魅力を若い学部生に伝えられるかどうかは，私が四半世紀にわたって行ってきた研究の教育的有効性を問う格好の機会でもあると思っている。もちろん，数ある作家の中からエリオットを選んだのは，単なる個人的思い入れだけが理由ではない。私がつとめる大学の教育理念は，キリスト教主義と自由主義と国際主義であるので，キリスト教思想家としても有名なエリオットを通して，現代文化におけるキリスト教の意味に親しみをもつとともに，自由詩を駆使して文学技法の刷新に大きな貢献をした彼の作品に触れながら，自由と伝統の関係についても理解を深め，イギリスに帰化したアメリカ人でもある彼のコスモポリタニズムについて考え直すことによって，自分が学ぶ大学の理想をそれぞれの学生が再解釈することを期待しているからである。各クラスの目的は，組織的に決定されたカリキュラム・ポリシーの実現に貢献することである。シラバスと授業の冒頭で，私が学生にクラスの到達目標とその背後にある教育理念を丁寧に語ると，筋が通っていれば，学生は驚くほど素直に納得してくれる。授業の到達目標と期待されている成果について，成績評価基準なども明確に説明しながら，学生と虚心坦懐に語り合うところから授業は始めたい。

　クラスの到達目標等を説明した後，教員が一人でしゃべり続けるのではなく，教員を含めた参加者全員が互いに学び合うという大学の授業のルールを確認す

る。まず，アイス・ブレーキングとして，定番の自己紹介を始めるが，単なる自己紹介ではあまりに能がないので，他己紹介というFD研修会で学んだ手法を採用してみる。学生二人をペアにして，一定の時間内に互いに話し合った上で，相手を紹介させるのである。他者を理解するという態度を奨励するとともに，話をした仲間がクラスにいるという実感がクラスに対する帰属意識を高めることを目的としている。「お隣の山田花子さんは，四国の香川県出身で，ミュージカルが大好きだそうで，『キャッツ』の原作者エリオットのことが知りたくて，このゼミを取られたそうです」などと和気藹々とした雰囲気の中で他己紹介が続いていく。紹介してあげる／紹介してもらうという互恵的関係が学びの共同体としてのゼミの基調となるのである。

　和気藹々の雰囲気だけで満足しているだけでは大学教育とは呼べないので，少し屁理屈をこねて，「これから始まる未来の授業に向かうにあたって，現在の自分を紹介するために，君たちはみんな自分の過去を語ったようだけど，よく考えたら，なんだかおかしくないか」と問いかけてみる。「はあ」という顔をする者もたくさんいるが，「現在というのは，結局，過去のことで，それを語ることが未来なんじゃないでしょうか」と発言して，「支離滅裂な説明ですよね」などと照れ隠しに笑う感度のよい学生も必ず出てくる。そこで，その発言のセンスの良さを評価した上で，実際にその種の問題に20世紀初頭に活躍したフランスの哲学者ベルクソンが格闘しており，若きエリオットがベルクソンの深刻な影響を受けたことは間違いないので，『キャッツ』の名曲「メモリー」のテーマもそれかもしれないと示唆して，その英語の歌詞のコピーを配布して，その場でゆっくり読んでみる。さらに，「メモリー」のもとになった作品は，エリオットの「風の夜のラプソディ」という難解な作品で，シラバスにある通り，次の時間にさらに深く議論してみることを指示する。このゼミが英文学科の文学の授業であり，英語の原文に取り組むことが基本的学習方法であり，予習が常に必要なことを確認するためである。教室外の学習時間を担保することは，単位の実質化の基本である。いきなり関連話題がベルクソンだけでは難しいかもしれないので，「ラプソディ」という概念についても，全員が調べておくように具体的な指示をして，教室外の主体的学習を要求する教員の態度を明確に表明しておく。

その後の授業は，文学作品の読解とともに，モダニズムに関する学生の発表を中心に進めるが，若い学生の関心の多様性には舌を巻く。ジャズのバンドに入っているという男子学生がガーシュインの「ラプソディ・イン・ブルー」という名曲を手がかりにして，「モダニズムとジャズ・エイジ」という発表をして，机を叩きながらジャズの基本的リズムを説明する。その学生とすでに親しくなり始めているらしい別の男子学生は，どうも事前に相互に情報交換をしたようで，僕は彼とは違ってクラシック党ですと前置きした上で，シェーンベルクの十二音階法の革新性について薀蓄(うんちく)を傾け，お気に入りのシェーンベルクのCDを持参して教室で得意そうに再生すると，「理屈はおもしろかったけど，音楽としてはとても退屈ですね」と怖いもの知らずの率直な感想を述べる女子学生がいて，クラス全員が爆笑になる。それでは，現代文化において何が退屈でないのかという話題で参加者全員が盛り上がり始め，ミュージカル派が圧勝して，夏休みに全員で東京五反田のキャッツ・シアターにゼミ旅行をすることを唐突に提案する。教員の私が呆気にとられている間に，一見したところおとなしそうに見えた女子学生が，自分は劇団四季の会員だと名乗りをあげて，チケットの手配を一手に引き受けて，瞬く間にクラスのリーダー格に成り上がる。
　学生の発表は，次第に自由奔放になっていく。音楽やミュージカルを話題にしてもよいのなら，バレエもよいだろうと，隠れバレエ・ファンの乙女チックな女子学生がカミングアウトして，「バレエというと，白いタイツとチュチュしか思い出さず，ちょっとキモイ少女趣味と感じて引く人が多いようで，現代日本の文化水準の低さにずっとあきれていますが，モダニズムを理解するためには，ロシア・バレエが当時の人々に与えた衝撃を知らなければなりません」と学問的にかなり妥当性も高い自己主張を堂々と始めてみんなの度肝を抜けば，いつもメークばっちりのおしゃれな女子学生が，女性の社会進出を背景にしたシャネルのファッションに注目することによって，男性中心主義を鋭く糾弾する過激なフェミニズム的モダニズム論を展開し，外見だけではなく中身もかなり挑発的であるところを見せつけて，異性だけではなく同性からも高い評価を受けたりする。
　現代の大学生に教養やリーダーシップがないというのは，過去のみを理想化したり，自分の教育活動がうまくいかない理由を教育機器の不備などのせいに

したりして，現在と向き合うことを恐れている大人の偏見にすぎない。現代日本の若者は，豊かな大衆文化の恩恵をふんだんに享受して，実に多彩な関心をもっている。その関心の受け皿を提供できない大学教員にこそ，高等教育の最大の課題を見るべきであろう。エリオットの兄貴分であるエズラ・パウンドが掲げた「新しくせよ（Make it new）」というモットーは，私の人生を支えてきた言葉の一つである。大衆社会の成果を積極的に結実させるために，大学教育も組織的に新しくしなければならない。それがFDの目的である。学問の醍醐味を熱く語る主体は，過去の理想にだけしがみつく教員ではなく，新たな未来を創り出していく学生でなければならない。

文　献

ボイヤー, E. L.　有本　章〔訳〕（1996）大学教授職の使命―スカラーシップ再考　玉川大学出版部（Boyer, E. L. (1990) *Scholarship reconsidered : priorities of the professoriate*. Princeton, NJ : Carnegie Foundation for the Advancement of Teaching.）

18 FDを楽しむという発想

橋本　勝

1　ノルマとしての授業観——大学教員の苦悩

　一般に多くの大学教員は，自分が行う授業を義務として捉えがちである。「教育機関としての大学の責務を果たすため」という理由ならまだしも，「採用時に授業を担当することが明記されていたから」とか「それをしないと生活の糧が得られないから」とかいうような，きわめて消極的な理由によって日々「ノルマ」を果たそうとしている教員が少なくない。また，最近では，教員の教育業績に関する個人評価も進んできているため，「ちゃんと授業をやらないと給与が上がらないから」「手を抜くとFD委員会から厳しく言われるので」というような感覚も加わっている。あるいは，そこまで教育評価が進んでいない大学でも，学生による授業評価アンケートは一般化しており，「悪い点数をつけられたり，いろいろ文句を書かれたりするのは気分がよくないから」というような感覚なら感じる人が多いのではなかろうか。

　その一方で，多くの大学教員が，教員免許をもたず，教育学関連の授業すら受講しないまま教壇に立っていることは周知の事実である。大学教員は，言うなれば「見よう見まね」や「実践経験の中での試行錯誤」を通じて「教育術」を会得しているに過ぎないわけである。しかも，この事実は受講する側の学生にはあまり知られていない。私自身も，経済学部・経済学研究科在籍時に教員免許関連の科目は何一つ履修していないにもかかわらず，私の周囲の学生たちは，中心的に大学のFDを進める私の専門を教育学と誤解している者が多い。

　基本的に研究者として採用されてきた大学教員にしてみれば，建前上はとも

かく,実質的には「一に研究,二に研究,三,四がなくて五に教育」という感覚は根強いものがある。また,大学も本音の部分でそれを容認してきたのは,教育機関として「高度な知識の伝授」のためには,まず,その裏づけとなる研究が重要であり,立派な研究者ならそれなりの教育は行ってくれるだろうという根拠のない期待感があったからに他ならない。

はたしてこれでよいのだろうか。

2 FDの矮小化と教員意識──FDを誤解していないか

そうした大学教員の前に突きつけられているのがFDである。FDの導入・浸透経緯などについては2章に詳しいのでここでは再説しないが,「授業方法の改善」に矮小化されたFDは,ともすると,個々の教員の授業に対する義務感,ノルマ感を増幅させやすい。

しかし,たとえば,岡山大学のティーチングティップスには,次のように記されている。

> FDは本来,教員一人一人がどのように授業改善するかということに主眼があるのではなく,あくまで教育組織として,全体としての教育をどう改善し,発展させていくかという観点が重要である。[1]

つまり,本来めざすべき組織的教育改善につながらないような個々の教員の授業改善への努力や資質向上はFDとは無縁のものであると言っても過言ではない。誤解してもらっては困るが,私は教員の授業方法を統一せよ,と言っているのではない。むしろ逆である。めざすべきは,あくまで組織全体としての教育力のアップであり,そのためにはむしろ教員の多様性は最大限,尊重すべきである。ティーチングティップスは,上の一文の後,次の一文が続いている。

> 本学では,この点で大学という知的共同体の構成員全体が,しっかり関わらなければ教育改善の実効性は上がらないと考えている。

この実現のためには，どうしてもノルマとしての授業観を払拭し，権利としての授業観を確立させなければならない。つまり，授業に対する主体性・積極性が，教育機関としての大学の活性化につながると言う考え方である。

　なお，ティーチングティップスにいう構成員とは，教員だけではなく，学生や職員とりわけ学生が重要な要素であるが，これについては7章，9章などを参照いただくとして，本章では教員の意識に的を絞りたい。

3　権利としての授業観——楽しまなきゃ損

　さて，授業に対して権利意識をもつための鍵を握るのが，教員として授業を楽しめるかどうかという点である。

　教育学者の発想の中には，たとえばエデュテイメント（エデュケーションとエンターテインメントの合成概念）などに典型的に見られるように，「楽しみながら学習する」というものはときどき見られるが，私がここで主張したいのは，学習者がいかに楽しむかということではなく，授業者（＝教員）がいかに楽しむかということである。こういう発想は，教育学者の中からはなかなか出てこない。それを教育学者がある程度納得せざるを得ないかたちで展開してみよう。ポイントは三つある。

　まず第一は，「ティーチングからラーニングへのパラダイムシフト」である。このことは大学教育で特に近年よく主張されているが，長年教えるという行為に慣れ親しんできた教員にとっては大きなとまどいとなっていることが多い。それどころか，学生がポカンとしているのに，難しい理論解説をして一人悦に入っていた教員からすると，逆に楽しみ（？）が奪われるような状況でもある。しかし，学習者中心の授業を推進するために授業構成をプランニングし直す必要があるわけであり，一度，白紙に戻して再構想するにあたって，学習者の学ぶ楽しさを考えるだけではなく，自分も楽しめるようにするにはどうすればよいかを合わせて考えるチャンスと捉えることができるはずである。当然のことながら，教員により，どういうところに「楽しさ」を感じるかは多様である。知識欲旺盛な教員は，自分の知らないことを授業を通じて学生と一緒に学ぶことに楽しさを感じるであろうし，学生の楽しそうな笑顔を見るのが好きな教員は，

授業自体を笑顔が絶えないようなものに構想し直すことに喜びを感じるかもしれない。重要なのは，どういう場合でも，学生と教員がともに楽しむという点であり，教員だけが楽しむというのでは何にもならない。うけない親父ギャグを飛ばしまくっても白けるだけである。

　第二は，「教育方法の多様性の確保による教員の自己実現」である。このことは，前節でも触れたが，組織としての教育改善に構成員全体が取り組むためには不可欠の要素である。人間，マニュアル通りに行動することは，一面では形骸化を，他面では精神的ストレスをもたらしやすい。授業を担当する以上，個性を発揮したいという潜在的欲求は誰しもあり，程度の差こそあれ，それを通じた自己実現は教員に一定の心地よさを与えてくれるものである。それを抑えてモデル的な授業方法の模倣を強制することは，大学教育の魅力を自らつぶしてしまいかねない。基本線を守れば，あとはできるだけ自由度は大きく確保すべきである。無論，大学としての教育レベルの質の担保はどうするのかという問題は残るが，それを強調するあまり，教員の教育インセンティブをおしつぶしてしまっていては，権利意識など育つはずがない。

　そして第三は，「ICT化による教育環境の変化の中での対面授業の意義の再構築」である。eラーニングが進展し，バーチャルキャンパスも出現する現在，対面授業の意義が問い直されており，教員が授業に対してしっかりした権利意識をもたないと対面授業が激減していくシナリオも十分考えられる。無論，ICTを活用することで学生の主体的な学びが充実し，大きなメリットをもたらすことは言うまでもない。授業の補完ツールではなく，すでにメインツールとなっている授業もすでに存在する。本書でもたとえば15章はそうした近未来型授業を十分に予感させてくれてもいる。しかし，そのことは，対面式の授業が不要になることは決して意味しない。むしろ，逆にその重要度が増すという考え方もできる。つまり，「生授業」のよさが見直されるのである。その分だけ授業の質が問われやすくもなるが，学生が，対面式とeラーニングを選択するような場合，あえて対面式を選ぶ学生が授業に何を求めているかをしっかり考えた教員だけがそれを担う権利を得るという事態も十分想定されるのではないだろうか。そこには，いわば，授業権獲得競争に勝つ楽しみが生じてくる。

　以上，三つのポイントを考慮すれば，教員が授業を楽しむという発想が確実

に芽生えてくると思われるが，それでは，それをふまえて，今度はFDを楽しむ発想に進んでみよう。

4　FDを楽しむために──3つの発想

　私が「FDを楽しむ」という言葉を口にすると，多くの大学関係者は怪訝(けげん)な顔をする。ただし，その多くはFDを誤解しているのが原因である。たとえば，FDは本来，次のように定義されているものである。

> 個々の大学教員が所属大学における種々の義務（教育，研究，管理，社会奉仕等）を達成するために必要な専門的能力を維持し，改善するためのあらゆる方策や活動[2]

　ここには，研修という言葉も授業という言葉も出てこない。私としては，義務という言葉が少しひっかかるものの，ここで言う教育義務は，授業ノルマのようなものではなく，組織の一員として当然果たすべき社会的責務に近いものであると考えられる。
　それが，いつの間にか，日本ではFDと言えば，「授業の内容及び方法の改善を図るための組織的な研修及び研究」[3]になってしまい，授業ツールの研修会や授業評価アンケートの実施それ自体がFDとなってしまっている現状がある。これでは，仮に教員の授業に関する権利意識を高めても，FDは全く楽しめない。
　FDを楽しむには，三つの発想転換が必要である。
　まず第一に，研修を受けるばかりでなく「議論・検討する場としてのFD」という発想である。「あらゆる方策や活動」であるから，たまには，講演タイプの研修を受けるのもよいが，それがFDのメインであるなどという誤解だけは是非とも避けたい。講演を聞く場合でも，その後，講演者とじっくり議論したりすることが重要であるし，普段から，多様なかたちで，教員同士はもちろん学生や職員も交えて，大学教育のあり方に関し，ときに大きく構えた議論をし，ときに個別具体的に検討することがもっと重要である。こうした日常的な活動

を含めた組織的教育改善のすべてがFDなのである。そのための場作りはどうすればよいかについては，すでに各地の大学でさまざまな取り組みが重ねられている。教員有志が授業について気軽に話し合う場を設けているところもあるし，職員も授業担当することで教員と職員の壁を取り払おうとしている事例もある。岡山大学のように，学生が本格的にFDに参画するというかたちもある。一般に大学人は，主張したいというタイプが多いので，一方的に話を聞くだけでは満足しにくい人が多い。それを考慮すれば，議論を重ねることがFDのメインになるだけでも，楽しいという人が少なからず増えるはずである。

　第二は，「自分の大学・学部に合わせた自然体FD」という発想である。FDを進めるにあたって目立つのは，米国の事例や文科省の事例の無批判的導入である。「アメリカ出羽守現象」「文科省追随症候群」と呼ばれるこうしたFDでは，自分たちの考えを実践することができにくい。たとえば，授業評価アンケートなど自分の大学には合わないと思えばやらなければよい。文科省は，学生のニーズを把握し，それに合った教育をするためのツールの例として授業評価アンケートをあげているに過ぎず，別のもっと効果的な方法があるのなら，それを実施すればよいのである。アンケートの代わりに学生との個人面談の徹底で授業に関する要望を聞くこともできるし，受講生代表にインタビューするという手もある。実際，すでに授業評価アンケートを廃止に踏み切った大学もある。第一の発想とも絡んでくるが，他大学が（特に事情が大きく異なる海外の大学が）やっていることをただ真似たり，文科省の例示をそのまま実行したりするのでは，各大学の個性を発揮したFDを展開する余地がない。自分の大学・学部に合わせた自然体FDという発想に立ち，自分たちなりに検討・工夫をし始めると「どんなFDにしようか」という企画の楽しさが加わってくるはずである。学部ごとに競わせて最優秀企画の学部には一定の金額を付与するなどすればインセンティブも高まってくるかもしれない。

　第三は，「素人をメインに据える」という発想である。本章の冒頭でも触れた通り，大学教員の大半は教育学に関しては素人である。しかし，素人には素人なりの自負がある。理屈ではなく，現場はこうなっているという認識から，経験を重ねて得てきた知恵は，教育学風に言えば実践知であり，これは各大学がもっている大きな財産である。これをいかさない手はない。今日，大学教育の

ためのセンターをもつところが増えてきているが，本学では，その部署に教育学プロパーはできるだけ迎えない方針をとっており，歴代の全学FD委員会委員長も農学部・文学部・理学部・薬学部の教授につとめてもらっている。こうした部署に教育プロパーが増えれば増えるほど，そのセンターが専門家集団になり，そこから出される提案・企画に「素人っぽさ」がなくなってしまう。そうなると，一般の教員との溝なり壁なりを作りかねないという判断があるのである。教育学者は比較的真面目な方が多く，慎重に事を運びやすいから，彼らに任せると，楽しくできるはずのFDもできなくなってしまう懸念があるわけである。素人はときに大胆に，ときに遊び心をもってFDに臨みやすい。

これは欠点にもなりやすいが，組織全体としてFDを進める上ではむしろ強みになると私たちは考えている。

この三つの発想転換をすれば，何かにとらわれすぎることなく，「楽しむ」という観点から新たなFDへと転換できるのではなかろうか。

5　付論──二つの追加的提言

FDを楽しむという観点からすると，付記的に是非，提言しておきたいことが二つある。「副専攻の授業の担当」と「楽勝科目担当者の積極的登用」である。

9章で私は橋本メソッドをまとめたが，そこでも前項の素人談義にも近い内容を記している。私が橋本メソッドを最初に採用した授業は9章で例示した，「新・情報文化論」であり，経済学が専門の私からすれば，自分の趣味的「副専攻」とも言うべき科目であった。そういう科目だから取れた方策であったことに留意したい。こうした副専攻的授業担当をもっと増やすというのが提案の一つである。

本学には，私の他にも，自分の専門研究分野以外の授業を担当している教員はどれだけかいる。ただし，その多くは，たとえば，普段からPCをよく使うという理由でPC操作の基本を教えたり，語学力をいかして外国語を担当したり，専門基礎としての数学をその程度なら教えられるという数学以外の専門の先生が担当したりするケースである。いわば余技をいかすというような感じの科目担当である。こうしたことは他大学でもよくある事例だろうと思われる。

ただし，最近，私の場合の「新・情報文化論」と同様，自分にとっても，ある程度以上は未知の領域の科目担当にあえて名乗りをあげるケースが目立ち始めた。たとえば，英語の教員がボランティア論を担当したり，薬学の教員がコミュニケーション論を開設したり，九州出身なのに岡山学のコーディネーターをつとめたりするような事例である。これらの教員は，「自分の知らないことを授業を通じて学生と一緒に学ぶこと」に一定の意義と楽しさを感じているわけであるが，重要なことはこうしたシーズあるいはニーズがあったときに，その実現へと向かわせる雰囲気なり，システムなりが大学内にあるかどうかである。少なくともそういうことを提案したり議論したりする場の保証は重要であり，これがFDを楽しむことにも関係してくることは言うまでもない。

　もう一つは，いわゆる楽勝科目の担当者を，あえてFDの責任者に据えることである。この点については9章において私自身の赤裸々な告白というかたちで述べたが，FDを全学的に進めようとする場合，まずいのは，真面目タイプの教員が音頭をとることである。もともと教育に積極的でない教員が多い中で，生真面目な提案をしてもなかなか心からの共感は得られにくい。この点，楽勝科目の定評がある教員は，そもそもそう無茶な提案はしない上，自分に合った企画を提案したりすると，教育理論的には少々難があってもユニークでおもしろいケースが多い。本人にとっては少々罰ゲーム的で，ひょっとするとストレスもたまりやすいかもしれないが，本章で展開したようなFD観が浸透している大学なら，そのストレスを解消してしまうような自由度があるはずである。無論，そうした人物にFDの推進役を任せることは大きなリスクをともなうが，ハイリスクハイリターンでもある。すなわち，FDに全く反応を見せない教員層は比喩的に〈深海魚〉と称されるが（☞17章），そうした〈深海魚〉を振り向かせることにも一役買うことが期待され，また，普通の教員に対しては，あの教員でさえFDに取り組んでいるのだという抜群の宣伝効果も期待できる。この点で，シラバスに「楽勝科目」宣言している私をFD部門長に据えている岡山大学は実に勇気ある大学であるが，今のところ，学生参画型教育改善と橋本メソッドという二つのハイリターンが認められているのではなかろうか。

6 まとめ

　本章では，授業に対するノルマ感から脱却して権利としての授業観を確立させることを媒介とした上で，「議論・検討するFD」「自然体FD」「素人中心のFD」という発想を取り入れれば，FDは楽しく展開しうることをまとめてみた。

　単に机上の理想論や私見を述べたものではなく，岡山大学での実践報告でもある点に留意していただきたい。無論，岡山大学でできるのだから他でもできるのかどうかは即断しかねる。さまざまなハードルが予想されるからである。

　ただし，素人の私が知らないだけで，この程度のことは教育学界では，すでに言われていることなのかもしれないし，たとえば，毎年他大学からの参加者が殺到して大人気の山形大学のFD合宿[4]を筆頭に，楽しそうなFD実践はすでに全国に少なからずあり，そうした大学の関係者からすれば，何を今さら，という印象もあるかもしれない。

　それでも，大方の大学関係者にとっては，「目からうろこ」的な一定のカルチャーショックを与える内容となっているのではないかと考えられる。本章のタイトルがそのまま本書のサブ・タイトルになっていることもあり，本章は本書の中でも特に関心をもって読まれる章ではないかと予想されるが，大学関係者に衝撃を与えることに目的があるわけではなく，こうした発想でFDを進めることが，FDの推進にとっては重要であることを主張したかっただけである。

　批判は大歓迎したい。

注
1)「岡山大学が考えるFD」岡山大学ティーチングチップス〈http://cfd.cc.okayama-u.ac.jp/fd/tc/2005/〉2.1.4
2) 絹川正吉は絹川（1999）で分担執筆した「FDとはなにか」において，B. Mathisのこの定義を紹介している。
3)「大学設置基準」の条項ではFDを意味する言葉としてこのように説明されている。この原型となるのが，文部科学省（2000）である。
4) 山形大学高等教育研究企画センター　成果報告書各年版　参照。

文　献

絹川正吉〔編著〕（1999）大学力を創る：FD ハンドブック　東信堂，p.16
文部科学省　（2000）グローバル化時代に求められる高等教育の在り方について　平成 12 年度大学審議会答申

むすびにかえて

　FD の現場は一般の人の目にはどう映るのか，日本の大学の「地上の星」に光を照らし，「大学の実力」調査の企画に取り組んだ読売新聞社の松本による 1 章から始まった旅は，今ここにとりあえずの目標地点に到着した。日本の大学教育と FD の現状を把握し，グローバル化とユニバーサル化の 2 つのどちらの波の渦中にあっても，日本の大学が取り組まなければならない，教育力の向上を図る新しい 2 つのコンセプトの提案に，少しでも読者の方々が共感を抱いていただけたなら幸いである。

　「学生と変える大学教育」にしても「FD を楽しむという発想」にしても，一見斬新な考え方のように見えるかもしれないが，本来，大学がいきいきとし，輝きを増すためには自然に出てくる考え方であろう。つまり，この発想転換ができれば，大学の教育力は向上できるのではないか，そうすれば，日本の大学は，グローバル化にもユニバーサル化にも対応できる術を見出せるのではないかという気がするのである。

　大学教育や FD の課題は，決して，各種 GP に採択された大学の会議室や大学教育関連のフォーラムでの議論や全国紙の記事でだけ見つかるものではない。むしろ，日本全国の大学の現場に散在しているのである。散在する課題にまず対応するのは，現場の教員や職員である。大規模大学では大学教育開発センターを核として組織的な FD を推進し，課題の解決に邁進できるはずであるが，中小の大学では，組織的な動きには期待できない場合も多い。結局，日本の大学における FD の真の推進は，いかにしたら個々の教員の活力を向上できるかにかかっているのではないだろうか。そうだとすれば，そうした現場の教員たちの背中を少しでも押せないだろうか，そんな気持ちからこの本の企画が始まったことが思い出される。

　2007 年秋，編者の一人，清水は，あることがきっかけで，FD のことを忘れて自分の専門分野に集中しようと思っていたが，残念なことに，大学全入時代のユニバーサル化の渦中にある大学では，いくら専門分野を語っても学生は予

備知識もなく,聞く耳も持たず,筆記用具やテキストさえ持ってこないという状況であった。学生を無視して自分の研究に専念することも考えたが,やはり90分の授業でコミュニケートできたという充実感がほしかった。日本の私立大学の47.1％で定員割れを起こしている現状を考えると,自分と同じような思いをしている教員も多いのではないか。自分の活力,それらの先生方の活力がつきる前に,何かできることはないのか。企画書作りを始めた。

企画書には,大学教育に造詣が深く,さまざまなFDフォーラムや研究集会で講師をつとめる先生方の中で,この人のノウハウを是非紹介したいと考えた先生をリストアップした。大学の教育は,教育学専門の先生ばかりがしているわけではない,大多数は教育学以外を専門とする先生方で,それらの先生方の現場の経験から学べることが多いのではないと考えた。彼らの実践・主張を何とか集めることはできないだろうか,という思いが日に日に強くなっていったが,編者として,岡山大学の橋本と読売新聞社の松本が加わったことで,15名を超える執筆者の先生方への依頼も比較的スムーズに進んだ。これだけの先生が一堂に会するイベントは実際にはまずありえないが,本書でそれが実現できたのは大きな喜びである。

私たちの試みがうまくいったのかどうかは,読者の皆さんにお任せするしかないが,これほど多くの専門分野やバックグラウンドの異なる執筆者が,日本の各地で日々大学教育の現場で奮闘していることを伝えることで,理想ではなく現実と向き合わねばならない大学教員を精神的にバックアップすることができ,FDに躊躇している教員への応援歌になったとしたら,これほどうれしいことはない。

FDのこれからを考えるとき,いつも頭をよぎる楽曲がある。「夜会 VOL.10 海嘯」のエンディングに出てくる「フロンティア」である。

  地平をみつけるために
  誰にも守られず　誰にも祀られず
  淋しさも優しさも　ゆく手を塞げない

  探しても探しても探しても

どこにもないかもしれない
　はじめからなかったとわかるだけかもしれない

　フロンティア　フロンティア
　地平をみつけるために
　誰にも守られず　誰にも祀られず
　淋しさも優しさも　ゆく手を塞げない

　淋しさも優しさも　ゆく手を塞げない

中島みゆき『フロンティア』

　本書は，単に机上の理想論や私見を述べたものではなく，さまざまな大学での実践報告でもある点に留意して頂きたい。ある大学でできたとしても他でもできるのかどうかは即断しかねる。さまざまなハードルが予想されるからである。しかし，こうした発想でFDを進めることが，FDの推進にとって重要であることは自信をもって主張できる。

　批判は大いに歓迎する。

　最後に，この本の企画に賛同してくださったナカニシヤ出版営業部の中西良氏，私たちの編集作業を温かく辛抱強く見守っていただいたばかりでなく，各章の内容についても幾度となく具体的かつ示唆的なコメントをいただいたナカニシヤ出版編集部の米谷龍幸氏にお礼申し上げたい。米谷氏は，編集の最終段階で，校正その他の作業を一手に引き受け，超人的な忍耐と努力を惜しむことなく発揮してくださり，編者一同心からお礼申し上げる次第である。また表紙への「運命の赤い意図（綱渡り仕事編）」の使用をご快諾いただいた現代日本を代表する絵描きミヤケマイ氏，ミヤケ事務所の尾上実栄氏，中島みゆき氏の楽曲の許諾をいただいたヤマハミュージックパブリッシングの関係者にもお礼を申し上げたい。

2008年12月

編者

■ＦＤのための役に立つリンク集

- 朝日新聞社　教育　大学
  http://www.asahi.com/edu/university/
- 愛媛大学教育企画室
  http://web.opar.ehime-u.ac.jp/
- 岡山大学　学生・教職員教育改善委員会
  http://cfd.cc.okayama-u.ac.jp/stfd/
- 岡山大学　教育開発センター
  http://cfd.cc.okayama-u.ac.jp/
- 京都精華大学教育推進センター
  http://cetl.kyoto-seika.ac.jp
- 京都大学高等教育研究開発推進センター
  http://www.highedu.kyoto-u.ac.jp
- サイエンス・コミュニケーション
  http://scicom.jp/
- 社団法人　私立大学情報教育協会
  http://www.juce.jp/
- 社団法人　日本私立大学連盟
  http://www.shidairen.or.jp/
- 情報処理学会・CMS 研究会
  http://www.ulan.jp/sigcms/
- 成長するティップス先生
  http://www.cshe.nagoya-u.ac.jp/tips/
- 大学教育改革というお仕事
  http://blog.livedoor.jp/sandy_sandy/
- 大学教育学会
  http://www.daigakukyoiku-gakkai.org/
- 大学コンソーシアム京都FD・SD 事業
  http://www.consortium.or.jp/category_list.php?frmCd=8-0-0-0-0
- 大学職員.net
  http://blog.university-staff.net/
- 大学評価学会
  http://www.unive.jp/
- 大学プロデューサーズ・ノート
  http://www.wasedajuku.com/wasemaga/unipro-note/
- 地域科学研究会　高等教育情報センター
  http://www.chiikikagaku-k.co.jp/kkjhp/kkj.htm
- ティップス先生からの７つの提案
  http://www.cshe.nagoya-u.ac.jp/seven/

- ■ 電子情報通信学会・教育工学研究会
  http://www.ieice.org/ken/program/index.php?tgid=ET
- ■ 同志社大学教育開発センター
  http://www.doshisha.ac.jp/academics/institute/kyouiku/index.php
- ■ 徳島大学大学開放実践センター
  http://www.cue.tokushima-u.ac.jp/about.html
- ■ 名古屋大学高等教育研究センター
  http://www.cshe.nagoya-u.ac.jp/
- ■ 日本 e ラーニングコンソシアム
  http://www.elc.or.jp/
- ■ 日本オープンコースウエア・コンソーシアム
  http://jocw.jp/index_j.htm
- ■ 日本教育工学会
  http://www.jset.gr.jp/
- ■ 日本高等教育学会
  http://www.gakkai.ne.jp/jaher/
- ■ 広島大学高等教育研究開発センター
  http://rihe.hiroshima-u.ac.jp/
- ■ ファカルティ・ディベロッパー日記
  http://blog.livedoor.jp/sandy_sandy/
- ■ ベネッセ教育研究開発センター
  http://benesse.jp/berd/index.shtml
- ■ 法政大学FD推進センター
  http://www.hosei.ac.jp/fd/
- ■ 文部科学省
  http://www.mext.go.jp/
- ■ メディア教育開発センター
  http://www.nime.ac.jp/
- ■ 山形大学高等教育研究企画センター
  http://www.yamagata-u.ac.jp/gakumu/rche-yu/index.html
- ■ 読売オンライン・教育ルネサンス
  http://www.yomiuri.co.jp/kyoiku/renai/
- ■ 立命館大学　学生FDスタッフ活動紹介
  http://www.ritsumei.ac.jp/acd/ac/itl/itl_fd/index.html
- ■ Association for Educational Communications and Technology
  http://www.aect.org/
- ■ Association for the Advancement of Computing in Education
  http://www.aace.org/
- ■ FD・SDコンソーシアム名古屋
  http://www.cshe.nagoya-u.ac.jp/consort/

- ＦＤネットワーク"つばさ"
  http://www.yamagata-u.ac.jp/gakumu/tsubasa/index.html
- Georgetown University
  http://www.guisd.org
- IDE 大学協会
  http://ide-web.net/index.html
- Institute for the Study of Diplomacy
  http://www.guisd.org
- Moodle
  http://moodle.org/
- Sakai
  http://sakaiproject.org/portal
- The Chronicle of Higher Education
  http://chronicle.com/

執筆者一覧（執筆順，＊は編者）

＊**松本美奈**（まつもと・みな）　担当　1章
読売新聞東京本社編集局生活情報部記者。教育取材班。
慶應義塾大学法学部法律学科卒業。

山内正平（やまうち・しょうへい）　担当　2章
千葉大学普遍教育センター教授。西洋文化史専攻。
関西学院大学大学院文学研究科修了。
『感覚変容のディアレクティク—世紀転換期からナチズムへ』〔共編〕（平凡社，1992）など。

小林祐也（こばやし・ゆうや）　担当　3章
「岡山オルガノン」大学教育連携センター岡山大学オフィス特別研究職員。
明治大学農学部卒業，北海道大学大学院農学研究科修了。

松本　茂（まつもと・しげる）　担当　4章
立教大学経営学部教授，同学部 BBL 主査，同大学大学教育開発・支援センター副センター長，同大学入学センター副センター長。コミュニケーション教育学専攻。
青山学院大学経営学部卒業，マサチューセッツ大学大学院修士課程修了，九州大学大学院博士課程単位修得退学。
『大学生のための「読む，書く，プレゼン，ディベート」の方法』〔共著〕（玉川大学出版部，2007），『生徒を変えるコミュニケーション活動』〔編著〕（教育出版，1999），『英語ディベート　理論と実践』〔共著〕（玉川大学出版部，2008），『大学の英語教育を変える』〔共著〕（玉川大学出版部，2008）など。

中井俊樹（なかい・としき）　担当　5章
名古屋大学高等教育研究センター准教授。高等教育論，教育開発論専攻。
東京大学教育学部卒業，名古屋大学国際開発研究科博士課程中途退学。
『大学教員のための教室英語表現300』〔編著〕（アルク，2008），『アジア・オセアニアの高等教育』〔分担執筆〕（玉川大学出版部，2004），『e ラーニングハンドブック』〔共著〕（ダイテック，2003），『成長するティップス先生』〔共著〕（玉川大学出版部，2001）など。

青野　透（あおの・とおる）　担当　6章
金沢大学大学教育開発・支援センター教授。医事法学，法思想史専攻。
中央大学法学部卒業，同志社大学大学院法学研究科満期退学。
『大学における学びの転換とは何か』〔共著〕（東北大学出版会，2008），「実務としての学生支援サービスの充実　その1　学生支援としての教育を中心に」（文部科学教育通信，**160**, 2006），「専門職大学院がもたらす高等教育の変化—評価されるべきものは何か」（『季刊教育法』**145**, 2005），『国立大学法人化の衝撃と私大の挑戦』〔共著〕（エイデル研

究所, 2005) など。

天野憲樹（あまの・のりき）　担当　7 章, 15 章
岡山大学教育開発センター准教授。情報科学, ソフトウェア工学専攻。
日本大学文理学部哲学科卒業, 北陸先端科学技術大学院大学・情報科学研究科修了。

山内　源（やまうち・はじめ）　担当　7 章
元岡山大学教育開発センター特別契約職員。
岡山大学教育学部卒業。

福田詔子（ふくだ・しょうこ）　担当　7 章
市役所職員。日本近世史専攻。
岡山大学文学部卒業

間中和歌江（まなか・わかえ）　担当　8 章
東京純心女子大学現代文化学部国際教養学科准教授。外国語教育専攻。
相模女子大学学芸学部英米文学科卒業, 武蔵野大学言語文化研究科修了。

***橋本　勝**（はしもと・まさる）　担当　9 章, 18 章。
富山大学大学教育支援センター教授。大学教育実践学, 現代経済論, 経済統計学専攻。
京都大学経済学部卒業, 京都大学大学院博士課程単位取得満期退学。
『七芒星―小説情報文化論入門』〔共著〕（大学教育出版, 1996),『七芒星Ⅱ―情報文化論から総合学習へ』〔共著〕（大学教育出版, 1999),『はん習統計学』〔共著〕（梓出版社, 1990),『大学力』〔共著〕（ミネルヴァ書房, 2006) など。

***清水　亮**（しみず・りょう）　担当　10 章, 16 章
三重中京大学現代法経学部教授。国際関係論, アメリカ研究, 異文化コミュニケーション専攻。
埼玉大学教養学部卒業。シカゴ大学大学院国際関係研究科修士課程修了。南カリフォルニア大学大学院国際関係研究科博士課程修了。
『国際関係研究の新たな発展をめざして』〔共著〕（埼玉大学出版会, 2006),『大学の英語教育を変える―コミュニケーション力向上への実践指針』〔共著〕（玉川大学出版部, 2008) など。

木野　茂（きの・しげる）　担当　11 章
立命館大学共通教育推進機構教授。物理学, 環境学, 大学教育学専攻。
大阪市立大学理学部卒業, 大阪市立大学大学院理学研究科博士課程修了〔博士（理学）〕。
『大学授業改善の手引き―双方向型授業への誘い』（ナカニシヤ出版, 2005),『新版　環境と人間―公害に学ぶ』〔編著〕（東京教学社, 2001),『新・水俣まんだら―チッソ水俣病関西訴訟の患者たち』〔共著〕（緑風出版, 2001),『公害・環境問題史を学ぶ人のために』

〔共著〕(世界思想社, 2008), 『水俣学講義〔第4集〕』〔共著〕(日本評論社, 2008) など。

大門正幸（おおかど・まさゆき）　担当　12章
中部大学大学院国際人間学研究科教授。英語学，言語学専攻。
大阪外国語大学外国語学部卒業。名古屋大学大学院文学研究科博士後期課程中退。
『英語コーパスの初歩』〔共著〕(英潮社, 2006) *Clause Structure in Old English*（マナハウス 2005), *Old English Constructions with Multiple Predicates*（ひつじ書房, 2001)。

鈴木久男（すずき・ひさお）　担当　13章
北海道大学大学院理学研究院教授。物理学，素粒子論専攻。
名古屋大学理学部卒業。名古屋大学大学院理学研究科修了。
『動画だからわかる物理　DVD付　力学・波動編』〔共著〕(丸善株式会社, 2006), 『動画だからわかる物理　DVD付　熱力学・電磁気学編』〔共著〕(丸善株式会社, 2006), 『初歩からの物理学・物理へようこそ』〔共著〕(放送大学出版, 2008)。

小田隆治（おだ・たかはる）　担当　14章
山形大学地域教育文化学部教授。生物学専攻。高等教育研究企画センター・企画マネジメント部門長。
山形大学理学部卒業，筑波大学大学院生物科学研究科修了。
『生物学と生命観』(培風館, 2000) など。

圓月勝博（えんげつ・かつひろ）　担当　17章
同志社大学文学部教授，同志社大学教務部長。イギリス文学専攻。
同志社大学文学部卒業，同志社大学大学院文学研究科修了。
「認証評価の現段階―エビデンスとメソッド」(『IDE現代の高等教育』**504**, 2008),「FDの義務化と大学教職員の人材育成」(『私学経営』, 2008), *A Concise Companion to Milton*〔共著〕(Blackwell, 2007), *The Cambridge Companion to John Dryden*〔共著〕(Cambridge UP, 2004) など。

フロンティア（251 ページに掲載）
作詞・作曲　中島みゆき
©1998 by YAMAHA MUSIC PUBLISHING, INC.
All Rights Reserved. International Copyright Secured.
（株）ヤマハミュージックパブリッシング　出版許諾番号　　09001P
（この楽曲の出版物使用は，（株）ヤマハミュージックパブリッシングが許諾しています。）

学生と変える大学教育
FDを楽しむという発想

2009 年 2 月 28 日	初版第 1 刷発行	定価はカヴァーに
2011 年 6 月 30 日	初版第 3 刷発行	表示してあります

　　　　　　　編　者　清水　亮
　　　　　　　　　　　橋本　勝
　　　　　　　　　　　松本美奈
　　　　　　　発行者　中西健夫
　　　　　　　発行所　株式会社ナカニシヤ出版
　　　〒606-8161　京都市左京区一乗寺木ノ本町 15 番地
　　　　　　　　　　　Telephone　075-723-0111
　　　　　　　　　　　Facsimile　075-723-0095
　　　　　　　　Website　http://www.nakanishiya.co.jp/
　　　　　　　　Email　iihon-ippai@nakanishiya.co.jp
　　　　　　　　　　　郵便振替　01030-0-13128

印刷＝ファインワークス／製本・兼文堂／装幀＝白沢　正／装画＝ミヤケマイ
Copyright © 2009 by R. Shimizu, M. Hashimoto & M. Matsumoto
Printed in Japan.
ISBN978-4-7795-0321-4

本書のコピー，スキャン，デジタル化等の無断複製は著作権法上の例外を除き禁じられています。本書を代行業者の第三者に依頼してスキャンやデジタル化することはたとえ個人や家庭内の利用であっても著作権法上認められていません。